헨리 라이크로프트
수상록

* 이 도서의 국립중앙도서관 출판예정도서목록(CIP)은 서지정보유통지원시스템 홈페이지(http://seoji.nl.go. kr)와 국가자료공동목록시스템(http://www.nl.go.kr/kolisnet)에서 이용하실 수 있습니다. (CIP제어번호: CIP2016001849)

우아한 나이듦의 품격

헨리 라이크로프트
수상록

조지 기싱 지음 | 박명숙 옮김

은행나무

차례

일러두기

1 이 책의 번역 대본으로는 George Gissing, *The Private Papers of Henry Ryecroft* (Oxford University Press as a World's Classics, 1987)를 사용했습니다.

2 본문의 주는 모두 옮긴이의 것입니다.

3 원문의 대문자는 고딕체로 표기했습니다.

4 원문의 이탤릭체가 강조의 의미일 경우 작은따옴표로 표기했습니다.

이것이 내가 바라는 것이었다(Hoc erat in votis).[*]

* 호라티우스, 《풍자시집》 2권 '풍자시 6'.

서문

　지금껏 헨리 라이크로프트라는 이름이 이른바 독자들에게 친근하게 들렸던 적은 한 번도 없었다. 1년 전 문예지에 실린 부고도 그에 관해 꼭 알아야 한다고 생각되는 정보만을 제공했을 뿐이다. 그의 생년월일과 출생지, 그가 쓴 몇몇 책들의 제목, 정기간행물에 발표된 글들 그리고 사망 경위 등을 언급하는 게 고작이었다. 당시에는 그것만으로도 충분했다. 그를 알았고 어느 정도 그를 이해했던 얼마 되지 않는 사람들까지도 그 이상으로 그를 추모할 필요는 없다고 생각했던 게 틀림없다. 그는 여느 사람들처럼 일생을 살았고 힘들게 일했다. 그리고 다른 많은 이들처럼 영원한 안식을 누리게 되었다. 그러나 내게는 라이크로프트의 문서들을 살펴보는 임무가 부과되었다. 그리고 내 재량에 따라 이 작은 책을 출간해야겠다고 마음먹게 되자, 전기적인 부분들에 대해 간략하게 보완할 필요성을 느꼈다. 그런 이유로 나는 이 책에 포함된 자전적 요소들의 의미를 짚어보는 데 도움이 될 만한 사적인 세부 사실들을 밝혀두고자 한다.

　내가 라이크로프트를 처음 만난 것은 그가 막 마흔 줄에 들어섰을 때였다. 그는 20년간 글 쓰는 일을 업으로 삼고 살아가고 있었다. 당시 그는 가난에 시달릴 뿐만 아니라 정신노동에 매우 불리한 환경에서 고군분투하고 있었다. 그는 다양한 글쓰기 방식을 시도했지만 그 어느 것에서도 두드러진 성과를 거두지는 못했다. 하지만 현실적으로 필요한 것보다 좀 더 많은 돈을 벌 때도 더러 있어서 가끔씩 외국으로 여행을 떠나기도 했다. 그는 천성적으로 독립적인 데다 세상을 다소 경멸적인 시선으로 바라보는 탓에 야망의 좌절, 온갖 종류의 환멸, 암울한 현실에의 굴복 등으로 많은 고통을 겪었다. 그러다 보니 내가 이야기하고 있는 그 시절의 그에게서는 절망보다는 매우 엄격하게 단련된 정신과 기질을 엿볼수 있었다. 따라서 그와 일상적으로 교류하던 사람들은 그가 평온하고만족스러운 삶을 살고 있다고만 생각했다. 나는 그와 몇 년간 우정을 쌓은 뒤에야 비로소 그가 겪은 일들과 현재의 삶에 대해 제대로 알 수 있었다. 라이크로프트는 점차 적당히 근면한 일상에 스스로를 종속시켜나갔다. 그는 단순한 돈벌이를 위한 글도 많이 썼다. 평론을 썼고, 번역을했으며, 잡지에 글을 기고하기도 했다. 그리고 이따금 그의 이름으로 된책이 한 권씩 나왔다. 그는 물론 씁쓸함을 느끼며 괴로웠던 적도 많았을터였다. 종종 건강이 나빠져 고통을 겪기도 했는데, 아마도 육체적 과로못지않게 정신적인 과로 탓도 컸을 것이다. 그러나 대체로 그는 다른 사람들처럼 열심히 생계를 꾸려나갔으며, 매일의 노고를 당연한 것으로 여기며 좀처럼 불평을 하지 않았다.

시간이 흘렀고, 그는 많은 일들을 겪었다. 하지만 라이크로프트는 여전히 열심히 일했고, 여전히 가난했다. 그는 때때로 우울해하면서 점차약해지는 체력을 염려했고, 끊임없이 찾아오는 미래에 대한 두려움 때문에 눈에 띄게 힘들어했다. 누군가에게 의존해야 한다는 생각은 그로서는 견딜 수 없는 것이었다. 걸핏하면 그가 자랑처럼 얘기하던 게 딱 하나 있었는데, 그것은 누구에게도 빚을 진 적이 없다는 사실이었다. 불리한 환경에서 그토록 오랫동안 악전고투한 끝에 패배자로 일생을 끝마칠 수도 있다는 생각은 참으로 씁쓸하기 그지없었다.

하지만 그에게는 그보다 더 행복한 운명이 마련되어 있었다. 나이가 쉰에 접어들면서 마침 건강이 나빠지고 기력이 쇠하기 시작할 무렵, 라이크로프트는 아주 드문 행운을 만나 느닷없이 고된 노역(勞役)으로부터 해방되었고, 그가 감히 꿈조차 꾸지 못했던 물질적이고 정신적인 평온함을 누릴 수 있게 되었다. 그가 생각했던 것보다 더 가까운 친구였던 한 지인이 세상을 떠났다. 그런데 세상살이에 지친 이 문인은 놀랍게도 그 지인이 자신에게 연 300파운드에 달하는 종신연금을 유산으로 남겼다는 것을 알게 되었다. 부양할 가족이라고는 자신밖에 없었던—그는 수년 전부터 홀아비로 지냈고, 유일한 혈육인 딸은 결혼을 한 터였다—라이크로프트는 그 돈으로 충분히 여유로운 삶을 살아갈 수 있었다.

몇 주 후 그는 최근까지 살았던 런던 교외를 떠나 영국에서 그가 가장 사랑하는 지역으로 옮겨 갔다. 그리고 곧바로 엑서터 근교의 한 시골집에 자리를 잡았다. 그를 돌봐주는 순박한 가정부와 함께 그는 그곳에 완전히 정착할 수 있었다. 가끔씩 몇몇 친구들이 그를 보러 데번으로 내려갔다. 그와 함께 시간을 보내는 즐거움을 누렸던 이들은 반쯤은 자연 상태로 내버려둔 정원에 둘러싸인 수수하고 작은 집, 엑스 계곡에서 홀든 산에 이르는 빼어난 경관이 내다보이는 아늑한 서재, 집주인의 다정하고 유쾌한 접대, 그와 함께했던 오솔길과 초원에서의 산책, 그리고 시골의 밤이 선사하는 고요함 속에서 그와 오래도록 나눈 정담을 결코 잊지 못할 것이다.

우리는 이런 것들이 오래도록 지속되기를 바랐다. 휴식과 평온을 누릴 수만 있다면 라이크로프트는 언제까지라도 건강할 수 있을 것 같았다. 그러나 그는 자신도 모르는 새에 이미 심장병을 앓고 있었고, 그 때문에 조용히 자족하는 삶을 산 지 5년 만에 삶에 때 이른 마침표를 찍어야 했다. 갑작스러운 죽음은 그의 오랜 바람이었다. 그는 병석에 눕게 될 것을 두려워했는데, 그것은 무엇보다 자신이 행여 다른 이들에게 짐이 될까 염려했기 때문이었다. 어느 여름날 저녁, 그는 몹시 더운 날씨에 오랫동안 산책을 하고 돌아온 뒤 서재에 있는 소파에 누웠다. 그리고 그의 평온한 얼굴이 말해주듯, 잠을 자다가 조용히 깊은 침묵의 세계로 옮겨 갔다.

라이크로프트는 런던을 떠나면서 작가로서의 삶에 작별을 고했다. 그는 내게 앞으로는 출판을 위한 글은 단 한 줄도 쓰지 않기를 바란다고 말했다. 그러나 그가 세상을 떠난 후, 나는 그가 남긴 문서들을 살펴보다가 그 속에서 원고 뭉치 세 개를 발견했다. 언뜻 보기에는 일기 같았는데, 그중 한 원고의 첫 장에 쓰인 날짜는 그가 데번에 자리 잡은 직후부터 그 글을 쓰기 시작했음을 말해주고 있었다. 글들을 조금 읽어보자 그것들이 단순한 일상의 기록이 아님을 알 수 있었다. 이 숙달된 문인은 글쓰기를 완전히 포기할 수는 없음을 깨달았는지, 단상이나 회상, 몽상의 단편(斷片), 자신의 심경에 대한 묘사 등을 기분 내키는 대로 써나갔다. 그리고 페이지마다 그 글을 쓴 달을 적어두었다. 종종 그와 함께 있던 방에 앉아서 원고를 한 장씩 넘기자니 때때로 다시금 친구의 목소리가 들리는 것 같았다. 그가 몹시 지쳐 보이는 얼굴로 진지한 표정을 짓거나 웃는 모습이 눈에 선했다. 익숙한 그의 자세나 몸짓도 떠올랐다. 하지만 이 기록된 이야기 속에서 그는 지난날 우리가 나눈 대화에서보다 더 내밀하게 자신을 드러내 보이고 있었다. 라이크로프트의 과묵함으로 인한 결굽이 허물로 비친 적은 단 한 번도 없었다. 고생을 많이 한 예민한 사람들이 으레 그렇듯이, 그는 대체로 남의 말에 조용히 고개를 끄덕이거나, 자기주장을 내세우거나 논쟁을 피하는 편이었다. 그러나 이 글들 속에서 그는 내게 거리낌 없이 말하고 있었고, 원고를 다 읽고 나자 나는 예전보다 그를 더 잘 이해하게 되었다.

이 글들은 분명 일반 대중을 의식하고 쓴 것은 아니었다. 그러나 여러 구절에서 문학적 의도를 간파할 수 있었다. 이를테면 그의 글 속에는 기발한 표현이나 어투 이상의 그 무엇, 오랜 창작 습관에서 비롯되는 어떤 것이 담겨 있었다. 특별히 그의 회고담 중 일부는, 그가 그것들을 어떻게든 활용할 생각을 막연하게나마 하지 않았더라면 굳이 적어두지 않았을 것으로 보였다. 아마도 행복한 여가를 즐기는 동안 책을 한 권 더 쓰고 싶다는 생각이 점점 커졌던 것 같다. 이번에는 오로지 스스로의 만족을 위한 책을 말이다. 그것은 분명 그가 할 수 있는 최선의 작업이 되었을 것이다. 하지만 그는 이 단편적인 글들을 체계적으로 정리할 시도는 하지 않았던 듯하다. 아마도 어떤 형식을 택해야 할지 결정하지 못했기 때문일지도 모른다. 일인칭으로 서술된 책을 펴낸다는 생각에 망설였을 수도 있다. 그러는 것이 그에게는 지나치게 허세를 부리는 것으로 여겨져서, 지혜가 좀 더 무르익기를 기다리자고 다짐했을지도 모른다. 그래서 펜을 내려놓았던 게 아닐까.

이런 추측들을 하다 보니, 불규칙적으로 쓰인 일기가 언뜻 보이는 것보다 광범위한 흥밋거리를 포함하고 있지 않을까 하는 생각이 들었다. 내게는 이 글들이 지닌 사사로운 매력이 아주 강력하게 다가왔다. 이 가운데서 작은 책 한 권 분량의 내용을 가려 뽑을 수 있지 않을까? 그러면 적어도 그 성실성 때문에라도, 눈으로만 읽는 게 아니라 마음으로도 책을 읽는 이들에게 어떤 가치를 지니게 되지 않을까? 나는 원고를 다시 죽 읽어보았다. 이것은 어떤 욕구를, 그것도 아주 소박한 욕구를 지닌 한 남자의 이야기다. 그는 이제 그 욕구가 충족되었다고 느낄 뿐 아니라 커다란 행복마저 누리고 있었다. 그는 자신의 생각을 정확하게 표현하면서 다양한 것들에 대해 말하고 있었다. 그는 자신에 대해 이야기하면서도, 한 인간으로서 말할 수 있는 진실을 이야기하고 있었다. 내가 보기에 그의 일기는 인간적인 흥미를 지니고 있었다. 나는 출간을 결심했다.

이제 어떤 순서로 글을 배열할지를 결정해야 했다. 나는 이 책을 무질서한 잡문 모음집으로 세상에 내놓고 싶지 않았다. 서로 연관성이 없는 구절들마다 각각 제목을 붙인다든가, 그것들을 하나의 주(主) 제목 아래 한데 묶는다면 내가 무엇보다 보존하고 싶은 자연스러움이 훼손될 수도 있을 터였다. 내가 선별한 글들을 다시 읽어가다 보니, 자연의 모습이 빈번히 언급되고 있고, 많은 성찰들이 그 글들이 쓰인 달과 아주 잘 어울린다는 것을 알 수 있었다. 나는 라이크로프트가 하늘의 상태와 계절의 순환에 언제나 많은 영향을 받았음을 알고 있었다. 따라서 이 작은 책을 계절에 따라 네 개의 장(章)으로 나누기로 마음먹었다. 모든 분류가 그렇듯이, 이러한 분류 또한 완벽하지는 않지만 그런대로 유용하리라 생각한다.

조지 기싱

봄

나는 죽을 때까지 읽을 것이다. 그리고 잊어버릴 것이다. 아무 때나 습득했던 모든 지식을 자유자재로 활용할 수 있다면 나는 스스로를 박식한 사람이라고 칭할 수 있을 것이다. 오래 지속되는 걱정거리나 동요, 두려움만큼 기억력에 매우 나쁘게 작용하는 것도 없을 것이다. 나는 내가 읽는 것의 일부밖에 기억하지 못한다. 그렇더라도 꾸준히 즐겁게 읽을 것이다. 나는 미래의 삶을 위해 지식을 축적하려는 것일까? 잊는다는 것은 더는 나를 두렵게 하지 못한다. 나는 지금 이 순간의 행복을 느낄 뿐이다. 유한한 인간으로서 뭘 더 바랄 수 있겠는가?

1

　일주일이 넘도록 펜에 손도 대지 않았다. 일주일 내내 아무것도 쓰지 않았다. 편지 한 장조차도. 지금까지 살면서 한두 차례 아팠을 때를 제외하고는 이런 적은 단 한 번도 없었다. 내 삶으로 말하자면, 지금까지 불안한 노역으로 지탱되어야만 했던 삶이었다. 모든 삶이 그래야 마땅하듯 삶 그 자체를 위해서가 아니라 두려움의 자극 속에서 버텨내야 했던 삶이었다. 돈을 버는 것은 어떤 목적을 위한 수단이 되어야만 하는데, 열여섯 살 때부터 스스로 생계를 책임졌던 나로서는 30년 넘게 돈벌이를 목적으로 여기고 살아야 했다.

　지금쯤 어쩌면 내 낡은 펜대가 나를 원망하고 있을지도 모를 일이다. 그동안 내게 충실하게 봉사를 해왔던 펜대가 아닌가? 그런데 어떻게 내 삶의 행복한 순간에 먼지나 뒤집어쓰게 내버려둘 수 있단 말인가? 하루도 빠짐없이 내 검지와 바짝 붙어 지냈던 펜대가 아닌가. 그러니까 그게 벌써 얼마나 오래전 일인가? 적어도 스무 해는 되었을 것이다. 토트넘코트 로(路)에 있는 한 상점에서 펜대를 구입하던 때가 생각난다. 그날 나는 내친김에 문진(文鎭)도 하나 샀는데, 당시 내게는 사치품이나 다름없던 것을 거금 1실링*이나 주고 사느라 벌벌 떨어야 했다. 새로 칠한 광택제 때문에 반짝이던 펜대가 이제는 전체적으로 수수한 갈색의 나무 모습을 띠고 있다. 덕분에 내 검지에는 굳은살이 단단히 박였다.

그것은 내게는 오랜 벗이자 오랜 적이기도 했다! 단지 먹고살기 위해 글을 써야 하는 현실을 혐오하면서 펜대를 집어 들었던 적이 얼마나 많았던가. 그럴 때마다 머리와 가슴은 무겁고, 손은 떨리고, 눈이 아플 정도로 어지러움을 느끼곤 했다! 잉크로 더럽혀야만 했던 새하얀 원고지가 얼마나 두렵게 다가왔던지! 특히 오늘 같은 날이면, 장밋빛 구름들 사이로 봄의 푸른 눈이 나를 향해 미소 짓고, 내 책상 위로 어른거리는 햇빛이 꽃 피는 대지의 향기로운 내음과 산비탈 낙엽송의 초록빛과 구릉 위에서 지저귀는 종달새 노랫소리를 미치도록 그리워하게 만들 때면 더욱더 그러했다. 유년기보다 아득하게 먼 옛날 같지만 내게도 열정을 가지고 펜을 잡던 시절이 있었다. 그때 내 손이 떨렸던 것은 희망 때문이었다. 하지만 그 희망은 나를 저버렸다. 지금까지 내가 쓴 것 중에 오래도록 살아남을 만한 글은 단 한 페이지도 없다. 이제 나는 아무런 쓸쓸한 감정 없이 이런 말을 할 수 있다. 그건 젊은 날의 과오였고, 내가 어쩔 수 없는 상황들이 그 과오를 반복하게 만들었을 뿐이다. 세상이 나를 부당하게 대한 적은 없다. 다행스럽게도 나는 그런 이유로 세상에 분노를 쏟아내지는 않을 만큼 충분히 현명해졌다.

게다가 글을 쓰는 사람이, 그가 설령 불멸의 작품을 써낸다 할지라도,

---

* 영국의 옛 화폐 단위로, 1파운드가 20실링, 1실링이 12펜스였다. 이 책 출간 당시(1903년) 1파운드는 현재 가치로 약 100파운드다.

자신을 냉대한다고 어찌 세상을 원망할 수 있겠는가? 누가 그에게 책을 내라고 요구한 적이 있던가? 누가 그에게 그의 얘기를 들어주겠노라고 약속이라도 했단 말인가? 누가 그의 믿음을 배신하기라도 했던가? 예를 들어, 제화공이 내게 멋진 부츠 한 켤레를 만들어주었는데, 내가 터무니없는 심술을 부리며 그것들을 그에게 도로 줘버린다면 그는 충분히 불평할 만하다. 하지만 당신이 쓴 시와 소설을 두고 누가 당신과 흥정을 벌인 적이 있던가? 정직하게 땀 흘려 만든 물건인데도 아무도 그것을 사려 하지 않는다면, 기껏해야 당신은 스스로를 불운한 상인으로 치부할 수 있을 뿐이다. 만약 그 불운이 하늘로부터 비롯된 것이라면, 많은 돈으로 보상받지 못했다고 해서 안달복달하고 속을 끓이는 건 자신의 품위를 잃게 만들 뿐이다.

인간의 정신으로 빚어진 작품을 시험하는 방법은 딱 한 가지밖에 없다. 아직 태어나지 않은 세대의 심판에 그것을 맡기는 것이다. 당신이 위대한 책을 썼다면 후세가 그 사실을 알게 될 것이다. 하지만 당신은 사후의 영광 따위에는 관심이 없다. 당신이 바라는 것은 편안한 안락의자에 앉아 현재의 명성을 즐기는 것뿐이다. 아, 그렇다면 얘기가 전혀 달라진다. 당신의 욕망을 용기 있게 펼쳐나가 보도록. 자신이 장사꾼임을 인정하고, 당신이 내놓은 상품이 비싸게 팔리는 많은 것들보다 나은 것임을 입증하며 신과 인간에게 항의해보라. 어쩌면 당신 생각이 옳을지도 모르니까. 그렇다면 유행의 바람이 당신의 진열대를 향해 불지 않는 것이 진정 고통스럽게 느껴질 것이다.

2

　방이 이토록 감미롭게 평온할 수 있다니! 아무것도 하지 않고 가만히 앉아서 하늘을 바라본다. 카펫 위를 비추는 금빛 햇살이 시시각각으로 변하는 모습을 관찰하고, 액자 속의 판화들을 차례로 바라보기도 하고, 내가 사랑하는 책들이 꽂힌 서가를 따라 시선을 옮기기도 한다. 집 안에는 아무런 움직임이 느껴지지 않는다. 정원에서는 새들이 지저귀는 소리가 들려온다. 나는 새들이 파닥이며 날갯짓하는 소리까지도 들을 수 있다. 그리고 내가 원하기만 하면, 하루 종일이라도 이렇게 앉아 있을 수 있다. 더 깊은 정적이 지배하는 밤이 찾아올 때까지.

　내 집은 완벽하다. 아주 운 좋게도 나는 이 집처럼 내 맘에 꼭 드는 가정부를 발견했다. 지긋한 나이의 그녀는 나직한 목소리에 발걸음이 가벼운 데다, 내게 필요한 모든 시중을 충분히 들 수 있을 만큼 튼튼하고 동작이 날렵하다. 그리고 무엇보다 혼자 있는 것을 두려워하지 않는다. 그녀는 아침에 아주 일찍 일어난다. 내가 아침을 먹을 때쯤이면 집에는 밥상을 차리는 것 말고는 할 일이 거의 남아 있지 않다. 아주 드물게 그

롯이 달그락거리는 소리가 들릴 뿐, 문이나 창문이 닫히는 소리조차 들리지 않는다. 아, 이 얼마나 축복받은 고요함인가!

누군가가 이곳으로 나를 찾아올 가능성도 전혀 없고, 내가 누군가를 찾아간다는 것은 꿈도 꾸지 못할 일이다. 한 친구에게 써야 할 편지가 있긴 하다. 아마도 잠자리에 들기 전에 쓰게 되지 않을까 싶다. 어쩌면 편지 쓰는 일을 내일 아침으로 미룰지도 모르겠다. 친구에게 보내는 편지는 마음이 내키기 전에는 절대 써서는 안 된다. 나는 아직 신문도 읽지 않았다. 대개는 산책에서 피곤한 상태로 돌아와서야 신문을 집어 든다. 시끄러운 세상이 뭘 하고 있는지, 인간들이 어떤 새로운 자학거리와, 헛된 노역의 새로운 형태들과, 위험과 불화의 새로운 빌미들을 만들어냈는지 지켜보는 것은 흥미로운 일이다. 나는 그토록 서글프고 어리석은 것들에 아침에 느껴지는 정신의 상쾌한 첫 기운을 빼앗기고 싶지 않다.

내 집은 흠잡을 데가 없다. 잘 정돈되어 우아한 가정생활을 허용할 정도의 크기에, 운신하는 데 불편하지 않을 정도의 여유 공간이 있을 뿐이다. 집의 구조도 튼튼하다. 나무와 회반죽을 다룬 방식은 우리 시대보다 한결 더 여유롭고 더 정직한 시대의 것임을 보여준다. 계단이 발밑에서 삐걱거리지도 않는다. 고약한 외풍의 공격을 받는 일도 결코 없다. 창문을 여닫느라 근육통을 느낄 일도 없다. 벽지의 색조와 무늬 같은 자잘한 일들에 관해서는 나의 무관심을 고백한다. 벽지가 지나치게 요란스럽지만 않다면 그걸로 충분하다. 집에서 가장 중요한 것은 안락함이다. 세부적인 치장에 관해서는, 돈과 인내와 안목이 있으면 조금씩 추가해나가면 된다.

내게는 이 작은 서재가 아름답게 느껴지는데, 그건 무엇보다 이곳이 내 집이기 때문이다. 나는 지금까지 대부분의 시간을 집 없이 살아왔다.

내가 살았던 많은 곳들 중에서 어떤 곳은 진저리 나게 싫었고, 또 어떤 곳은 그런대로 마음에 들기도 했다. 하지만 난 이제야 비로소 집을 집답게 만드는 안정감이 무엇인지 알게 되었다. 예전에는 악운과 끈질긴 궁핍으로 인해 언제라도 살던 곳에서 쫓겨날 수 있었다. 그럴 때마다 나 자신에게 이렇게 되뇌곤 했다. "아마도, 언젠가는 나도 내 집을 가질 수 있을 거야." 그런데 시간이 흐를수록 그 '아마도'가 점점 더 나를 짓눌렀고, 운명의 여신이 나를 향해 은밀히 미소를 짓던 순간에 나는 거의 희망을 버린 상태였다. 그리고 마침내 내 집을 갖게 되었다. 나는 새 책을 책꽂이에 꽂을 때마다 이렇게 말하곤 한다. "내가 너를 볼 수 있는 눈이 있는 한 여기 가만히 있거라." 그럴 때마다 온몸이 짜릿할 정도로 즐거운 전율이 느껴진다. 이 집은 20년간 임대차계약을 맺은 내 집이다. 물론 내가 그렇게 오래 살지는 못할 것이다. 하지만 그때까지 산다고 해도, 집세를 지불하고 음식을 살 돈은 언제나 충분할 것이다.

나는 이런 행운의 태양이 뜨는 것을 영영 보지 못할 불운한 이들에게 연민을 느낀다. 그래서 기도문에 다음과 같은 새로운 기원을 덧붙이고 싶다. "대도시의 모든 거주자들을 위해, 특별히 셋집, 하숙집, 아파트 또는 인간의 필요나 어리석음이 억지로 고안해낸, 집을 대신하는 구차한 대용품들에 살고 있는 이들을 위해."

나는 스토아학파의 덕목들에 대해 곰곰 생각해봤지만 아무런 도움이 되지 않았다. 이 작은 지구 위에서 거주지 때문에 조바심치는 것은 어리석다는 것도 잘 알고 있다.

> 하늘의 눈이 찾아가는 모든 곳이
> 현자에게는 휴식처요, 행복한 안식처가 되리니.*

그러나 난 이러한 지혜를 언제나 경원해왔다. 철학자의 듣기 좋은 문장이나 시인의 화려한 운율 속에서는 무엇보다 아름답게 느껴지겠지만, 이러한 지혜가 내 것이 되는 일은 없을 것이다. 내가 실천하지도 못할 미덕을 내세우는 게 무슨 의미가 있을까? 처음이자 마지막으로 고백하지만, 내게는 어디에서 어떻게 사는가가 그 무엇보다 중요한 문제이다. 나는 세계시민주의자가 아니다. 영국에서 멀리 떨어진 곳에서 죽는다는 생각만으로도 두렵기 그지없다. 그리고 영국에서도 이곳이 내가 선택한 거처이고, 나의 집이다.

---

* 셰익스피어, 《리처드 2세》 1막 3장.

3

　나는 식물학자는 아니다. 하지만 오래전부터 식물을 채집하는 데서 즐거움을 찾아왔다. 나는 모르는 식물을 발견하고 내가 가진 도감(圖鑑)에서 그것을 확인한 다음, 다음번 산책 때 길가에서 환히 빛나는 그 식물의 이름을 불러주며 인사하는 것을 즐긴다. 만약 그 식물이 희귀한 것이라면 그것의 발견은 나를 기쁨으로 가득 채운다. 위대한 예술가인 자연은 평범한 꽃들을 누구나 볼 수 있는 곳에 만들어놓는다. 그것이 지극히 보잘것없는 잡초라 할지라도, 어떤 인간의 언어도 그 경이로움과 사랑스러움을 표현하기엔 부족하다. 이런 꽃들은 지나다니는 사람들의 눈길 아래 피어난다. 하지만 희귀한 꽃은 따로 은밀한 곳에서, 예술가의 한층 더 섬세한 영감으로 만들어진다. 그런 꽃을 발견하게 되면, 마치 더욱더 신성한 성소에 받아들여지는 특권을 누리는 기분이 든다. 그래서 기쁜 가운데에 경외심마저 느껴진다.

　오늘은 멀리까지 산책을 했다. 그리고 산책로 끝에서 조그만 하얀 꽃이 핀 선갈퀴를 발견했다. 어린 물푸레나무 숲 속에서 자라고 있는 것이었다. 그 꽃을 한참 동안 바라보면서 나는 그것을 둘러싼 날렵한 나무들의 우아함, 그 빛나는 매끄러움과 올리브빛 색조에 매료되었다. 바로 옆에는 느릅나무 한 그루가 서 있었다. 어떤 미지의 언어에 속한 문자가 새겨진 것 같은 나무껍질은 마치 버짐이 핀 것처럼 보였는데, 그 때문에 어린 물푸레나무가 더 아름답게 느껴졌다.

내가 얼마나 오래 산책을 하든 그런 건 전혀 문제 될 게 없다. 내게는 서둘러 돌아가야 할 의무가 없기 때문이다. 내가 아무리 늦게까지 헤매고 다녀도 화내거나 걱정할 사람도 아무도 없다. 봄은 이 모든 오솔길과 초원 위에서 눈부시게 빛나고 있다. 왠지 내 앞에 구불구불 펼쳐진 모든 길들을 따라가야만 할 것 같다. 봄은 오랫동안 잊고 있었던 젊음의 활력 같은 것을 내게 되돌려주었다. 나는 아무리 걸어도 지치지 않는다. 어린아이처럼 혼자 노래도 부른다. 소년 시절에 알았던 노래다.

소년 시절을 얘기하다 보니 문득 어떤 작은 사건에 대한 기억이 떠오른다. 한 작은 마을 근처, 숲 언저리의 외진 곳에서 열 살쯤 되어 보이는 소년과 우연히 마주친 적이 있다. 아이는 나무둥치에 기댄 두 팔에 얼굴을 파묻고 몹시 서럽게 울고 있었다. 나는 그에게 무슨 일이냐고 물었고, 잠시 실랑이를 벌인 끝에—그는 단순한 시골뜨기 이상의 아이였다—그가 6펜스의 빚을 갚기 위해 심부름을 가던 중 돈을 잃어버렸다는 것을 알게 되었다. 그 가엾은 소년은 성인이라면 절망의 고뇌라고 부를 수 있을 참담한 심경에 처해 있었다. 아이는 그렇게 한참을 울었음이 분명했다. 마치 고문이라도 당한 것처럼 얼굴의 모든 근육이 실룩거리고 팔다리가 떨리고 있었다. 그의 눈빛과 목소리는 가장 간악한 범죄자에게나 어울릴 법한 고통을 겪고 있음을 말해주고 있었다. 이 모두가 단지 6펜스를 잃어버렸기 때문이라니!

나도 그와 함께 눈물이라도 흘리고 싶은 심정이었다. 이 광경이 암시하는 모든 것에 대한 연민과 분노의 눈물을 말이다. 형언할 수 없는 영광의 날에, 대지와 하늘이 인간의 영혼에 축복을 내리고 있을 때, 어린아이답게 맘껏 뛰어놀아야 할 아이가 가슴이 찢어져라 울고 있다니. 그것도 단지 6펜스짜리 동전 한 닢을 어딘가에 떨어뜨렸다는 이유로! 손실은 심각한 것이었고, 아이는 그 사실을 알고 있었다. 그는 부모님에게 꾸지람 들을 것을 두려워하기보다는 그들에게 크나큰 손해를 끼쳤다는 생각으로 고통스러워하고 있었다. 길가에 떨어뜨린 6펜스짜리 동전 한 닢 때문에 온 가족이 비참한 지경에 처하게 생겼던 것이다! 이런 일이 일어날 수 있는 소위 '문명' 국가를 대체 어떤 말로 묘사할 수 있을까?

나는 주머니를 뒤졌고, 6펜스어치의 기적을 일으켰다.

나는 30분이 지나서야 평정을 되찾을 수 있었다. 생각해보면, 인간의 어리석음에 대해 격분하는 것은 언젠가 인간이 좀 더 현명해지기를 바라는 것만큼이나 부질없는 일이다. 6펜스의 기적을 일으킨 것은 나로서는 대단한 일이었다. 돌이켜보면, 이런 일이 내겐 도저히 가능하지 않았으며, 그 돈이 내겐 한 끼의 식사를 의미했던 시절이 있지 않았던가. 따라서 다시 한 번 기뻐하고 감사해야겠다.

4

　내 인생에도 느닷없이 지금 누리는 수준의 삶을 살게 되었다면 그로 인해 양심의 가책에 시달렸을 시절이 있었다. 이게 말이나 되는가! 노동자 계층의 서너 가족을 충분히 먹여 살릴 만한 수입이 있고, 그것을 위해 아무것도 하지 않아도 된다니! 나만의 집이 있고, 어디를 돌아보건 아름다운 것들로 둘러싸인 삶을 살면서 말이다. 그 시절이었다면 나는 스스로를 정당화하는 데 꽤나 애를 먹었을 것이다. 그 시절 난, 이름 없는 많은 사람들이 생존을 위해 얼마나 힘겹게 투쟁하는지를 시시각각으로 절감하고 있었다. "사람이 연명하는 데 얼마나 적은 돈이 드는지(quam parvo liceat producere vitam)"[*]를 나보다 잘 아는 사람도 없을 것이다. 나는 주린 배를 움켜쥐고 거리를 헤매기도 했고, 더없이 초라한 거처에 몸을 누인 적도 있다. 나는 '특권층'에 대한 분노와 시기로 마음이 뜨끔거린다는 게 어떤 건지도 잘 알고 있다. 하지만 그 시절에도 난 '특권층'

[*] 마르쿠스 안나이우스 루카누스, 《파르살리아》 4권.

에 속한 사람이었던 것 같다. 그리고 이젠 일말의 자책도 없이 그들 사이에서 인정된 지위를 받아들일 수 있다.

그렇다고 해서 나의 폭넓은 공감 능력이 무뎌졌다는 의미는 아니다. 난 어떤 장소에서 어떤 광경들을 지켜보면서 삶이 내게 가져다준 모든 평온함을 완전히 무너뜨릴 수도 있다. 내가 만약 멀찌감치 떨어져 있으면서 그런 식으로 바라보는 것을 의도적으로 거부한다면, 그건 문명인으로 살아가는 사람이 하나 더 는다고 해서 세상이 더 나빠지진 않으며, 오히려 더 나아질 것이라고 믿기 때문이다. 부당한 것들을 보면 공박하지 않고는 못 배기는 사람은 가차 없이 그렇게 하게 하자. 소명 의식으로 불타오르는 사람은 망설임 없이 싸움에 뛰어들게 하자. 하지만 내가 그렇게 한다면, 그건 천성이 이끄는 것에 반하는 게 될 것이다. 내가 뭔가를 안다고 한다면, 그건 나 자신이 고요와 명상으로 이루어진 삶에 적합하다는 것이다. 그럼으로써만 내가 가진 장점을 발전시킬 수 있기 때문이다. 반세기 넘게 살아오는 동안 나는 이 세상을 어둡게 만드는 잘못되고 어리석은 일들의 대부분이 자신의 영혼을 가만히 내버려두지 못하는 사람들로부터 비롯됨을 알게 되었다. 인류를 파멸로부터 지켜내는 대부분의 선함이 사색하는 정적인 삶에서 비롯됨도 알게 되었다. 세상은 날마다 더 시끄러워지고 있다. 나 하나만이라도 소란이 점점 더 커지는 데 기여하고 싶지 않다. 단지 침묵하는 것만으로도 모두에게 좋은 일을 하는 게 되지 않을까.

만약 국가가 전 국민의 5분의 1에게 연금을 지급해 나처럼 살도록 유도한다면, 나라의 세수입이 아주 적절하게 쓰인다고 말할 수 있지 않을까!

5

존슨*은 일찍이 이런 말을 했다. "선생, 가난은 죄가 아니라는 것을 입증하고자 하는 주장들은 그 반대로 가난이 커다란 죄가 될 수 있음을 보여주는 것일 뿐입니다. 재산이 많을수록 그만큼 행복하게 살 수 있다는 것을 납득시키려고 애쓰는 사람은 볼 수가 없으니까요."**

이 단호한 상식의 노대가는 이 방면의 권위자임에 틀림없다. 가난은 물론 상대적인 것이다. 가난이라는 말은 무엇보다 지적인 존재로서의 각자의 지위와 관련이 있다. 신문에서 떠드는 말을 곧이곧대로 믿는다면, 영국에서 내로라하는 인사들 중에 일주일에 25실링의 수입이 확실하게 보장된다면 스스로를 가난하다고 말할 권리가 없는 사람들이 상당수 있다. 그들에게 필요한 지성은 마구간지기 소년이나 부엌데기의 그것과 다

---

* 새뮤얼 존슨(1709~1784). 영국의 문학가, 평론가. 영국에서 처음으로 《영어사전》을 만들었고, 열 권으로 된 방대한 《영국 시인전》 등을 남겼다.
** 영국의 전기 작가 제임스 보즈웰(1740~1795)이 쓴 새뮤얼 존슨의 전기 《존슨의 생애》에서 인용한 것이다.

를 바 없기 때문이다. 내게 똑같은 수입이 보장된다면, 나는 그럭저럭 살 수는 있겠지만 분명 가난하다고 여길 것이다.

사람들은 흔히 가장 귀한 것들은 돈으로 살 수 없다고들 한다. 그런 상투적인 말은 그 말을 하는 사람이 한 번도 돈이 부족했던 적이 없음을 보여주는 것이다. 지금까지 살면서 1년에 고작 몇 파운드를 더 벌지 못해 느껴야 했던 슬픔과 무력감을 생각할 때마다 나는 돈의 위력 앞에서 할 말을 잃게 된다. 오직 가난 때문에 얼마나 많은 따사로운 즐거움들과 모든 이들이 희구하는 소박한 행복들을 포기해야 했던가! 가난 때문에, 해가 갈수록 내가 사랑했던 이들과의 만남이 불가능해졌다. 약간의 돈만 있었더라면 할 수 있었을 많은 것들, 내가 바랐던 것들을 할 수 없다는 사실 때문에 나는 슬픔과 오해, 심지어 잔인한 따돌림마저 겪어야 했다. 궁핍 때문에 줄이거나 포기해야 했던 소소한 즐거움과 만족은 또 얼마나 많았던가. 나는 단지 옹색한 형편 때문에 많은 친구를 잃어야 했다. 나와 친구가 될 수도 있었을 이들이 내게 낯선 사람들로 남게 되었다. 때로 나의 영혼이나 마음이 동반자를 갈구할 때, 단지 가난하다는 이유로 강요된 외로움, 그 쓰라린 외로움이 종종 내 삶을 고통스럽게 했다. 나는 "돈으로 사지 못할 도덕적 선(善)은 없다"라는 말이 조금도 과장된 게 아니라고 생각한다.

존슨은 이런 말도 했다. "가난은 대단히 큰 죄악이고 아주 많은 유혹과 비참함을 잉태하기 때문에, 나는 선생에게 가난만은 모면하라고 진정으로 당부하지 않을 수 없습니다."

나로 말하자면, 내게는 가난을 모면하려고 노력하라는 당부가 필요치 않았다. 런던의 수많은 다락방들이 내가 달갑지 않은 동반자와 얼마나 힘겹게 지내왔는지를 누구보다 잘 알고 있다. 그 동반자가 끝까지 내 곁에 머물지 않은 것이 놀라울 정도다. 어쩌면 자연이 부리는 일종의 변덕 때문인지도 모르겠다. 그래서 때로 잠이 오지 않는 밤이면 막연히 불안해지기도 한다.

6

앞으로 얼마나 더 많은 봄을 보는 것이 내게 허락될까? 낙관적인 이들
은 여남은 번이라고 말할지도 모른다. 하지만 나는 겸허하게 대여섯 번
이기를 희망한다고 말하려 한다. 사실 그것도 많다. 기쁨으로 맞이하는
대여섯 번의 봄. 첫 애기똥풀이 핀 후 장미가 봉오리를 맺을 때까지 애정
어린 눈으로 지켜보는 대여섯 번의 봄. 누가 그런 것을 인색한 축복이라
고 말할 수 있을까? 대지가 새롭게 옷을 갈아입는 기적과, 지금까지 그
어떤 언어도 제대로 형용할 수 없었던 화려하고 사랑스러운 광경이 내
눈앞에 대여섯 번이나 펼쳐질 터인데. 그런 생각을 하다 보면 내가 너무
많이 바라는 건 아닌지 두려워지기도 한다.

7

"인간은 자신의 불행을 곱씹는 데 골몰하며 불평하는 동물이다(Homo animal querulum cupide suis incumbens miseriis)." 이 말이 어디에 나오는 것인지 궁금하다. 언젠가 샤롱*의 책 속에서 출전을 밝히지 않고 인용된 것을 발견했고, 그 이후 내 머릿속에 종종 떠오르는 이 말은 하나의 음울한 진실을 잘 표현하고 있다. 적어도 내게는 오랫동안 진실로 남아 있었다. 자기 연민이라는 사치를 누릴 수 없다면 삶은 아주 자주 견디기가 힘들어질 것이다. 수많은 경우에 있어서 사람들을 자살로부터 구하는 것은 자기 연민임에 틀림없다. 어떤 이들은 자신들의 불행에 대해 이야기하는 데서 커다란 해방감을 느낀다. 그러나 그런 이야기를 아무리 해봤자 조용히 성찰할 때처럼 삶의 비참함을 깊이 위로받지는 못한다.

다행히도 내게는 자기 연민의 습관이 결코 과거 지향적이 아니었다.

---

* 피에르 샤롱(1541~1603). 프랑스의 가톨릭 신학자, 철학자. 인용된 말은 그의 저서 《지혜에 대하여》에 나오는 것이다.

게다가 당장의 고통을 이야기할 때조차도 결코 지배적인 악습이 될 만큼 뿌리 깊은 습관으로 이어지지는 않았다. 나는 자기 연민의 습관에 굴복할 때마다 나 자신의 나약함을 인정했고, 그것으로 인해 위안을 받을 때면 나 자신을 경멸했다. 심지어 "자신의 불행을 곱씹고" 있을 때조차도 조소할 수 있었다. 그리고 이젠, 우리를 지배하는 미지의 힘 덕분에 내 과거는 그 죽은 자를 묻어버렸다.[*] 더 나아가, 내가 겪었던 모든 시련의 필요성을 차분하게 기꺼이 받아들일 수도 있다. 내 삶은 그렇게 예정되어 있었고, 실제로 그렇게 되었노라고 말이다. 나는 자연의 섭리에 따라 이렇게 살도록 정해져 있었던 것이다. 무엇을 위한 것인지는 결코 알 수 없겠지만. 그러나 영원한 만물의 연속성 가운데서 이것이 내 자리였던 것은 분명하다.

내가 과거에 두려워했던 대로 삶의 말년을 무력한 궁핍 속에서 보내야 했다면 이렇게 많은 철학적 깨달음을 얻을 수 있었을까? 그랬다면 아마도 지금쯤 불평불만으로 가득한 자기 연민의 깊은 구렁 속에서 하늘의 빛을 완강하게 외면한 채 비굴하게 살고 있지 않을까?

---

[*] 헨리 워즈워스 롱펠로(1807~1882)의 《인생 찬가》에 나오는 "지나간 과거로 하여금 그 죽은 자를 묻게 하라", 신약성경 마태복음 8장 22절의 "죽은 자들의 장례는 죽은 자들에게 맡겨두고"를 떠올리게 하는 구절이다.

8

　살기 좋은 이곳 데번에 봄이 일찍 찾아오는 것은 나를 즐겁게 한다. 위
안이 되기보다 위협을 가하는 듯한 하늘 아래 앵초꽃이 떨고 있을 영국
의 다른 지역들을 생각하면 으스스한 느낌에 마음이 불편해진다. 눈옷을
입고 서리 수염을 단 정직한 동장군이라면 나도 그리 무례하지 않게 맞
을 수 있다. 그러나 달력의 약속이 마냥 미루어지면서 3월과 4월에도 비
가 내리는 음울한 날씨가 이어지고, 5월에도 차가운 돌풍이 불어와 그
명예를 욕되게 하는 것 등이 얼마나 자주 내게서 용기와 희망을 앗아 갔
던가. 이곳에서는, 마지막 잎이 떨어졌음을 확인하고, 상록수 위에 서리
가 내려 반짝이는 것을 지켜보기가 무섭게 서녘에서 불어오는 미풍이
꽃봉오리와 개화에의 기대로 내 마음을 설레게 한다. 심지어 아직 2월이
굳건히 버티고 있음을 말해주는, 잿빛 구름으로 뒤덮인 하늘 아래에서조
차도.

　온화한 바람이 딱총나무 숲을 흔들면,

들을 헤매는 목부(牧夫)들은 알게 되리

머지않아 산사나무가 꽃을 피우리라는 것을.*

런던에서 보낸 젊은 시절이 계속 떠오른다. 그 시절 난 계절이 바뀌는 것도 눈여겨보지 못했고, 고개를 들어 하늘을 바라본 적이 거의 없으며, 끝없이 이어진 거리 속에 갇혀 살면서도 고생스럽다는 생각을 해본 적도 없었다. 돌이켜 생각해보면, 적어도 6~7년간 초원을 구경하지도 못했고, 나무로 둘러싸인 교외까지도 여행을 해본 적이 없다는 게 이상하게 느껴질 정도다. 당시 나는 생존을 위한 힘겨운 싸움을 벌이고 있었다. 일주일 후에도 먹을 것과 잠자리를 얻을 수 있을지 기약할 수 없는 나날이 이어졌다. 물론 8월의 뜨거운 한낮에는 바닷가로 떠나는 공상에 잠긴 적도 있다. 하지만 그러한 바람이 이루어지기란 아예 불가능해서 그 때문에 별로 고통스럽지도 않았다.

사실 때로 나는 사람들이 멀리 휴가를 떠난다는 사실조차 까맣게 잊고 있었던 것 같다. 내가 살던 가난한 동네에서는 계절은 아무런 눈에 띄는 변화를 가져다주지 못했다. 그곳에서는 짐이 잔뜩 실린 마차가 내게 즐거운 여행을 상기시켜주는 일도 없었다. 주위 사람들은 평소와 다름없이 힘겹게 일터로 향했고, 나 역시 그랬다. 나른했던 오후들이 생각난다. 책을 읽는 것도 지겨웠고, 졸음이 몰려와 아무리 머리를 쥐어짜도 아무 생각이 나지 않았다. 그래서 공원에 가서 머리를 식혔지만, 기분 전환을 했다는 즐거움은 느낄 수 없었다.

맙소사, 그땐 정말 얼마나 힘겹게 하루하루를 버텼던지! 그러면서도

* 퍼시 셸리, 《풀려난 프로메테우스》 1막.

나 자신을 연민의 대상으로 생각하는 것은 꿈조차 꾸어보지 못했다! 그런 생각이 들었던 것은, 훗날 과로와 나쁜 공기, 질 나쁜 음식과 비참한 생활 여건 때문에 건강이 나빠지기 시작하면서부터였다. 그러자 시골과 해변으로 떠나고 싶다는 생각과, 그보다 실현 가능성이 더 없는 다른 것들에 대한 미친 듯한 욕구가 내 안에서 깨어났다. 하지만 그 어느 때보다 힘들게 일하면서, 지금은 끔찍한 궁핍으로 여겨지는 것들을 겪었던 그 시절 동안 진정으로 고통스러웠노라고 말할 수는 없을 것이다. 나는 내가 약하다는 생각을 해본 적이 없었기 때문에 고통스럽다는 생각이 들지도 않았다. 내 건강은 모든 것을 견뎌낼 수 있었고, 내가 지닌 활력은 모든 악조건을 헤쳐나가게 해주었다. 내게 용기를 북돋아줄 만한 것은 거의 없었지만, 나는 무한한 희망에 부풀어 있었다. 밤에는 잠을 푹 잘 수 있었기 때문에(지금은 생각만 해도 끔찍한 곳에서 종종 잠을 청했지만), 다음 날 아침에 때로 빵 한 조각과 물 한 잔만으로 배를 채우고도 생생하게 다시 싸움터로 향할 수 있었다. 인간적인 행복으로 말하자면, 그 시절에 내가 행복하지 않았는지는 잘 모르겠다.

젊은 시절에 힘든 시간을 보내는 대부분의 사람들은 주위 친구들의 도움을 받는다. 런던에는 '라틴 구역(pays latin)'**이 없지만, 배고픈 문학의 초심자들은 대체로 자신과 잘 맞는 동료들—대부분 토트넘코트 로 지역이나 고질적인 첼시에 위치한 다락방에 사는 이들이다—과 어울린다. 그들은 자신들만의 보잘것없는 '보헤미안의 삶(vie de Bohème)'을 살

** '카르티에 라탱(Quartier Latin)'을 가리킨다. 프랑스 파리의 5구와 6구 사이에 자리하고 있는 대학가로 소르본 대학, 콜레주드프랑스, 파리 고등사범학교 등 파리의 주요 대학들이 위치하고 있다. 학생들뿐 아니라 예술가들에게도 큰 사랑을 받고 있으며, 1968년 5월 프랑스 학생운동이 시작된 곳이기도 하다.

며, 그런 삶에 대한 의식적인 자부심을 갖고 있다. 내 위치로 말하자면, 난 그 어느 집단에도 속하지 않았다는 특이점을 갖고 있다. 나는 가벼운 관계를 맺는 것을 꺼려 했고, 그 암울한 시절을 보내는 동안에도 딱 한 명의 친구를 사귀었을 뿐이다. 누군가에게 도움을 청하거나 출세를 위해 청탁을 하는 것은 내 본성에 절대적으로 반하는 것이었다. 내가 조금이라도 앞으로 나아갈 수 있었던 것은 순전히 내 힘만으로 이룬 것이었다. 나는 다른 사람의 호의를 무시한 것처럼 남의 충고도 경멸했다. 내 머리와 마음에서 우러나온 것이 아니라면 그 어떤 충고도 받아들이려 하지 않았다. 나는 낯선 이들에게 빵 살 돈을 구걸해야 할 만큼 곤경에 처한 적도 여러 번 있다. 그것은 내겐 가장 쓰라린 경험으로 남아 있다. 그렇더라도 친구나 동료에게 빚을 지는 것보다는 구걸이 나을 거라고 생각한다. 사실인즉, 나는 나 자신을 '사회의 한 구성원'으로 여기는 법을 배운 적이 없다. 내게는 언제나 나 자신과 세계라는 두 실체만이 존재했고, 그 두 실체 사이의 정상적인 관계는 늘 적대적이었다. 나는 사회적 질서의 일부가 되지 못한 채 여전히 외로운 존재로 살고 있는 것은 아닐까?

한때 이런 삶의 방식을 도도하게 자랑스러워한 적도 있다. 하지만 지금 만약 내게 새로운 삶이 주어진다면, 재앙이었다고까지는 말하지 않더라도 또다시 그런 식의 삶을 선택하지는 않을 것 같다.

9

  그 시절 나는 6년이 넘도록 포장된 길만 지나다녔을 뿐 어머니 같은 대지를 밟은 적이 한 번도 없었다. 공원이 있긴 했지만, 그건 풀을 자라게 해서 위장한 포장된 땅일 뿐이었다. 그리고 최악의 시절이 지나갔다. 내가 지금 최악이라고 했나? 아니, 그렇지 않다. 최악의 시절은 아직 오지 않았다. 젊고 활기가 넘칠 때는 굶주림과의 싸움에도 즐거운 면이 있는 법이다. 그러나 어쨌든 나는 생활비를 벌기 시작했다. 한꺼번에 반년치의 음식과 의복을 보장받은 적도 있다. 건강만 허락한다면, 앞으로 수년간 그런대로 충분할 수입을 벌어들일 기대를 가질 수도 있었다. 그리고 그 수입은 내가 원하는 시간과 장소에서 독자적으로 벌어들이는 것이었다. 사무실에서 고용주에게 굽실거리면서 생계를 이어가는 사람들을 생각하면 끔찍한 생각이 든다. 문필업의 영예로운 점은 그것이 누리는 자유와 그것이 지닌 존엄성에 있지 않을까!

  사실을 말하자면, 물론 내가 섬기는 것은 하나의 주인이 아니라 다수의 주인이었다. 그런데 독자적이라니! 내 글이 편집자와 출판업자 그리고 대중의 마음에 들지 않았다면 어디에서 밥벌이를 구할 수 있었을까? 내 글이 성공을 거둘수록, 내가 섬겨야 할 고용주의 수도 그만큼 더 늘어 갔다. 나는 다수의 노예였던 것이다. 다행스럽게도 나는 이 막연한 대중을 대표하는 어떤 이들의 마음에 들 수 있었다. 그 말은 즉, 그들이 나로 인해 돈을 벌 수 있었다는 뜻이다. 그러는 동안에는 그들은 내게 호의적으로 대했다. 하지만 이렇게 확보한 지위를 앞으로도 계속 유지할 수 있으리라고 믿을 만한 어떤 근거가 내게 있었던가? 노역으로 먹고사는 사람치고 나처럼 불안정한 위치에 있던 사람이 또 있을까? 그 생각을 하면 지금도 몸이 떨려온다. 마치 무심코 깊은 구렁의 가장자리를 걷고 있는 사람을 지켜보는 것처럼 몸이 떨려오는 것이다. 지난날을 돌이켜볼 때, 근 20년 동안 이 펜과 원고지가 나와 내 가족을 입히고 먹여주었고, 내 육신을 편안하게 해주었으며, 가진 거라고는 자신의 오른손밖에 없는 사람을 세상에 진을 치고 있는 적대 세력들로부터 지켜준 것이 마치 기적처럼 느껴진다.

그런데 처음으로 런던에서 탈출을 감행했던 그해의 기억이 자꾸만 떠오른다. 나는 참을 수 없는 충동에 이끌려 느닷없이, 한 번도 가본 적이 없던 영국의 지역인 데번으로 떠나기로 마음먹었다. 3월 말에 음침한 하숙집을 벗어난 나는 미처 여행의 세부 계획을 세울 겨를도 없이 이곳에 이르러 지금 내가 살고 있는 곳에서 아주 가까운 곳에 앉아 햇볕을 쬐고 있었다. 내 앞에는 점점 넓어지는 엑스 강을 끼고 있는 푸른 계곡과 홀든 산의 소나무로 뒤덮인 산등성이가 펼쳐져 있었다. 그때야말로 내 인생에서 감미로운 기쁨을 맛보았던 순간 중 하나였다. 당시 내 심경은 참으로 기이했다고 할 수 있다. 시골 풍경에 익숙한 소년 시절과 청년 시절을 보냈고, 영국의 아름다운 곳들을 익히 보았음에도 불구하고, 마치 자연 풍광을 처음으로 마주한 것 같은 느낌이 들었던 것이다. 런던에서 여러 해를 지내는 동안 젊은 날의 기억들이 흐려진 탓이었다. 나는 마치 도시에서 나고 자라서 거리 풍경밖에는 알지 못하는 사람 같았다. 그곳의 빛과 공기는 내게 초자연적인 무언가를 느끼게 해주었고, 그때 내가 받은 감동보다 더 큰 감동을 준 것은 훗날 가본 이탈리아의 분위기가 유일했다.

눈부시게 아름다운 봄날이었다. 파란 하늘에는 새하얀 구름 몇 조각이 떠다녔고, 대지는 만물을 취하게 하는 향기를 내뿜었다. 그때 난 내가 태양숭배자라는 것을 처음 알게 되었다. 어떻게 이토록 오랫동안 하늘에 태양이 있는지 없는지조차 궁금해하지 않으면서 살 수 있었을까? 나는 저 환히 빛나는 창공 아래에서 태양을 경모(敬慕)하는 마음으로 무릎이라도 꿇고 싶은 심경이었다. 나는 걸어 다니는 동안 작은 그림자 하나까지 애써 피해 다녔다. 자작나무 몸통 때문에 생긴 그림자라 할지라도, 그것이 내게서 그날의 즐거움을 빼앗아 갈 것만 같아 피해 다녔다. 황금빛 햇살이 내 머리 위로 아낌없는 축복을 내려줄 수 있도록 모자도 쓰지 않았다. 그날 난 30마일*은 족히 걸었을 터인데도 피곤한 줄을 몰랐다. 그때 나를 지탱해주던 체력을 다시 한 번 더 누릴 수만 있다면 얼마나 좋을까!

이제 나는 새로운 삶 속으로 발을 내디뎠다. 이전의 나와 지금의 새로운 나 사이에는 아주 현저한 차이가 존재했다. 단 하루 만에 난 놀라우리만치 성숙했던 것이다. 이 말은 아마도 내가 깨닫지 못하는 새에 개발되어왔던 나의 능력과 감수성을 의식적으로 향유하게 되었다는 뜻일 것이다. 그 예를 하나만 들어보겠다. 그때까지 나는 식물과 꽃에 별다른 관심

* 1마일은 약 1.6킬로미터.

이 없었다. 하지만 지금은 모든 꽃과 길가에서 자라는 모든 식물에 열렬한 관심을 갖게 되었다. 그리고 산책할 때마다 다양한 식물을 채집하면서 다음 날 식물도감을 사서 그것들의 이름을 확인하리라 다짐을 하곤 했다. 게다가 그런 관심은 한낱 일시적인 기분에서 비롯된 게 아니었다. 그때 이후 나는 들꽃에서 얻는 즐거움과 그 꽃들에 대해 모두 알고 싶다는 욕구를 잃어본 적이 없다. 지금 이야기하고 있는 그 시절 내가 보여준 무지는 지금 생각하면 부끄럽기 짝이 없는 것이다. 하지만 나는 도시나 시골에서 살고 있는 평범한 사람들의 경우에 속할 뿐이다. 봄에 산울타리 아래에서 아무렇게나 뽑은 대여섯 가지 식물의 향명(鄕名)을 알아맞힐 사람이 얼마나 되겠는가? 꽃들은 내게 커다란 해방감과 놀라운 깨침의 상징이 되었다. 내 눈을 단번에 떠지게 했던 것이다. 그때까지 난 어둠 속을 걷고 있었고, 그 사실을 알지도 못했다.

그해 봄에 이리저리 돌아다니던 기억이 아직도 생생하다. 나는 도시보다는 시골 냄새를 더 풍기는 엑서터 시의 변두리에 숙소를 정하고, 매일 아침 새로운 발견을 하러 길을 나서곤 했다. 날씨는 더할 나위 없이 좋았고, 나는 그때까지 전혀 경험하지 못했던 기후의 영향력을 알게 되었다. 공기 속에서 느껴지는 좋은 향기 덕분에 기분이 상쾌해지고 마음이 진정되었다. 나는 때로는 내륙 쪽으로, 또 때로는 바다를 향해 엑스 강의 구불구불한 흐름을 따라 걸었다. 어느 날은 꽃망울을 터뜨리는 과수원들을 따라 풍성하고 따사로운 골짜기를 헤매기도 했다. 그러는 동안 나아갈수록 더 아름다운 농가들과, 짙은 상록수들 속에 자리 잡은 아주 작은 마을들을 차례로 지나쳐 갔다. 다음 날에는 소나무로 뒤덮인 언덕에 올라, 전해에 자라난 히스로 인해 누렇게 보이는 황야를 가만히 응시하며 새하얗게 잔물결이 이는 영국해협에서 불어오는 바람을 얼굴에 느껴보았다. 나를 둘러싼 아름다운 세상이 선사하는 강렬한 기쁨에 빠져들어 나는 나 자신마저 잊었다. 나는 지난날이나 앞으로의 일 같은 건 생각하지 않은 채 그 순간을 즐겼다. 타고난 이기주의자인 내가 나 자신의 감정을 꼼꼼히 살피거나, 다른 이들의 더 나은 운명과 비교함으로써 순간의 행복을 망치는 일도 잊었다. 더없이 건강한 시간이었다. 그 시간은 내게 새로운 삶을 선사해주었고, 내가 배우기로 마음만 먹는다면 그 삶을 활용할 수 있는 방법까지도 가르쳐주었다.

10

나는 정신적으로나 신체적으로나 내 나이보다 훨씬 늙은 게 틀림없다. 쉰세 살 먹은 남자가 사라져버린 자신의 젊음을 자꾸만 되돌아보아서는 안 될 말이다. 그 자체로 즐겨야 마땅할 이 봄날에 옛일들이나 떠올리고 있다니. 나의 회상은 지나가버린 봄날에 대한 것이다.

언젠가 나는 런던에 가서 찢어지게 가난하던 시절에 살았던 곳들을 다시 찾아가볼 생각이다. 그곳에 못 가본 지도 어느덧 사반세기 가까이 된 듯하다. 그리 오래지 않은 과거에 누군가가 내게 그 시절의 기억들을 떠올리면 어떤 느낌이 드는지 물었다면, 난 몇몇 거리 이름이 생각나고 런던에 대한 막연한 이미지들이 떠오르면서 그럴 때마다 비참한 생각이 들었다고 대답했을 터였다. 하지만 솔직히 말하면, 힘들고 옹색했던 나날을 떠올리면서 어떤 쓸쓸함이라도 느낀 것은 이미 꽤 오래전의 일이다. 이젠, 마땅히 내가 누렸어야 할 삶과 비교해볼 때 너무나 곤궁한 삶을 살았음을 인정하면서도, 지난날을 되돌아보면 그때가 재미있고 즐거웠다는 생각이 든다. 좋은 환경에서 배불리 먹을 수 있었던 훗날보다 훨씬 더 말이다.

언젠가 런던으로 가 오래전에 살았던 그 지긋지긋하면서도 정겨웠던 곳들에서 하루 이틀 정도 지내볼까 한다. 내가 알기로, 그중 어떤 곳들은 이미 사라지고 없다. 토트넘코트 로의 발치에 있는 옥스퍼드 가와 레스터 광장 사이에는 구불구불한 길이 나 있었는데, 늘 지나다녔던 그곳의 풍경이 아직도 눈에 선하다. 언제나 안개가 자욱하고 가스등이 밝히고 있던 걸로 기억하는 그 미로 같던 길 어딘가에 가게가 하나 있었다. 가게의 진열장에는 파이와 푸딩이 있었는데, 구멍 뚫린 철판에서 올라오는 김이 그것들을 항상 따뜻하게 덥혀주었다. 한 푼어치의 음식을 살 돈도 없어 그 앞에 서서 주린 배를 움켜쥐고 격노했던 적이 어디 한두 번이었던가! 그 가게와 거리는 이미 오래전에 사라져버리고 없다. 나만큼 아련한 마음으로 그곳들을 떠올릴 사람이 또 있을까? 하지만 내가 살았던 곳들은 대부분 아직 남아 있을 것 같다. 또다시 그곳의 포장도로를 따라 걸으며 때 묻은 문간들과 먼지가 두껍게 낀 창문들을 바라보노라면 참으로 야릇한 감회에 젖게 되지 않을까.

토트넘코트 로 서쪽의 후미진 골목길도 눈에 선하다. 그곳에 있던 어느 집 맨 위층의 뒤쪽 방에서 살던 나는 앞쪽에 있는 지하실 방으로 옮겨야 했다. 내 기억이 정확하다면, 그 두 곳의 방세는 일주일에 6펜스나 차이가 났다. 당시에 6펜스는 상당히 큰 돈이었다. 그랬다, 그건 두어 끼의 식사와 맞먹는 돈이었다. (언젠가 길에서 6펜스를 '주운' 적이 있는데, 그때 좋아서 어쩔 줄 모르던 기억이 아직도 생생하다.) 앞쪽의 지하실 방은 바닥에 돌이 깔려 있었다. 가구라고는 탁자 하나, 의자 하나, 세면대 그리고 침대가 전부였다. 물론 설치된 이후로 한 번도 닦은 적이 없는 창문은 위쪽의 골목길에 면한 납작한 쇠창살 사이로 빛을 받아들였다. 나는 그런 곳에서 살았고, 그런 곳에서 '글을 썼다'. 그랬다, 그 더러운 송판 탁자 위에서 '문학작품'이 만들어졌다. 지금 생각난 것이지만, 탁자 위에는 나의 호메로스와 나의 셰익스피어, 그리고 당시 내가 소장했던 몇몇 다른 책들이 놓여 있었다. 밤에는 침대에 누워 있노라면 저벅저벅 걷는 발소리가 들려왔다. 근무 교대를 하러 골목길을 지나가는 한 무리의 경관들이 내는 발소리였다. 그들의 묵직한 발소리는 때로 내 창 위의 쇠창살을 울리게 했다.

영국박물관에서 웃어야 할지 울어야 할지 몰랐던 일을 겪은 기억도 난다. 한번은 화장실에 손을 씻으러 내려갔는데, 일렬로 설치된 세면대 위에 새로 붙여놓은 안내문이 내 주의를 끌었다. 거기에는 대략 이렇게 쓰여 있었다. "여러분은 이 세면대에서 간단한 세수만을 할 수 있음을 유념해주시기 바랍니다." 아, 그 명문(銘文)의 의미가 얼마나 가슴에 와 닿았던지! 나 역시 그곳의 비누와 물을 운영진이 상식적으로 생각했던 것보다 훨씬 더 헤프게 쓰면서 좋아했던 적이 한두 번이 아니잖은가? 그 대형 돔 지붕 아래에서는 그런 면에서 나보다 그런 것들이 더욱 절실하게 필요했던 가난한 친구들이 글을 쓰고 있었다. 나는 안내문을 보고 실컷 웃었지만, 그 속에는 많은 의미가 담겨 있었던 것이다.

내가 살았던 곳 중에서 몇 군데는 어디였는지 기억조차 나지 않는다. 나는 이런저런 이유로 늘 이사를 다녔다. 전 재산이 조그만 트렁크 하나에 다 들어가던 시절이다 보니 이사 다니기는 쉬웠다. 때로는 한집에 살던 사람들을 못 견뎌 이사한 적도 있다. 그 시절 난 까다로운 편은 아니었지만, 한 지붕 아래 살던 사람들과 최소한으로 어울렸을 뿐이다. 그런데도 다른 사람들과 함께 지낸다는 것을 견디지 못해 떠밀려 나오다시피 한 적도 있다. 불결하기 짝이 없는 환경으로부터 도망쳐야 했던 적도 여러 번 있다. 그런 곳에서 지내는 동안 늘 영양 부족과 과로에 시달리면서도 어떻게 죽을병에 걸리지 않았는지 지금 생각해도 엄청난 미스터리가 아닐 수 없다. 그 시절 내가 걸렸던 병들 중에서 최악은 가벼운 디프테리아 증세였다. 아마도 '계단 밑에' 놓여 있던 쓰레기통 때문인 것 같았다. 하숙집 주인아주머니에게 그 문제에 관해 얘기하자, 그녀는 처음에는 놀라더니 몹시 화를 냈다. 나는 심한 모욕을 당하고는 서둘러 그 집을 나와야 했다.

하지만 대체로 나는 가난 말고는 그다지 불평할 게 없었다. 런던에서 일주일에 4실링 6펜스의 방세로 대단히 안락한 거처를 기대할 수는 없는 노릇이다. 그 돈은, 상당히 힘든 작가 수련 기간을 거치던 그 시절, '청소를 해주는 가구 딸린 방'에 내가 지불할 수 있는 최대 금액이었다. 게다가 나는 쉽게 만족하는 편이었다. 내가 바랐던 것은, 성가신 바깥세상과 격리된 채 혼자 조용히 지낼 수 있는, 벽으로 둘러싸인 작은 공간이 전부였다. 문명 생활에서 누릴 수 있는 몇몇 편의 시설을 더 이상 아쉬워하지도 않았다. 계단용 카펫은 내게는 사치스러운 것이었고, 방바닥에 까는 카펫은 꿈도 꾸어보지 못할 호사였다. 그런데도 나는 잠을 잘 잤다. 지금은 쳐다보기만 해도 뼈마디가 쑤실 것 같은 침대에서도 꿈도 꾸지 않은 채 잠을 푹 잘 수 있었다. 자물쇠가 달린 문과 겨울에 불을 지필 수 있는 난로 그리고 담배 파이프는 내게 꼭 필요한 것들이었다. 이것들만 있으면 난 아무리 누추한 다락방에서도 충분히 만족하며 지낼 수 있었다.

그런 하숙방 하나가 종종 생각난다. 이즐링턴에 위치한, 시티 로(路)에서 멀지 않은 곳이었다. 내 방 창문 너머로는 리전트 운하가 보였다. 그곳을 떠올릴 때마다, 내가 경험한 것 중에 최악이라고 할 수 있는 런던의 안개가 생각난다. 적어도 사흘 내내 방 안에 램프를 켜놓아야 했다. 창문 밖을 내다보면, 때로 운하 건너편 거리의 불빛이 흐릿하게 보였다. 그러나 대부분은 노르께한 어둠밖에 보이지 않았고, 그 때문에 유리창에 난로의 불빛과 내 얼굴이 비쳐 보였다. 그래서 내가 비참하게 느껴졌던가? 아니, 그런 생각은 조금도 들지 않았다. 오히려 주위를 감싸는 어둠으로 인해 내 방의 난롯가가 더 아늑하게 느껴졌다. 내게는 충분한 양의 석탄과 기름과 담배가 있었다. 읽을 책이 있었고, 흥미로운 일거리가 있었다. 그래서 나는 오직 식사를 하러 시티 로에 있는 카페에 갔다가 서둘러 내 난롯가로 돌아오면 되었다. 아, 그 시절 나는 얼마나 야심만만했고, 얼마나 희망에 차 있었던가! 그때 누군가가 나를 불쌍히 여겼다면, 나는 얼마나 놀라며 분개했을 것인가!

자연은 이따금씩 내게 보복을 가했다. 겨울이면 나는 때로 길고도 극심한 두통을 동반하는 혹독한 인후염에 시달리기도 했다. 물론 의사에게 진료를 받는다는 것은 내겐 꿈도 꾸지 못할 일이었다. 그저 방문을 걸어 잠그고, 정 많이 아픈 것 같으면 침대에 누운 채 먹지도 마시지도 않고 다시 거동할 수 있을 때까지 기다리는 게 고작이었다. 하숙집 주인아주머니에게 우리 임대계약에 포함되지 않은 것을 요구할 수는 없었다. 그녀에게서 자발적인 도움을 받은 적이 한두 번 있긴 하다. 아, 오직 젊었기에 견뎌낼 수 있었던 이 모든 것들을 생각하면 참으로 놀랍다! 30년 전의 나 자신을 되돌아보면 지금의 나는 얼마나 나약하고 못난 존재인가!

11

만약 그 시절처럼 다락방과 지하실 방에서 다시 살 수 있다고 한다면, 난 기꺼이 그러겠노라고 말할 수 있을까? 그 후에 지금 내가 누리고 있는 행복한 삶이 50년간 이어진다는 보장도 없이! 인간은 체념이라는 엄청나게 비장한 능력으로 모든 것의 더 나은 면만을 보고 최악의 모습은 모두 잊어버림으로써 확고한 낙관론자에게 하나의 사례를 제공한다. 아, 하지만 그러는 새에 얼마나 많은 에너지와 열정과 젊음이 낭비되는가! 지금과 다른 기분이었다면 나는 고귀한 생명력이 추잡한 싸움터로 내몰리는 광경을 지켜보며 눈물을 쏟았을 것이다. 이 얼마나 딱한 일인가 말이다! 우리에게 일말의 양심이 있다면, 이런 일들은 가혹하고 부당하다고밖에 할 수 없다!

유토피아까지 찾을 것도 없이, 한 인간의 젊은 시절이 어떤 것일 수 있을지를 생각해보자. 열일곱에서 스물일곱 살 사이의 젊은이들 중에서, 그 시절이 지닌 타고난 환희와 즐거운 노력의 가능성을 반이라도 활용하는 사람은 아마도 천 명 중에 한 명도 안 될 거라고 생각한다. 대부분의 사람들은 초년의 삶을 되돌아보면서, 빈곤과 우연, 무분별한 처신 등으로 자신의 삶이 망가지고 퇴색되었다고 생각할 것이다.

만약 어떤 젊은이가 역겨운 곤경에 처하는 일 없이 이른바 절호의 기회를 꾸준히 추구하며, 이기심을 노골적으로 드러내지 않으면서 신중한 처신으로 모든 이해관계로부터 자신의 이익(여기서 '이익'은 오직 물질적인 선을 의미한다)을 이끌어낸다면, 그는 젊은 시절을 유익하게 보냈다고 할 수 있으며, 모범적이고도 자랑스러운 젊은이의 사례가 될 수 있을 것이다. 우리 문명사회에서 삶과 직면하는 젊은이들이 추구할 수 있는 이상으로 이보다 쉬운 게 있을까 싶다. 또한 그것만이 전적으로 안전한 길이다. 그렇지만 인간성이 존중받고, 인간의 이성이 인간의 행복을 위해 쓰이는 사회에서는 젊은이들이 어떤 길을 갈 수 있을지 앞서 말한 길과 비교해보자.

어떤 이들은 타고난 기쁨들로 가득한 소년 시절을 지나, 열정적인 에너지를 명예롭게 활용하며 10여 년을 보낸 후 자신의 삶을 되돌아보거나, 어쩌면 거기에 여생을 조화롭게 보내게 해줄 더없이 감미로운 즐거움의 기억을 곁들일 수도 있을 것이다. 하지만 그럴 수 있는 사람들은 시인들만큼이나 드문 게 사실이다. 대부분의 사람들은 자신의 젊은 시절에 대해 아무 생각이 없거나, 그 시절을 돌아보면서도 자신이 어떤 기회를 잃어버렸는지를 알지 못하거나 자신의 삶이 얼마나 더 나빠졌는지를 깨닫지 못한다. 이처럼 아둔한 다수의 사람들과 비교할 때에야 비로소 나는 인내와 투쟁으로 얼룩진 나의 젊은 시절을 자랑스러워할 수 있다. 내 앞에는 인생의 목표가 있었고, 그것은 평범한 사람들의 목표와는 달랐다. 배고픔에 시달릴 때조차도 나는 내 목표가 무엇인지를 잊지 않았다. 내 삶의 목표는 정신적인 것이었다. 그러나 빈민가의 하숙방에서 주린 배를 움켜쥐던 젊은이의 모습과 지성과 열정을 지닌 젊은이의 이상적인 모습을 비교하다 보면, 그러한 구차한 병폐에는 약효 빠른 한 방울의 독이 올바른 처방책이 아니었을까 하는 생각도 든다.

12

책장에 꽂힌 책들을 죽 살펴볼 때마다 나는 램의 "누더기 걸친 노병들"*이라는 말이 생각난다. 단지 내 책들이 모두 중고서점의 가판대에서 왔기 때문만은 아니다. 내 수중에 들어왔을 때 그중 상당수는 새 책 같은 표지에 말끔한 모습이었고, 심지어 향긋한 장정(裝幀)에 당당한 풍모를 갖춘 책들도 있었다. 하지만 나는 이사를 너무 자주 다녔고, 그럴 때마다 내가 소장한 얼마 안 되는 책들을 험하게 다루곤 했다. 사실은 평상시에도 책들의 안위에 별다른 신경을 쓰지 않는 터라(나는 모든 실용적인 문제에서 게으르고 서툰 편이다), 내가 가진 것 중에서 가장 근사한 책마저도 부당한 대접의 결과를 여실히 드러내 보여주고 있다. 포장용 상자에 박아 넣은 대못으로 인해 흉하게 훼손된 책이 한두 권이 아닌데, 사실 이건 내 책들이 겪었던 부당한 처우를 보여주는 극단적인 사례일 뿐이다. 이제는 나도 생활의 여유와 마음의 평화가 생겨 책들을 좀 더 조심스

* 영국의 수필가 찰스 램(1775~1834)의 수필 〈책과 독서에 대한 초연한 생각〉에 나오는 표현이다.

럽게 다루게 되었다. 이거야말로 환경이 조성되기만 하면 어떤 미덕이건 손쉽게 행해질 수 있다는 위대한 진리를 입증하는 좋은 예가 아니겠는가. 그러나 고백하자면, 나는 책장이 붙어 있기만 하면 책의 외양에는 별로 신경을 쓰지 않는 편이다.

나는 도서관에서 빌려 온 어떤 책이라도 자신이 소장한 책처럼 읽을 수 있다는 사람들을 알고 있다. 나로서는 이해가 되지 않는 일이다. 한 가지 이유를 들자면, 나는 각각의 책이 지닌 '냄새'로 내가 가진 모든 책들을 구분할 수 있다. 책장 사이로 코를 들이밀기만 하면 그 책과 관련된 온갖 일들이 떠오르는 것이다. 내가 소장하고 있는 기번의 책**을 예로 들어보자. 호화 장정본으로 제작된 여덟 권짜리 밀면판(版)을 30년이 넘도록 수없이 읽고 또 읽다 보니, 책을 펼칠 때마다 어김없이 풍기는 고귀한 책장의 냄새가 그 전집을 상품으로 받았을 때의 기고만장했던 행복감을 내게 고스란히 상기시켜준다. 그리고 소중한 나의 셰익스피어, 위대한 케임브리지판 셰익스피어 전집도 있다. 그 냄새는 나를 더 먼 과거로 데려다준다. 이 전집은 내 아버지가 소장했던 것이다. 이 책들을 제대로 이해하면서 읽을 나이가 되기도 전부터 나는 아버지의 특별한 배려로 책꽂이에서 한 권을 뽑아 경건한 마음으로 책장을 하나씩 넘겨볼 수 있었다. 그 책들에서는 예나 지금이나 똑같은 냄새가 난다. 그중 한 권을 손에 들고 있으면 야릇하고 애틋한 느낌에 사로잡히곤 한다. 그래서 나는 케임브리지판으로는 셰익스피어를 잘 읽지 않는다. 아직은 시력이 괜찮은 편이라 대개 글로브판으로 읽는다. 이 책은 그런 데 돈을 쓰는 것이 내겐 엄청난 사치에 속하던 시절에 산 것이었다. 그런 이유로 나는 희생

** 에드워드 기번(1737~1794)의 《로마 제국 쇠망사》를 가리킨다.

에 기인하는 각별한 애정으로 이 책을 대하게 된다.

희생이라고는 했지만, 응접실에서 오가는 한가로운 대화 속에서 들을 수 있는 희생과는 그 차원이 다르다. 내가 소장하고 있는 책들 중 수십 권은 생활필수품이라고 불리는 것들에 쓰였어야 할 돈으로 사들인 것이었다. 책방의 가판대나 진열창 앞에 선 채 지적 갈망과 육체적인 욕구 사이의 갈등으로 괴로워했던 날들이 얼마나 많았던가. 점심때가 되어 배 속에서 꼬르륵 소리가 날 때에도, 오래전부터 갖고 싶었던 책에 차마 포기할 수 없는 아주 싼 가격이 매겨져 있는 것을 발견하고는 그 앞에서 걸음을 멈추곤 했다. 하지만 그 책을 산다는 것은 배고픔의 고통을 겪어야 함을 의미했다. 바로 그런 순간에 낚아채다시피 샀던 책이 내가 아끼는 하이너의 《티불루스》*다. 그 책은 굿지 가에 있는 오래된 서점의 가판대에 놓여 있었다. 가판대에서는 수북이 쌓인 쓰레기 같은 것들 속에서 더러 아주 훌륭한 책을 발견하기도 했다. 책값은 6펜스였다. 6펜스라니!

그 당시 나는 옥스퍼드 가에 있는 카페에서 점심(물론 내게는 정찬에 해당했다)을 먹곤 했다. 지금은 거의 찾아보기 힘들 것 같은 아주 오래된 카페 중 하나였다. 그날, 6펜스는 나의 전 재산이었다. 그랬다, 세상에서 내가 가진 전부였다. 그 돈이면 한 접시의 고기와 야채를 살 수 있었다. 하지만 난 약간의 돈이 들어오기로 되어 있는 이튿날까지 《티불루스》가 나를 기다려줄 거라고 감히 바랄 수 없었다. 내 안에서 두 가지 욕구가 서로 싸우는 동안 나는 보도를 서성이면서 주머니 속의 동전을 만지작거리며 가판대를 뚫어져라 쳐다보았다. 나는 책을 샀고, 그것을 집으로 가지고 갔다. 그리고 빵과 버터만으로 정찬을 대신하면서도 책장을 넘기

---

* 독일의 문헌학자 하이너(1729~1812)가 편찬한, 로마 시인 티불루스의 작품집을 가리킨다.

며 얼마나 흐뭇해했는지 모른다.

이《티불루스》의 마지막 장에는 연필로 "1792년 10월 4일, 완독"이라고 적혀 있었다. 거의 100년 전에 이 책을 소유했던 사람은 누구일까? 그 밖의 다른 말은 쓰여 있지 않았다. 나는 그가 가난한 학자였을 거라고 믿고 싶다. 그도 나처럼 가난하고 책을 좋아해서, 그에게는 피 같은 돈으로 이 책을 사서 읽으면서 내가 그랬던 것처럼 마냥 즐거워했을 거라고. 그가 느꼈을 희열이 얼마나 컸을지는 쉽게 말하기 힘들 것이다. 다정한 티불루스여! 어떤 시인이 그를 묘사한 글을 남겼는데, 로마 문학에서 이런 종류의 글 가운데 이보다 유쾌한 것은 없으리라 생각한다.

> 혹은 건강한 숲 속을 말없이 거닐면서
> 지혜롭고 선한 이에게 어울리는 것들을 사색하며.[**]

책꽂이에 빼곡히 꽂혀 있는 또 다른 많은 책들도 저마다의 사연을 간직하고 있다. 책을 뽑아 들면 그것이 내게 오기까지 거쳐야 했던 투쟁과 승리가 아주 생생하게 떠오른다. 그 시절, 돈은 내겐 아무런 의미가 없었다. 단지 책을 사기 위한 것일 뿐, 곰곰 생각해야 할 다른 어떤 의미도 갖고 있지 않았다. 책들 중에는 간절히 필요한 것들이 있었다. 내게는 육체적인 영양분보다 훨씬 더 필요한 책들이었다. 물론 영국박물관에서 빌려 볼 수도 있었다. 하지만 도서관에서 읽는 것은, 그 책들을 사서 나만의 것으로 간직하며 내 책꽂이에서 뽑아 읽는 것과는 전혀 다른 법이다. 때로는 누더기처럼 형편없는 몰골을 한, 누군가가 멍청하게 휘갈긴 낙서로 더

[**] 호라티우스,《서한집》1권 4장.

럽혀지고 찢어지고 얼룩진 책을 사기도 했다. 그렇더라도 아무 상관 없었다. 나는 내 것이 아닌 책보다는 그런 내 책으로 읽는 것이 더 좋았다.

그러나 가끔은 책에 지나치게 탐닉하는 것에 대해 죄의식을 느끼기도 했다. 어떤 책이 나를 유혹하면, 꼭 갖고 싶었던 책도 아닌 데다 좀 더 신중하게 생각했으면 부리지 않았을 호사인 줄 알면서도 그 책을 덜컥 사기도 했다. 예를 들면, 나의 《융슈틸링*》이 그런 책이다. 그 책이 내 눈길을 사로잡은 것은 홀리웰 가에서였다. 《시와 진실》을 읽으면서 그의 이름에 친숙해졌고, 책장을 넘기며 훑어보는 동안 호기심이 자꾸만 커졌다. 하지만 그날 나는 유혹에 저항했다. 솔직히 말하면 내겐 18펜스라는 돈이 없었다. 당시 나는 그 정도로 가난했다. 그 후 나는 그 앞을 두 번이나 다시 지나가면서 매번 《융슈틸링》이 아직 팔리지 않았는지 확인하곤 했다. 그러던 어느 날 돈이 생겼다. 나는 홀리웰 가로 단숨에 달려갔다. 그 무렵 난 시속 5마일로 걷는 습관이 있었다. 내게 책을 팔았던 자그마한 반백의 노인의 모습이 지금도 눈에 선하다. 그의 이름이 뭐였더라? 내가 알기로 서점 주인은 한때 가톨릭 사제였고, 아직도 사제다운 위엄을 어느 정도 간직하고 있었다. 그는 책을 집어 책장을 펼치더니 잠시 생각에 잠겼다. 그리고 나를 흘끗 쳐다보더니 혼잣말을 하듯 이렇게 말했다. "네, 나한테도 이 책을 읽을 시간이 있었으면 좋겠습니다."

때로 나는 책을 사기 위해 감내해야 했던 배고픔에 짐꾼의 노역을 더하기도 했다. 포틀랜드 로(路) 정거장 근처의 한 조그만 서점에서 나는 우연히 기번의 초판본을 발견했다. 게다가 말도 안 되게 책값이 쌌는데,

---

* 본명은 요한 하인리히 융(1740~1817)이다. 여러 해에 걸쳐 쓴 자서전 《하인리히 슈틸링의 청년 시대》로 유명하다. 괴테가 스트라스부르에 머물 당시 그와 교유했으며, 괴테의 자서전 《시와 진실》에 그에 대한 언급이 나온다.

한 권에 1실링이었던 걸로 기억한다. 책장이 깨끗했던 그 사절판 책들을 내 것으로 만들 수만 있다면, 나는 입고 있던 코트라도 기꺼이 팔았을 것이다. 마침 나는 수중에 가진 돈이 없었지만, 집에는 충분한 돈이 있었다. 나는 이즐링턴에 살고 있었다. 서점 주인하고 이야기를 마친 나는 집까지 걸어가서 돈을 가지고 서점으로 되돌아왔다. 그리고 유스턴 로의 서쪽 끝에서부터 에인절 구역보다 훨씬 멀리 떨어진 이즐링턴의 거리까지 책들을 운반했다. 나는 두 번에 걸쳐 책을 모두 날랐는데, 기번의 저술을 무게로 환산해 생각한 것은 내 인생에서 그때가 유일할 것이다. 그날 나는 두 번씩이나―돈을 가지러 갔던 것까지 치면 세 번―유스턴 로로 내려갔다가 펜턴빌로 다시 올라갔던 것이다. 그때가 무슨 계절이었는지 날씨가 어땠는지는 전혀 기억나지 않는다. 책을 샀다는 기쁨이 다른 모든 생각을 몰아내버렸던 것이다. 물론, 무거웠다는 생각만 빼고는. 그시절 나는 에너지가 넘쳤지만 근력은 별로 좋지 않았다. 책을 다 나른 나는 의자에 주저앉아 땀을 흘리며 축 늘어져버렸고, 온몸이 쑤셔왔지만 마음만은 더없이 뿌듯했다!

잘사는 사람들은 이 이야기를 듣고 깜짝 놀랄지도 모르겠다. 어째서 서점 주인에게 책들을 집으로 배달해달라고 하지 않았는지? 혹시 기다리기가 싫어서 그런 거라면, 런던의 대로를 오가는 승합마차도 있지 않은가 말이다. 그날 내가 책에 쓴 돈 외에 단돈 1페니도 더 쓸 여력이 없었다는 것을 그들에게 어떻게 이해시킬 수 있을까? 아니, 안 될 말이었다. 노동력 절감을 위해 돈을 쓰는 것은 내 능력 밖의 일이었다. 내가 즐길 수 있었던 것은 그게 무엇이든 말 그대로 내 이마의 땀으로 성취한 것이었다. 그 시절의 나는 승합마차를 타고 다닌다는 게 어떤 건지 거의 알지 못했다. 나는 찻삯을 지불함으로써 내 다리나 시간을 아끼고자 하는 생각 같은 것은 하지 못한 채 런던 거리를 하루에 열두 시간에서 열다섯 시간씩 걸어 다니곤 했다. 지독하게 가난했던 나는 살면서 몇 가지 것들을 포기해야만 했는데, 이것도 그중 하나였다.

몇 년 뒤 나는 내가 샀을 때보다 싼 값에 기번의 초판본을 팔았다. 그 책은 이절판과 사절판으로 된 수많은 다른 훌륭한 책들과 함께 내 수중을 떠났다. 끊임없이 이사를 다니면서 많은 책을 함께 끌고 다닐 수가 없었기 때문이었다. 내 책들을 산 사람은 그것들을 가리켜 '묘석' 같다고 했다. 어째서 기번은 시장가치가 없는 것일까? 그때 떠나보낸 사절판 책들을 생각할 때마다 종종 회한으로 마음이 아파온다. 멋진 활자로 인쇄된 《로마 제국 쇠망사》를 읽는 즐거움이 얼마나 컸던가! 책장(冊張)도 주제의 품격과 잘 어울렸고, 그저 바라보는 것만으로도 마음이 편안해졌다. 이제 나는 그 책을 쉽게 살 수도 있다. 하지만 새 책이 먼지와 땀으로 얼룩진 추억이 서린 예전의 책과 같을 수는 없을 것이다.

13

    나와 비슷한 생각을 가지고 비슷한 경험을 한 사람들 중에는 포틀랜드로 정거장 맞은편에 있던 조그만 서점을 기억하는 이들이 얼마간 있을 것이다. 그 서점은 특별한 면모를 지니고 있었는데, 주로 신학과 고전의 오래된 판본들로, 충실한 내용의 책들을 판매했다. 그러나 그중 대부분이 무가치하게 여겨지면서 거래 시에 제대로 된 값을 받지 못하고, 실용적인 목적을 위해 현대판 책들로 대체되어왔다.

    서점 주인은 대단한 신사였고, 이 특이한 점과 더불어 책값이 아주 낮은 가격에 매겨져 있는 것으로 봐서 때로 그가 단지 문학에 대한 애정 때문에 서점을 운영하고 있는 게 아닌가 하는 생각이 들었다. 내가 보기에 값을 매길 수 없는 커다란 가치를 지닌 책들을 그곳에서는 고작 몇 펜스에 살 수 있었고, 어떤 책이건 1실링 이상을 지불한 적이 없었던 걸로 기억한다. 언젠가 우연히 목격했던 것처럼, 학교를 갓 졸업한 젊은이라면 오래된 책들을 향해 단지 고개를 갸우뚱하며 경멸 어린 눈길만을 보낼지도 모른다. 하지만 난 그 정겨운 가판대나, 그보다 더 많은 책이 진열된 안쪽의 서가에서 책들을 사 모으는 데서 엄청난 희열을 느꼈다. 나의 《키케로* 서간집》이 그렇게 샀던 책이다. 양피지 장정의 땅딸막한 책들에는 그레비우스와 그로노비우스**를 비롯한 과거의 다른 수많은 학자들의 충실한 주해가 달려 있다. 아휴! 이렇게 케케묵은 책을 어떻게 읽는담. 하지만 난 한 번도 그런 생각을 한 적이 없다. 나는 그레비우스와 그로노비우스를 포함한 다른 학자들에게 깊은 애정을 갖고 있다. 내가 그들만큼 학식이 깊다면, 앞서 말한 젊은이의 경멸에 찬 눈길을 받으면서도 얼마든지 만족한 삶을 살아갈 수 있을 것이다. 배움에의 열의에는 유효기간이 없다. 바로 그 좋은 본보기—비록 유일한 것이라 할지라도—가 영원히 꺼지지 않는 신성한 불길처럼 우리 눈앞에서 타오르고 있지 않는가. 현대의 어떤 편찬자에게서 옛 학자들의 주해 속에서 타오르던 애정과 열정을 찾아볼 수 있을까?

오늘날에는 가장 훌륭하다는 판본들조차 단순한 교과서적인 성격을 띠고 있다. 편찬자들은 종종 그들이 다루는 작품을 문학이 아닌 단순한 교본쯤으로 여기는 듯하다. 학자로서의 우열을 가리자면, 옛날 학자들이 현대의 학자들보다 훌륭하다.

14

오늘 신문에는 춘계 경마에 관한 기사가 상세히 실려 있다. 그걸 보는 순간 혐오감이 몰려왔다. 그러면서 1~2년 전에 서리 군(郡)의 한 정거장에서 보았던 포스터에 대한 기억이 떠오른다. 포스터는 인근에서 열리는 경마 행사를 선전하기 위한 것이었다. 그때 내가 노트에 베껴둔 광고 내용은 다음과 같다.

운영진에서는 이번 행사 참가자들의 질서와 안녕을 보장하기 위해 다음과 같은 진행 요원을 고용할 것임을 알립니다.

형사(경마 전담) 14명
형사(런던경찰국 소속) 15명
경위 7명
경사 9명
순경 76명 및 육군 예비역과 용역 조합에서 특별히 선발된 임시 파견

대원들.

위 인원은 오직 질서 유지와 불량배 소탕 등을 위해서만 고용될 것임.
또한 강력한 서리 군 경찰지구대의 지원을 받게 될 것임.

언젠가 친구들과 잡담을 나누던 중에 경마에 관한 견해를 밝힌 적이 있다. 그러자 그들은 내가 '삐딱하다'고 입을 모아 이야기했다. 주최 측 조차 점잖은 사람들에게는 위험할 수 있다고 선언한 공공 모임에 반대하는 것을 삐딱하다고 할 수 있을까? 경마가 주로 바보, 악당 그리고 도둑 같은 부류의 유흥과 이익을 위해 행해진다는 것을 모두가 잘 알고 있지 않는가. 지성인들이 자발적으로 경마에 참가하고, 자신들의 참여가 "본질적으로 고상한 스포츠의 성격을 유지해준다"고 공언함으로써 스스로의 행위를 정당화하는 것은 지성도 얼마든지 양식과 품위를 벗어던질 수 있음을 보여주는 한 예일 뿐이다.

15

어제는 오래 산책을 하던 중에 길가에 있는 주막에서 점심을 먹었다. 식탁 위에는 대중잡지 한 부가 놓여 있었다. 잡다한 글들을 대충 훑어보던 나는 한 여성이 '사자 사냥'에 관해 쓴 글을 보게 되었다. 그리고 이 기사 속에서 적어둘 만한 가치가 있어 보이는 구절을 발견했다.

내가 남편을 깨웠을 때, 40야드*쯤 떨어진 곳에 있던 사자가 우리를 향해 곧장 달려들었다. 나는 구경 0.303인치 소총으로 사자의 가슴팍을 정통으로 맞혀, 나중에 밝혀진 대로 놈의 기도(氣道)를 갈가리 찢고 등뼈를 박살 내버렸다. 사자는 또다시 달려들었고, 내가 쏜 두 번째 총알은 놈의 어깨를 관통해 심장을 갈기갈기 찢어놓았다.

총과 펜을 함께 다룰 줄 아는 이러한 여장부를 만난다면 무척 흥미로

* 1야드는 약 91.44센티미터.

울 것 같다. 그녀는 아마도 매우 젊은 여성일 것이고, 집에서는 우아한 모습으로 응접실에 앉아 있을 것이다. 그녀의 이야기를 들으면서 서로 이런저런 생각을 나누고 싶어진다. 그녀를 보면, 원형경기장에 자리 잡고 있던 고대 로마의 부인네들이 어땠을지 구체적으로 떠올려볼 수 있을 듯하다. 그들 대부분은 사생활에서 밝고 우아한 모습을 보이며, 높은 교양과 상냥함을 갖추고 있었을 것이다. 예술과 문학에 대해 이야기하면서 '레스비아의 참새'*를 읽고 눈물을 흘렸을지도 모른다. 그러면서도 찢겨나간 기도와 박살 난 등뼈와 밖으로 드러난 내장에 대해서도 잘 알았을 것이다. 하지만 대부분의 여인들이 직접 살육을 행하는 것을 즐기지는 않았을 터였다. 그런 점에서는 대중잡지에 소개된 우리의 사자 사냥꾼 여인이 다소 예외적이라고 볼 수 있다. 그러나 그녀와 로마의 여인들은 분명 서로 잘 어울려 지냈을 것이다. 약간의 피상적인 차이점만을 제외하고는.

그녀의 피비린내 나는 회고담이 대중적인 취향을 염두에 둔 편집자에게 환영을 받았다는 사실은 편집자나 대중에게 비치는 것 이상의 의미를 띠고 있다. 이 여인이 소설을 쓰게 된다면(그럴 가능성이 다분하다), 그 작품은 현대적 용기의 진정한 특성을 잘 보여줄 것이다. 물론 그녀의 스타일은 독서 취향에 의해 형성되었을 테고, 그녀가 생각하고 느끼는 방식들도 같은 바탕에 기인할 가능성이 높다. 이미 그렇게 된 게 아니라면, 머지않아 그녀는 영국 여성의 전형으로 자리 잡게 될 것이다. 물론 이 여인에게서는 '당찮은 짓' 같은 것은 찾아볼 수 없을 터이다. 이런 여성들은 틀림없이 훌륭한 후손을 낳을 것이다.

---

* 고대 로마의 시인 카툴루스(B.C. 84~B.C. 54)의 유명한 서정시.

나는 다소 혼란스러운 기분으로 주막을 나섰다. 아까와는 다른 길로 집으로 향하다 보니 이내 농장과 과수원이 있는 조그만 골짜기 가에 이르렀다. 사과나무에는 꽃이 만개해 있었다. 나는 그곳에 꼼짝 않고 선 채 해를 바라보았다. 온종일 햇살에 인색하던 태양이 한꺼번에 혁혁한 빛을 발하고 있었다. 그때 내가 보았던 것은 어떤 말로도 표현할 수가 없다. 그저 꽃들이 만발했던 계곡의 고요한 아름다움을 꿈속에서 그려볼 수 있을 뿐이다. 내 곁에는 벌 한 마리가 붕붕거렸고, 그리 멀지 않은 곳에서는 뻐꾸기가 노래 부르고 있었다. 아래쪽 농장의 풀밭에서는 어린양들이 매매 우는 소리가 들려왔다.

16

 나는 민중의 친구가 아니다. 그 시대의 흐름을 좌우하는 세력으로서의 민중은 내게 불신과 두려움을 불러일으킨다. 가시적인 다수로서의 민중은 내게 거리를 두게 하고, 종종 혐오감마저 들게 한다. 내 삶의 대부분에서 민중은 런던의 군중을 의미했다. 그리고 온건한 의미의 문장들로는 그런 측면에서 바라본 그들에 대한 내 생각을 표현할 길이 없다. 시골에 사는 민중에 대해서는 아는 바가 별로 없다. 그들을 잠깐 살펴본 바로는, 그들에게 더 가까이 다가가고 싶은 마음이 들지 않는다. 나는 뼛속까지 반민주적인 사람이며, 불가항력적으로 **민중**이 통치를 하게 되면 우리 영국이 어찌될지 생각할 때마다 두려움이 앞선다.

 옳건 그르건 이것이 내 기질이다. 하지만 이 사실에 근거해 내가 나보다 낮은 사회적 계층의 사람들을 용납하지 못한다고 주장하는 사람이 있다면, 그는 크나큰 오해를 하는 게 될 것이다. 내 마음속에는 개개인과 그들이 이루는 계층 사이의 커다란 차이에 대한 생각이 깊이 뿌리박혀 있다. 한 개인을 놓고 보면, 일반적으로 약간의 이성과 선에 대한 성향이 내재되어 있음을 알 수 있다. 그러나 사회라는 유기체 속에서 비슷한 무리와 섞이게 되면, 그는 십중팔구 요란한 빈 수레 같은 존재, 스스로 생각할 줄도 모르고 무리와 부화뇌동하며 온갖 악행을 저지를 태세를 갖춘 존재로 변하고 만다. 인류가 이토록 느리게 발전하는 것은 국가들이 우매함과 비열함으로 기울어져 있기 때문이다. 그런데도 인류가 이만큼이라도 발전하는 것은 개개인에게 개선의 여지가 있기 때문이다.

젊은 시절에 나는 이런저런 사람들을 보면서 어째서 인류가 이만큼밖에 발전하지 못했는지 의아해하곤 했다. 하지만 이젠, 무리 속에 섞여 있는 사람들을 보면서 인류가 이토록 많이 발전한 것에 놀라워한다.

어리석게도 오만했던 나는 한 사람의 가치를 지적 능력과 성취로 판단하곤 했다. 논리적이지 않으면 선하지도 않다고 생각했고, 학식을 갖추지 못하면 매력을 느끼지도 못했다. 하지만 지금은 두 부류의 지성, 즉 머리와 가슴에서 비롯되는 지성을 각각 구분해야 한다고 생각한다. 그리고 이젠 후자를 훨씬 더 중요시하게 되었다. 그렇다고 머리에서 비롯되는 지성이 중요하지 않다는 것은 아니다. 어리석은 사람은 지루할 뿐만 아니라 곧잘 해를 끼치기 때문이다. 그러나 지금까지 내가 알았던 가장 훌륭한 사람들이 우매함에 빠져들지 않은 것은 분명 머리가 아닌 가슴 덕분이었다. 그들과 마주하게 되면, 나는 그들이 대단히 무지하고, 편견이 심하며, 터무니없는 오류를 저지를 수 있음을 알 수 있다. 그러나 그들의 얼굴은 최고의 미덕과 친절, 상냥함, 겸손함 그리고 관대함으로 빛나고 있다. 그들은 이러한 자질들을 갖추고 있을 뿐 아니라, 그것들을 활용하는 법을 잘 알고 있다. 그들은 가슴에서 비롯되는 지성의 소유자들인 것이다.

우리 집에서 나를 위해 수고하는 이 가난한 여인이 바로 그런 사람이다. 처음부터 나는 그녀가 보기 드물게 훌륭한 가정부라는 것을 알았다. 그녀를 알고 지낸 지 3년이 지난 지금은 그녀야말로 '탁월하다'는 표현이 어울리는, 내가 아는 몇 안 되는 여성이라고 생각한다. 글을 읽고 쓸 줄 아는 것이 그녀가 받은 교육의 전부다. 확신하건대, 더 이상의 교육은 그녀에게 해가 되었을 것이다. 교육은 그녀의 정신을 이끄는 명료한 빛을 제공하기보다는 그녀의 천성적 동기(動機)에 혼란을 초래했을 것이기 때문이다. 그녀는 만족에서 오는 우아함과 경쾌한 성실함으로 타고난 직무를 수행하고 있다. 이 점이 문명인들 사이에서 그녀를 단연 돋보이게 한다. 그녀는 질서와 평온 속에서 기쁨을 느낀다. 인간의 자녀에게 보내는 찬사 중에 이보다 더 큰 게 있을까?

일전에 그녀가 지난날에 대한 이야기를 내게 들려준 적이 있다. 그녀의 어머니는 열두 살에 남의집살이를 시작했는데, 그 조건이 참으로 기발한 것이었다. 정직한 노동자였던 그녀의 외할아버지는 그녀의 어머니가 하고자 하는 일을 가르치는 대가로 집주인에게 일주일에 1실링씩을 '지불하기로' 했다는 것이다. 오늘날의 어떤 노동자에게라도 그렇게 하도록 요구한다면, 아마도 그는 어이없다는 듯 쓴웃음을 지을지도 모른다! 그러니 우리 집 가정부가 보통 가정부들과 비교해 특출한 것이 그리 놀랄 일도 아닌 것이다.

17

거의 온종일 비가 내렸지만 내게는 즐거운 하루였다. 아침을 먹고, 데 번 지도(나는 충실한 지도를 정말 사랑한다!)를 들여다보며 염두에 둔 탐방의 여정을 따라가보고 있는데 노크 소리가 들렸다. M. 부인이 갈색 종이로 포장된 큼지막한 소포를 가지고 온 것이다. 나는 첫눈에 그 속에 책들이 들어 있다는 것을 알았다. 며칠 전에 런던에 주문서를 보냈는데, 그렇게 빨리 받아 볼 거라고는 기대하지 않았다. 나는 두근거리는 마음 으로 빈 탁자 위에 소포를 올려놓고는, 그것에서 눈을 떼지 않은 채 불을 다독거렸다. 그리고 주머니칼을 집어 들었다. 손이 떨렸지만 엄숙하고 차분하게 포장을 풀기 시작했다.

서적상이 보내준 목록을 살펴보며 살 만한 책들을 골라 표시를 하는 건 즐거운 일이다. 예전에 책을 살 여유가 거의 없던 시절에는 되도록 목 록을 멀리했다. 하지만 지금은 한 장 한 장 목록을 음미하면서, 필요성의 이름으로 스스로에게 강요하는 신중함을 유쾌한 미덕으로 여길 뿐이다. 그러나 목록을 살펴보지도 않고 주문한 책들의 포장을 풀 때 느끼는 행복감은 훨씬 더 큰 법이다.

나는 희귀본이나 찾아다니는 사람은 아니다. 초판본이나 커다란 판형의 책들은 내 관심사가 아니다. 내가 구입하는 것은 영혼의 양식이 될 수 있는 문학작품이다. 책을 보호하기 위한 커버를 벗고 책의 장정을 처음 보게 될 때의 느낌이란! 처음 맡는 '책들'의 냄새! 금박 제목이 처음으로 뿜어내는 희미한 광채! 반평생 동안 제목만 알고 있으면서 한 번도 보지 못한 책이 여기, 내 앞에 놓여 있다. 경건한 마음으로 책을 집어 조심스럽게 펼쳐본다. 장(章) 제목들을 훑어보면서 나를 기다리고 있는 즐거움을 그려볼 때면 흥분으로 눈앞이 흐릿해진다. 《그리스도를 본받아》에 나오는 다음 구절의 의미를 나보다 더 절감하는 사람이 있을까? "나는 안식을 찾아 사방을 헤맸지만, 책을 들고 구석에 앉아 있을 때 말고는 그 어디에서도 찾을 수 없었다(In omnibus requiem quaesivi, et nusquam inveni nisi in angulo cum libro)."*

내게는 학자의 자질이 있었다. 여유롭고 평온한 삶을 살았더라면 나는 배움을 계속 쌓아갔을 것이다. 그리하여 대학에 머물 수 있었더라면, 고대 세계 연구에 푹 파묻힌 채 상상력의 나래를 펼치며 아주 행복하게 누구에게도 해를 끼치지 않고 살았을 것이다.

미슐레는 《프랑스사》 서문에서 이런 말을 하고 있다. "나는 세상을 그냥 지나쳤고, 역사를 삶으로 여겼다(J'ai passé à côté du monde, et j'ai pris l'histoire pour la vie)." 이제야 깨달은 것이지만, 그것이 바로 나의 진정한 이상이었다. 투쟁과 고통으로 점철된 삶을 사는 동안 나는 언제나 현

---

* 이 구절은 토마스 아 켐피스(1380?~1471)의 《그리스도를 본받아》에 나오는 것이 아니라, 그의 자전적인 논평으로 알려져 있다.

재보다는 과거 속에서 더 많이 살아왔다. 글로써 먹고사는 게 불가능해 보였을 시절 런던에서 말 그대로 쫄쫄 굶으면서도, 아무런 근심이 없는 것처럼 초연하게 영국박물관에서 책을 읽으며 보낸 날들이 얼마나 많았던가! 이제 와 생각하면 놀라운 일이지만, 그때는 맨빵으로 아침을 때우고 점심으로 먹을 다른 빵 한 조각을 주머니에 넣고는, 커다란 열람실 책상에 자리 잡고 앉아 아무리 봐도 즉각적인 수익의 원천이 될 것 같지 않은 책들을 읽는 데 열중하곤 했다. 그 시절 난 고대 철학에 관한 독일 서적들에 푹 빠져 있었다. 또한 아풀레이우스, 루키아노스, 페트로니우스, 그리스 명시선집, 디오게네스 라에르티오스 등도 읽어나갔다. 정말 신기하게도, 그러는 동안 나는 배고픔도 잊었고, 밤을 보내기 위해 돌아가야 하는 다락방도 내 생각들을 방해하지 못했다.

대체로 그 시절의 내게는 자부심을 가질 만한 무언가가 있었던 것 같다. 호리한 몸매에 창백한 얼굴의 청년을 떠올리면 나도 모르게 흐뭇한 미소가 지어진다. 그게 나라고? 정말 나란 말인가? 아니, 그럴 리 없다! 그는 이미 30년 전에 죽고 없지 않은가.

고귀한 의미의 학문은 내게 허용되지 않았고, 이제 그러한 학문을 추구하기엔 너무 늦었다. 그런데도 난 지금 파우사니아스**를 즐겁게 읽으면서 그가 쓴 글을 모두 읽겠노라고 다짐하고 있다. 고대 문학을 조금이라도 접해본 사람치고, 파우사니아스에서 인용한 글이나 그에 관한 글을 읽는 대신 그가 쓴 글을 읽고 싶어 하지 않는 사람이 어디 있겠는가? 지금 내 앞에는 단***의 저작인《게르만족의 왕들》이 있다. 누군들 로마의 튜

** 2세기경에 활약한 그리스의 지리학자, 여행가.
*** 펠릭스 단(1834~1912). 독일의 민족주의자, 작가, 역사가.

턴인(人) 정복자들에 대해 되도록 많은 걸 알고 싶어 하지 않을까? 이런 책들을 일일이 열거하자면 한이 없다.

　나는 죽을 때까지 읽을 것이다. 그리고 잊어버릴 것이다. 아무 때나 습득했던 모든 지식을 자유자재로 활용할 수 있다면 나는 스스로를 박식한 사람이라고 칭할 수 있을 것이다. 오래 지속되는 걱정거리나 동요, 두려움만큼 기억력에 매우 나쁘게 작용하는 것도 없을 것이다. 나는 내가 읽는 것의 일부밖에 기억하지 못한다. 그렇더라도 꾸준히 즐겁게 읽을 것이다. 나는 미래의 삶을 위해 지식을 축적하려는 것일까? 잊는다는 것은 더는 나를 두렵게 하지 못한다. 나는 지금 이 순간의 행복을 느낄 뿐이다. 유한한 인간으로서 뭘 더 바랄 수 있겠는가?

18

　평온한 휴식 같은 밤을 보낸 뒤 느긋하게 일어나 중늙은이처럼 찬찬히 옷을 입은 다음, 온종일 앉아 조용히 책을 읽을 수 있을 거라는 생각에 행복해하며 아래층으로 내려가는 사람이 나, 헨리 라이크로프트란 말인가? 그토록 오랜 세월 동안 고된 노역에 시달리며 살아왔던 나, 헨리 라이크로프트가 진정 맞단 말인가?

　나는 잉크로 얼룩진 세상에 홀로 남겨두고 온 이들을 생각할 엄두가 나지 않는다. 생각하다 보면 우울해질 터이고, 또 생각한들 무슨 소용이 있겠는가? 하지만 일단 이런 식으로 이야기를 꺼냈으니 그들을 생각하지 않을 수 없다.

　오, 무거운 짐을 짊어진 이들이여, 그대들은 지금 이 시간에도 책상에 앉아 글을 쓰는 고역을 치르고 있으리라. 그대들 마음속에 무언가가 있거나, 그대들 가슴속에 밖으로 꺼내놓아야 하는 무언가가 있어서 글을 쓰는 게 아니라, 펜만이 그대들이 다룰 수 있는 유일한 연장이고 그대들의 밥벌이 수단이기 때문에! 그런 그대들의 수는 해마다 늘어나고 있다.

그대들은 출판업자들과 편집자들의 문간에서 서로 떠밀고 드잡이하고 악담을 주고받기도 한다. 아, 괴기하고 가슴을 찢는, 참으로 딱한 광경이 아닐 수 없다!

문필업에서 지속적인 생계 수단을 구할 수 있는 가능성은 전혀 없이 밥벌이를 위해 지금도 글을 쓰고 있는 남녀의 수는 헤아릴 수 없을 만큼 많다. 그들이 글쓰기에 뛰어든 것은, 달리 할 줄 아는 게 없었거나, 작가라는 직업이 그 독립성과 눈부신 포상으로 그들을 유혹했기 때문이다. 그들은 여기저기 아쉬운 소리를 해가며 근근이 생계를 이어가면서도 이 구질구질한 직업에 매달리게 될 것이다. 다른 일을 찾기에는 너무 늦어버릴 때까지. 그리고 그 결과는 어떠한가?

평생 동안 그 끔찍한 경험을 해왔던 나로서는, 젊은 남녀에게 생계 수단으로 '문학'을 권하는 누군가가 있다면 그는 일종의 범죄를 저지르는 것이나 다름없다고 단언한다. 내 목소리에 아직 권위가 조금이라도 남아 있다면, 나는 누구나 들을 수 있는 곳에서 이 진실을 소리 높여 외칠 것이다. 모든 형태의 생존경쟁은 지긋지긋한 것이지만, 내가 보기엔 문학이라는 투기장에서 벌어지는 난투극은 다른 어떤 것들보다 훨씬 더 추잡하고 굴욕적이다. 천 단어에 얼마씩으로 매겨지는 그대들의 가치란! 그대들이 쓰는 단평과 인터뷰 기사의 가격은 또 어떠한가! 그리고 그러한 경쟁에서 패배하여 짓밟힌 이들에게는 얼마나 암담한 절망이 기다리고 있을 것인가.

지난여름 나는 어떤 타자수로부터 자신의 고객이 되어주기를 청하는 광고지를 받은 적이 있다. 어디선가 내 이름을 주워들은 누군가가 내가 아직 지옥 속에서 살고 있다고 생각하는 모양이었다. 그의 말은 이랬다. "크리스마스 작업의 압박감 때문에 누군가의 도움이 필요하시다면, 제가 기꺼이……."

　이건 상점 주인을 겨냥한 광고 문구와 다를 바가 없지 않은가? "크리스마스 작업의 압박감"이라니! 이거야 원, 나는 너무나 역겨워서 웃음조차 나오지 않았다.

19

보아하니 누군가가 **징병제**를 찬양하며 달콤한 목소리를 높이고 있는 듯하다. 우리는 평론 잡지나 신문에서 이런 종류의 기사를 아주 뜸하게 접하곤 하는데[*], 나는 대부분의 영국인이 나와 같은 반응을 보이며 두려움과 혐오감으로 치를 떨 거라고 믿고 싶다. 영국에서 그런 일이 절대 일어나지 않을 거라고 누가 장담할 수 있겠는가? 조금이라도 생각을 할 줄 아는 사람이라면, 특권을 누렸던 민족들이 그토록 오랜 시간을 들여 고통스럽게 억눌러왔던, 인간에게 내재된 야만적인 힘들에 대항하는 우리의 방어책이 얼마나 미약한지 잘 알고 있다. 민주주의는 문명사회의 가장 아름다운 희망들에 대한 위협으로 가득 차 있으며, 군국주의에 기반을 둔 군주적 권력의 부활이 별로 부자연스럽지 않게 민주주의를 동반한다는 사실은 전망을 어둡게 하기에 충분하다. 어디선가 **살육**을 자행하는 군주가 나타난다면, 여러 나라들은 서로 죽도록 물어뜯게 될 것이다.

---

[*] 19세기 영국의 마지막 10년은 그 시작과 끝이 군대 문제에 관한 열띤 논쟁으로 얼룩진 바 있다.

만약 영국이 위험에 처한다면 영국인들은 싸울 것이다. 그런 극단적인 상황에서는 다른 선택이 없기 때문이다. 그러나 만약 긴박한 위험이 존재하지 않는데도 국민개병주의라는 재앙 앞에 굴복한다면, 우리 섬나라 사람들에게는 어떤 삭막한 변화가 생길 것인가! 나는 우리 국민들이 신중함이라는 명분을 넘어서서 인간의 자유를 지키는 편을 택할 것이라고 믿고 싶다.

언젠가 교양 있는 한 독일인이 내게 군복무 시절에 관한 얘기를 들려주면서, 그 기간이 한두 달만 더 길었더라면 자살을 해서라도 거기서 벗어날 생각을 했을 거라고 한 적이 있다. 내가 그런 처지였다면, 아마도 나의 알량한 용기로는 열두 달까지도 버티지 못했을 것이다. 굴욕감, 분노, 혐오감 때문에 진작 미쳐버리고 말았을 테니까.

학창 시절에 우린 일주일에 한 번씩 운동장에서 '교련'을 받곤 했다. 40년이 지난 지금까지도 그때의 일을 생각하면 당시 나를 종종 아프게 했던 극심한 절망감으로 몸이 떨려온다. 무의미하고 판에 박힌 기계적인 훈련의 반복은 그 자체만으로도 내겐 견디기 힘든 것이었다. 나는 줄을 서고, 구령에 맞춰 손발을 내밀고, 강요된 동작의 일치 속에서 발을 쿵쿵 구르는 것이 죽기보다 싫었다. 개성의 상실은 내겐 더없는 수치로 여겨졌다. 그리고 종종 그랬던 것처럼, 줄을 서는 데 다소 서툴다는 이유로 훈련 하사관이 내 잘못을 질책하거나, 그가 나를 "7번!"이라고 호칭할 때마다 나는 수치와 분노로 얼굴이 벌겋게 달아올랐다. 나는 더 이상 인간이 아니었던 것이다. 나는 기계의 일부가 되었고, 내 이름은 '7번'이었다. 간혹 내 옆에 있는 친구가 즐겁고 열성적이고 활기차게 훈련하는 것을 볼 때마다 나는 놀라움을 금치 못했다. 나는 그를 멍하니 바라보면서, 그와 내가 어떻게 그렇게 다르게 느낄 수 있는지 의아해했다. 분명 내 동급

생들은 거의 대부분 교련을 즐기거나, 별생각 없이 그것을 치러냈다. 그들은 훈련 하사관과 친하게 지냈고, 그중 몇몇은 그와 '격의 없이' 나란히 걷는 것을 자랑스러워하기까지 했다.

좌로, 우로! 좌로, 우로! 그때까지 나는 딱 벌어진 어깨와 굳은 얼굴, 쇳소리가 나는 목소리의 그 남자를 미워했던 만큼 누군가를 미워해본 적이 없었던 것 같다. 그가 내게 하는 말 하나하나가 나에 대한 모욕처럼 느껴졌다. 멀리서 그가 보이면 나는 즉시 몸을 돌려 달아났다. 그에게 경례하는 것을 피하기 위해서였기도 하지만, 그보다는 몹시 고통스럽게도 몸이 신경질적으로 떨려오는 것을 막기 위해서였다. 살면서 내게 해를 끼친 누군가가 있다면, 그건 바로 그였다. 나는 육체적이자 정신적인 피해를 입은 셈이었다. 소년 시절부터 나를 괴롭히던 신경 불안 증세도 어느 정도는 그 저주받은 교련 시간에 기인한 것이라고 굳게 믿고 있다. 또한 오랫동안 내 성격의 고질적 문제였던 격한 자존심 역시 그 끔찍했던 순간들에서 비롯되었다고 확신한다. 물론 내겐 이전부터 그런 성향이 있긴 했다. 그러나 그건 고쳤어야 할 문제이지 악화시켜서는 안 되는 것이었다.

지금보다 젊었을 때라면, 학교 연병장에서 오직 나만이 극심한 고통을 겪을 만큼 감수성이 예민했다고 생각하며 그 사실을 자랑스러워했을지도 모른다. 하지만 이제는 대부분의 내 동급생들도 똑같이 반항심을 느꼈지만 억눌렀던 것뿐이라고 믿고 싶다. 심지어 소년처럼 교련을 즐겼던 친구들도 장년기에 이르러서는, 한두 명을 제외한 대부분은 그들이나 동포들에게 병역이 부과되는 것을 기껍게 생각하지 않았을 것이다. 어떤 면에서는, 열렬히 또는 별생각 없이 **징병제**를 받아들임으로써 영국이 안전해지는 것보다는 차라리 정복당해 피 흘리는 게 훨씬 나을지도 모른다. 물론 영국인들은 이런 견해를 결코 용납하지 않을 것이다. 그러나 영국을 사랑하는 사람들 중에서 이런 식의 생각을 하는 사람이 하나도 없는 날이 온다면 영국을 위해서 몹시 유감스러운 일이 될 것이다.

20

    예술을 '삶의 묘미를 만족스럽고도 지속적으로 표현하는 것'이라고 정의할 수도 있겠다는 생각이 문득 떠올랐다. 이 정의는 인간이 고안해낸 모든 형태의 예술에 적용될 수 있다. 왜냐하면 위대한 극작품을 쓰든 나무에 나뭇잎 하나를 새기든, 예술가는 창작의 순간에 주변 세계의 어떤 양상을 최고로 향유함으로써 감동과 영감을 받기 때문이다. 예술가의 향유는 그 자체로 다른 사람이 겪는 것보다 강렬하며, 희귀한 생명력을 지닌 그 감정을 보거나 들을 수 있는 형태로 기록하는 능력—이런 능력이 어떻게 그에게 오는지 우리는 알지 못하지만—에 의해 강화되고 확장된다. 예술은 어느 정도는 모든 인간의 손이 닿는 곳에 존재한다. 단순한 농부라 할지라도 해 뜰 무렵 들판에서 스스로 감미롭다고 여기는 몇 마디 곡조를 흥얼거릴 수 있다. 하지만 그것은 그가 지닌 건강과 힘의 산물일 뿐이다. 그는 살아 있다는 사실에서 느껴지는 뜻밖의 기쁨에 자극받아 노래를 하거나 시도할 수도 있으며, 그 거친 곡조는 오직 그만의 것이다. 또 다른 예로는, 마찬가지로 농부였으며 데이지와 들쥐를 노래했고,

탬 어샌터에 관한 운문 이야기를 지은 사람*을 들 수 있다. 그에게 삶은 여느 농부의 영혼을 휘젓는 그것보다 훨씬 더 강력하고 오묘한 묘미를 지니고 있었을 뿐만 아니라, 그는 모든 사람의 마음에 와 닿으며 시대를 초월하는 마력을 지닌 언어와 음악성으로 그것을 표현해냈다.

우리 나라에서는 몇 년 전부터 예술에 대해 많은 논의가 있어왔다. 아마도 빅토리아 시대의 진정한 예술적 충동이 사그라들고, 위대한 시대의 에너지가 거의 소진되었을 때 이런 논의가 시작된 듯싶다. 원리(原理)라는 건 언제나 실천이 쇠퇴할 때 활발한 토론의 주제가 되는 법이다. 깊이 생각한다고 해서 예술가가 되는 것도 아니며, 그런 방향으로 조금이라도 성장할 수 있는 것도 아니다. 그렇다고 예술가의 자질을 지닌 사람이 의식적인 노력으로 조금도 나아지지 않는다는 의미는 아니다.

괴테—인간성의 모든 면에서 그를 전혀 닮지 않은 모방자들이 종종 내세우는—는《파우스트》에 대해 충분히 깊이 생각했다. 그러나 그가 젊은 시절에 쓴 서정시들—그가 이룬 성과 중 결코 하찮은 것이라고 말할 수 없는—에 대해서는 어떻게 생각해야 할까? 그 시들은 원고지를 똑바로 놓을 겨를도 없이 비스듬하게 최대한 빨리 갈겨쓴 것이 아니었던가? "예술가는 태어나는 것이지 만들어지는 것이 아니다"**라는 오래된 진리를 나 혼자 곱씹어보기 위해서라도 한번 써보는 것은 어떨까? 그에게서 예술가적 양심을 찾아볼 수 없고, 스타일을 고려하지 않고 갈겨썼으며, 글을 쓰기 전에 면밀하게 계획을 세운—누구나 알다시피 플로베르가 변함없이 그랬던 것처럼—적이 없다는 이유들로 스콧***에 대한 경

---

* 스코틀랜드의 국민 시인 로버트 번스(1759~1796)를 가리킨다.
** 'Poeta) nascitur non fit'라는 라틴어 속담에서 빌린 말이다.
*** 월터 스콧(1771~1832). 영국의 소설가, 시인.

멸 어린 비판이 심심찮게 들려오는 요즘에는 그 진리를 돌이켜보는 것이 불필요해 보이지는 않는다.

생각해보면, 어째서 우린 윌리엄 셰익스피어라는 작가가 소위 예술 작품들을 가히 범죄적이라 할 만큼 부주의하게 만들어냈다는 말은 듣지 못한 것일까? 세르반테스라는 실수투성이 작가는 자신의 **예술**에 매우 불성실하게 임해서, 소설의 한 장(章)에서는 산초의 당나귀가 도난당하는 것을 묘사하고, 이내 그 사실을 까맣게 잊고는 마치 아무 일도 없었다는 듯 당나귀를 타고 가는 산초를 우리에게 보여주는 것도 엄연한 사실이 아닌가? 새커리*라는 작가는 극도로 '주관적인' 한 소설의 마지막 페이지에서, 자신이 어느 대목에서는 패린토시 경의 어머니를 죽였다가 다른 대목에서는 다시 살렸다고 당당하게 이야기하고 있지 않는가? 예술에 대한 죄를 저지른 이들은 그럼에도 세계에서 최고로 인정받는 예술가들이다. 그들은 어떤 면에서는, 그들을 비판하는 이들은 이해하지 못할 삶을 살았으며, 그들의 작품은 삶의 묘미를 만족스럽고도 지속적으로 표현해냈기 때문이다.

어쩌면 이미 오래전에 누군가가 내 것과 똑같은 정의를 생각해냈을 수도 있다. 그렇더라도 상관없다. 그 때문에 내 정의가 덜 독창적이라고 할 수 있을까? 불과 얼마 전이었다면 나는 그럴 가능성 때문에 조바심을 쳤을 것이다. 생계를 위해서는 표절처럼 보이는 것조차 피해야 했기 때문이다. 하지만 이젠 포핑턴 경의 말에 동의하며** 다른 사람들이 나와 똑

---

* 윌리엄 새커리(1811~1863). 영국의 소설가. 대표작으로 《허영의 시장》, 《뉴컴 일가》 등이 있다.
** 포핑턴 경은 존 밴브루(1664~1726)의 희곡 《타락》에 나오는 인물로, "책의 내용에 마음을 쓰는 것은 다른 사람의 머리에서 억지로 짜낸 산물을 가지고 즐기는 것을 의미한다. 이제 나는 훌륭한 자질과 교양을 갖춘 사람이라면 스스로의 머리에서 자연스럽게 싹튼 것들로 한껏 즐길 수 있지 않을까

같은 생각을 했었는지에 대해서는 신경 쓰지 않고 나만의 지혜가 자연스럽게 싹트는 것에서 즐거움을 찾을 준비가 되어 있다. 가령 유클리드에 관해 아무것도 몰랐던 내가 그의 기하학적 증명 중에서 가장 간단한 것 하나라도 생각해냈다고 치자. 그때 누군가가 내게 그것이 이미 책에 나와 있음을 지적한다고 해서 내가 기죽을 필요가 있을까? 이처럼 자연스럽게 싹트는 것들이야말로 우리의 삶이 빚어내는 최고의 산물들이다. 이런 것들이 세계 시장에서 아무런 가치가 없다는 것은 순전한 우연일 뿐이다.

자유를 누리고 사는 요즘 내가 의식적으로 노력하는 일 중의 하나는 나 자신을 위한 지적인 삶을 사는 것이다. 예전에는 책을 읽다가 감명이나 기쁨을 주는 문구를 발견하면 나중에 그것을 '써먹기' 위해 노트에 적어두곤 했다. 인상적인 시구나 산문의 글귀를 발견할 때마다 훗날 내가 쓰게 될 어떤 글에서 그것을 적절하게 인용할 생각을 하곤 했던 것이다. 문필업이 내게 미친 악영향인 셈이다. 이제는 그렇게 생각하는 습관을 떨쳐버리려고 노력하면서 나 자신에게 묻곤 한다. "그렇다면 무엇을 위해 읽고 기억할 것인가?" 일찍이 인간이 스스로에게 했던 질문 중에서 이보다 어리석은 질문이 또 있을까? 우리는 스스로의 즐거움을 발견하고, 위안과 강건함을 얻기 위해 책을 읽는 것이다. 그렇다면 그 즐거움은 순전히 이기적인 것일까? 고작 한 시간 동안 지속되는 위안을 얻고, 딱히 싸울 일도 없는데 강건해지기 위해서 책을 읽는다고?

아아! 하지만 난 알고 있다, 알고 있고말고. 내게 부질없어 보이는 책 읽는 시간이나마 없었다면, 인생의 종말이나 기다리면서 여기 이 조그만

생각한다'라는 말을 했다.

집에서 어떤 마음으로 살아갈 수 있었을까?

　가끔씩 어떤 구절을 큰 소리로 읽고 싶어질 때는 내 곁에 누군가가 있으면 얼마나 좋을까 하는 생각이 들곤 한다. 그렇다, 하지만 변함없이 내가 공감 어린 이해를 기대할 수 있는 누군가가 이 세상에 단 한 사람이라도 있을까? 아니, 내 감상에 대체적으로 동참할 수 있는 누군가가 있을까? 그러한 지성의 조화야말로 세상에서 가장 드문 것이다. 우리는 평생 동안 그것을 갈망한다. 그러한 욕망은 악마처럼 우리를 황야로 몰고 가며, 너무 자주 우리를 진창과 수렁에 빠뜨리고 만다. 그리고 우린 결국 그런 기대가 환상이라는 것을 알게 된다. 모든 인간에게는 "그대는 홀로 살지어다"라는 숙명이 부과되어 있다. 그러한 공동의 운명을 벗어났다고 생각하는 사람은 행복하리니. 적어도 그렇게 상상하는 동안만은 행복할 것이라는 말이다. 그러한 행복이 한 번도 주어지지 않은 이들은 적어도 환멸에서 오는 더없는 쓸쓸함을 모면할 수는 있을 터이다. 아무리 불편한 진실이라 할지라도 언제나 똑바로 마주하는 것이 좋지 않겠는가? 헛된 희망을 단호하게 영영 끊어내는 사람에게는 마음의 평안을 점점 더 많이 누릴 수 있는 보상이 기다리고 있을 것이다.

21

　오늘은 우리 집 정원 주위에서 새들이 요란하게 지저귀고 있다. 허공이 새들의 노랫소리로 가득하다고 말한다 한들, 때때로 의기양양한 제창(齊唱)과 야성적인 조화를 이루며 끊임없이 하늘로 울려 퍼지는 피리 소리, 휘파람 소리, 떨리는 소리가 어떤 것인지는 감을 잡기가 어려울 것이다. 때때로 아주 조그만 노래꾼 하나가 다른 모든 새들을 능가하려고 자신의 목을 혹사하면서 경쾌하게 미친 듯이 애를 쓰는 것 같은 광경이 눈에 띄기도 한다. 이 모든 것은 지구 상의 어떤 창조물도 지니지 못했을 법한 목소리나 마음으로 빚어내는 찬미의 합창이다. 새들의 노랫소리를 듣고 있노라면 나는 더없이 아름다운 황홀경에 사로잡히게 된다. 그리고 나의 존재가 열정적인 환희의 감미로움 속으로 녹아들고, 어떤 심오한 겸허함으로 눈앞이 흐려진다.

22

　문예지들만을 보고 이 시대를 판단한다면, 문명사회가 정말로 실질적인 많은 발전을 이룩했고, 세계는 희망으로 가득한 개화의 단계에 이르렀다고 쉬이 믿게 될 것이다. 나는 매주 광고로 뒤덮인 지면들을 훑어본다. 수많은 출판사에서 온갖 종류의 신간들과 구간들을 열심히 세상에 내놓고 있음을 알 수 있다. 또한 문학의 모든 분야에서 활약하는 수많은 저술가들의 이름도 접하게 된다. 광고에 실린 많은 책들은 일시적인 중요성밖에 띠지 않거나 아무런 중요성이 없음을 단번에 드러낸다. 반면, 사색적이거나 학구적인 이들의 관심을 끄는 책들도 엄청나게 많다! 고전 작가들의 수많은 작품들이 아름다운 판형으로, 최소한의 가격에 대중에게 잇달아 제공되고 있는 것이다. 이런 보물 같은 책들이 이토록 저렴하고 이토록 우아하게 만들어져 그 가치를 알아보는 이들에게 선보인 적은 일찍이 없었다. 경제적으로 여유가 있는 이들을 위해서는 호화 장정본들과 품위가 느껴지는 판본들, 세심한 주의와 기술과 엄청난 비용이 아낌없이 투자된 예술 작품 같은 책들도 있다. 온 세상과 모든 시대의 학문이 모두 전시되고 있는 것이다.

각자의 연구 분야가 어떤 것이든, 이 광고란에서 한 번쯤은 자신의 관심을 끄는 것을 발견할 수 있을 것이다. 여기에 실린 것들은 학문의 영역에 속하는 다양한 주제들에 관한 학자들의 노력이 집약된 결과물들이다. 과학은 지구와 천체에 관한 최신 발견들을 세상에 공개하며, 사색에 잠긴 철학자와 장터의 대중에게 똑같이 이야기한다. 마음이 여유로운 사람들의 호기심에서 비롯된 탐구의 결실들도 수많은 출판물에서 소개되고 있다. 지적인 맛이 느껴지는 잡문들과 특이한 글들, 인간적 관심사의 모든 샛길에서 주워 모은 것들을 실은 책들도 있다. 또 다른 취향을 가진 이들을 위해서는 이야기꾼들의 작품도 있다. 사실 이 다채로운 목록 중에서 명예로운 자리를 차지하는 것은 대체로 이야기꾼들이다. 그들이 얼마나 되는지 누가 그 수를 세어볼 수 있을까? 그들의 독자가 얼마나 되는지 누가 산출해낼 수 있을까? 시를 쓰는 사람들도 많다. 하지만 현대 시인들은 일반 대중의 취향에 따른 목록에서는 아직 미미한 자리를 차지하고 있음을 누구나 알 수 있을 것이다. 반면, 여행기는 폭넓은 독자층을 확보하고 있다. 먼 나라에 대한 정보를 원하는 일반 독자들의 욕구를 능가하는 것은 로맨스를 곁들인 모험담에 대한 독서욕밖에는 없다.

눈앞에 책 광고란의 지면을 펼쳐놓고 있는 사람이라면 우리 시대의 최대 관심사는 정신에 관한 것들이라고 믿게 되지 않을까? 인쇄소에서 쏟아져 나오는 이 많은 책들을 사는 사람들은 어떤 이들일까? 지적 영역에서의 국민적 열기 때문이 아니라면, 어떻게 대규모의 산업이 이처럼 번창할 수 있을까? 물론 전국적으로 도시와 시골을 막론하고 개인적인 장서의 규모가 급속도로 커지고 있고, 일반 대중이 독서에 많은 시간을 할애하며, 문학적 야심이 그러한 노력을 하게 만든 공통적인 자극제들 중 하나라는 사실을 인정해야만 할 것이다.

이 모든 것은 사실이며, 현대 영국에 그대로 적용될 수 있다. 그러나 이 사실만으로 우리 문명의 전망에 대해 마음을 놓아도 되는 것일까?

우리는 다음과 같은 두 가지 사실을 기억해야만 한다. 첫 번째는, 이런 문예물의 거래량이 그 자체로 볼 때는 상당히 많은 것 같아도 상대적으로는 얼마 되지 않는다는 점이다. 두 번째는, 문예 활동은 진정으로 문명화된 인간을 특징짓는 정신적인 태도의 항구적인 징표가 될 수 없다는 사실이다.

일주일에 한 번씩 발행되는 '문예지'는 차치하고, 매일 아침저녁으로 나오는 신문을 살펴보라. 그럼 그중에서 문예 관련 기사가 차지하는 비중이 어느 정도인지 정확히 알 수 있을 것이다. 한 부에 3페니나 반 페니쯤 하는 일간지를 읽은 다음 거기서 받은 인상에 대해 곰곰 생각해보라. 어쩌면 책 몇 권 정도가 '소개되었을' 수 있다. 그 '소개의 글'이 어떤 식으로든 눈에 띈다고 간주하면, 그것이 차지하는 지면과 삶의 물질적 관심사에 할애된 지면을 비교해보라. 그러면 일반 대중이 지적인 노력에 부여하는 중요성이 어느 정도인지 가늠할 수 있을 것이다.

그렇다, '독서'라는 말의 의미에 걸맞은 독서를 하는 사람들의 수는 아주, 아주 적다. 반면에, 내일 당장 모든 서적 출판이 중단된다고 하더라도 아무런 아쉬움을 느끼지 못할 사람의 수는 엄청나게 많다. 누군가에게는 아주 고무적인 것으로 여겨지는 학술 서적들의 출간 소식은 사실상 전 세계의 영어권에 산재한 몇천 명의 독자들을 대상으로 하고 있는 것이다. 더없이 귀중한 책들 중 다수는 몇백 권 정도가 아주 느리게 팔리고 있을 뿐이다. 진지한 문학작품을 구입하는 것을 당연하게 여기거나, 그런 책을 공공도서관에서 습관적으로 찾는 사람들, 한마디로 그런 책을 생활필수품으로 여기는 사람들을 대영제국의 사방에서 불러 모았을 때 앨버트 홀*이 꽉 찬다면, 그때는 내가 대단히 잘못 생각하고 있었다고 말할 수 있을 것이다.

그러나 이런 사실을 인정한다고 해도, 지적인 것들에 대한 사랑이 보여주듯 우리 시대가 개화된 정신의 습관을 지향하고 있음은 명백한 사실이 아닌가? 지식과 감정을 다룬 책들이 이토록 광범위하게 보급된 시대가 일찍이 있었던가? 소수에 불과한 진정한 지식인들이 폭넓고 깊은 영향력을 발휘하고 있지 않은가? 사실상 그들이 앞장서서 이끎으로써, 더디고 불규칙적으로나마 다수가 그들을 따라가도록 하고 있지 않은가?

나는 그렇게 믿고 싶다. 누군가가 내게 비관적인 증거를 불쑥 내밀 때마다 나는 스스로에게 이렇게 되뇌곤 한다. "이성적인 인간이 자주 나타난다는 것을 생각하자. 그런 사람이 어디에서나 빛을 전파하기 위해 애쓰고 있다는 것을 생각하자. 인류가 이만큼이나 발전한 오늘날, 그러한 노력들이 맹목적이고 야만적인 세력들에 의해 수포로 돌아간다는 게 있을 수 있는 일인가?" 그렇다, 그렇고말고. 하지만 이성적이고, 계몽되고 계몽하는 존재로 내가 치켜세우는 사람, 이를테면 저술가이자 동시에 탐구자, 강사, 학구적인 신사인 사람, 내가 그의 코트 자락이라도 잡고 싶어 하는 사람이 진정한 문명으로 이끄는 모든 것들—정의, 평화, 상냥한 매너, 삶의 순수성—을 언제나 대변하는 것일까? 바로 여기서 책을 통해서만 생각하는 사람이 저지르는 오류가 발견된다. 우리는 다양한 경험을 통해, 강건한 정신적 삶은 한 개인의 일면일 뿐이며, 다른 면에서는 그의 도덕적 야만주의가 드러나는 사례를 얼마든지 알고 있다. 훌륭한 고고학

* 런던에 있는 문화 공연장 로열 앨버트 홀을 가리키며, 약 5천 명을 수용할 수 있다.

자가 인간적인 이상들에는 전혀 공감하지 않을 수도 있는 것이다. 역사학자, 전기 작가, 심지어 시인도 금융시장의 도박꾼, 아첨꾼, 요란한 국수주의자 또는 비양심적인 배후 조종자일 수도 있다. 소위 '과학의 지도자들'로 말하자면, 어떤 낙관주의자가 그들이 온건한 덕성들을 지지한다고 감히 단언할 수 있겠는가? 남을 가르치고 영감을 주겠노라고 공언하며 앞장선 이들에 대해 이런 식으로 생각해야 한다면, 단지 듣기만 하는 사람들에 대해서는 어떤 생각을 할 수 있을까?

책 읽는 대중! 물론 책 읽는 대중이 존재하긴 한다! 하지만 신중한 통계학자라면 훌륭한 책들을 실제로 읽는 독자들 스무 명 중에서 책의 저자를 이해하면서 읽는 사람이 한 명쯤은 있다고 감히 말하려 들지 않을 것이다. 격조 높고 유쾌한 작품들로 구성된 근사한 총서들이 폭넓은 인기를 누리는 듯 보인다고 해서, 그 구매자들이 책들을 진정으로 감상하고 있다고 자신 있게 말할 수 있을까? 유행을 좇거나 자신들의 이웃 앞에서 으스대거나 자기만족을 위해 책을 사는 사람들이 있다는 것을 잊지 말자. 책으로 값싼 선물을 하려 하거나, 단지 책의 겉모습이 마음에 들어 책을 사는 이들도 있다는 것도 고려해야 한다. 무엇보다 유념해야 할 것은, 지식이나 신념과는 상관없는 열의를 보이는 분주한 사람들, 우리 시대의 특징이자 위험 요소인, 어설픈 교육을 받은 사람들이 존재한다는 사실이다. 사실 그들은 책을 사고, 많이 산다. 극소수이긴 하지만 개중에는 머리와 양심의 성향이 그런 열의를 정당화하는 이들도 있다는 것마저 인정하지 않을 수는 없을 것이다. 그런 사람들—만 명 중에 열 명이 될까 말까 하지만—에게는 모든 도움과 형제애 같은 위로를 아끼지 말아야 할 것이다! 그러나 말로만 떠벌리는 많은 사람들, 책의 제목과 저자의 이름을 잘못 발음하면서도 당당한 사람들, 코맹맹이 소리로 글의 리듬을 망치는 사람들, 책장을 자르지 않고 제본한 책들을 6펜스나 더 주고 사서는 책을 훼손하는 사람들, 책의 할인된 가격에만 재빠른 관심을 보이는 사람들, 이런 사람들에게서 앞으로 다가올 세기를 향한 내 바람의 증인을 발견할 수 있을까?

그런 사람들이 받는 불완전한 교육이 언젠가는 완전해질 것이라는 이야기가 들려온다. 우리는 일부 소수만이 배움의 특혜를 누릴 수 있었던 유감스러운 과거와 모든 사람이 자유롭게 교육을 받게 될 행복한 미래 사이의 과도기에 있다는 것이다. 이런 논쟁에 초를 치는 것 같아 유감이지만, 교육을 받을 능력을 갖춘 사람은 소수에 불과하다. 아무리 열심히 가르친다고 해도, 얼마 되지 않는 사람들만이 그 열성적인 노력의 혜택을 보게 될 것이다. 척박한 토양에서 풍성한 수확을 기대하는 것은 부질없는 일이다. 보통 사람은 언제나 여전히 보통 사람일 뿐이다. 그리고 그 보통 사람이 자신이 지닌 힘을 의식하게 되고, 자기주장이 강해지면서 목소리를 높이고, 나라의 물적 자원을 손에 넣게 되면, 그때는 비대중적 정신의 축복을 받은—혹은 저주받은—모든 영국인 앞에 오늘날 그 위협적인 징후를 드러내고 있는 사태가 벌어지게 될 것이다.

23

매일 아침 눈을 뜰 때마다 나는 나를 둘러싼 정적에 대해 하늘에 감사한다. 이것이 내 기도다. 런던에서 살던 시절을 돌이켜보면, 뭔가 부딪치는 소리, 쨍그랑 소리, 윙윙거리거나 찢어지는 듯 날카로운 소리 때문에 잠을 설치곤 했고, 그러다 서서히 잠에서 깨어나면서 처음으로 느꼈던 감정은 내 주위의 삶에 대한 증오였다. 목재와 금속이 내는 소리, 바퀴가 덜컹거리는 소리, 기구들이 서로 부딪히는 소리, 땡땡거리는 종소리, 이 모든 것들도 더없이 싫지만, 그보다 더 싫은 것은 인간의 요란한 목소리다. 이 세상에서 바보같이 희희낙락하며 큰 소리를 내거나 소리치는 것보다 내 신경을 거스르는 것은 없으며, 야만적인 분노를 드러내며 악을 쓰거나 아우성치는 것보다 더 증오스러운 것은 없다. 가능하다면 나는 내게 소중한 몇몇 사람들을 제외하고는 인간의 말소리를 다시는 듣고 싶지 않다.

이곳에서 나는 일찍 또는 늦게 몇 시에 잠을 깨든 언제나 은혜로운 정적 가운데 누워 있다. 때로는 길 위에서 리드미컬한 말발굽 소리가 들려오기도 하고, 이따금씩 이웃 농장에서 개 짖는 소리가 들려오기도 한다. 엑스 강 건너편에서 부드럽게 속삭이는 듯한 기차 소리가 아득하게 들려올 때도 있다. 그러나 내 귀에 들려오는 소리라고는 이것이 거의 전부다. 하루 중 어느 때라도 사람 목소리를 듣는 경우는 아주 드물다.

하지만 아침 미풍에 나뭇가지들이 바스락거리는 소리는 들을 수 있다. 눈부신 햇살이 창에 부딪치면서 내는 음악 소리도, 새들의 아침 노랫소리도 들려온다. 나는 최근에 수차례 밤새 잠을 이루지 못하고 누워 있다가 가장 먼저 지저귀는 종달새의 노랫소리를 들을 수 있었다. 그럴 때는 불면의 밤을 보낸 것이 고맙게 느껴지기까지 한다. 이러한 순간들에 유일하게 나를 우울하게 만드는 것은 인간 세상의 무의미한 소음들 속에서 낭비한 나의 긴 일생에 대한 생각뿐이다.

이곳에는 수년 전부터 언제나 똑같은 정적이 지배하고 있다. 내게 주어졌던 것보다 아주 조금 더 많은 행운과 아주 조금 더 많은 지혜를 누릴 수 있었더라면, 나는 성년 시절을 정적의 축복 속에서 보낼 수 있었을 것이고, 나무 그늘로 둘러싸인 평화로움을 만년의 내 삶을 위한 오랜 추억거리로 만들 수도 있었을 것이다. 하지만 지금 이대로의 정적을 기쁘게 누리면서도 일말의 슬픔이 느껴지는 것은 어쩔 수 없다. 이토록 감미로운 정적이 언젠가는 우리 모두를 감싸게 될 더 깊은 정적의 서곡일 뿐임을 떠올리게 되기 때문이리라.

24

요즘 나는 아침마다 같은 방향으로 산책을 한다. 어린 낙엽송들의 조림지를 보기 위해서다. 이즈음 낙엽송들이 띠고 있는 것보다 더 아름다운 색은 이 지구 상에 없다. 그 색은 내 눈을 상쾌하고 즐겁게 하며, 마음속까지 깊이 스며든다. 머지않아 색이 변할 것이다. 빛나던 첫 신록이 벌써 여름철의 차분한 녹색으로 바뀌기 시작했다. 낙엽송은 비할 데 없는 아름다움을 자랑하는 순간이 있다. 봄마다 그 아름다움을 즐길 수 있는 사람은 행복하다.

이곳에서 나는 매일매일 한가로이 산책을 나가 낙엽송들을 바라볼 뿐만 아니라 그런 순간을 즐기는 데 필요한 마음의 평정까지 누리고 있는데, 살면서 이보다 경이로운 일이 있을 수 있을까? 햇살이 비치는 어느 봄날 아침, 지극한 마음의 평화를 누리는 나머지 하늘과 땅을 찬미하는 데서 온전히 기쁨을 느낄 수 있는 사람이 얼마나 될까? 그런 사람이 5만 명 중에 한 명이라도 될까? 얼마나 비범한 운명의 은혜를 입어야 어떤 근심이나 집착에도 방해받지 않고 대엿새 동안 간단없이 사색에 잠길 수 있을 것인가!

인간의 마음속에는 **호사다마**라는 믿음이 깊이 뿌리박혀 있어서—그 것도 상당한 근거와 함께—언젠가는 어떤 재앙이 닥쳐서 이처럼 신성한 평온함의 시기에 대한 대가를 치르게 되는 건 아닌지 자문하게 된다. 나는 일주일 남짓 운명의 지고한 축복으로 전 인류 가운데서 선택된 소수에 속해 있었다. 우리 모두에게 이런 일이 차례로 일어날 수도 있다. 그러나 대부분의 사람에게는 일생에 딱 한 번, 그것도 아주 짧게 찾아올 뿐이다. 내 몫의 운명이 보통 사람들의 운명보다 훨씬 나아 보인다는 사실이 때로 내게 두려움을 안겨주기도 한다.

25

오늘은 내가 좋아하는 오솔길을 거닐다가 떨어진 산사나무 꽃잎들로 길이 뒤덮인 것을 발견했다. '5월의 영광'이라고 불리며, 지고 나서도 향기를 풍기는 우윳빛 백색 꽃들이 바닥에 흩어져 있었다. 그 광경은 내게 봄이 끝났음을 알려주었다.

나는 마땅히 그랬어야 할 만큼 봄을 충분히 즐겼던가? 내게 자유를 가져다준 그날 이후 나는 새로운 해의 탄생을 네 차례 지켜보았다. 그리고 바이올렛이 지고 장미꽃이 필 무렵이면 어김없이, 봄이 나와 함께 있는 동안 하늘이 준 선물을 충분히 소중하게 여기지 못한 게 아닐까 하는 두려움이 들곤 했다. 초원에서 보낼 수 있었을 시간에 나는 책 속에 파묻혀 오랜 시간을 보내곤 했다. 양쪽에서 얻어지는 이득이 맞먹을 수 있을까? 나는 정신이 항변하는 말에 미심쩍고 소심하게 귀를 기울인다.

희열을 맛보았던 순간들을 떠올려본다. 꽃들이 활짝 핀 것을 발견했을 때와 움튼 나뭇가지들이 밤새 초록 옷으로 갈아입은 것을 보고 놀라던 때가 있었다. 산사나무에 처음으로 눈처럼 뽀얀 꽃이 피어나는 광경도

놓치지 않았다. 평소 늘 피어나던 강기슭에서 앵초꽃이 처음으로 피어나는 것을 지켜보았고, 그 무리 속에서 아네모네도 발견했다. 미나리아재비꽃으로 환하게 빛나던 초원과, 동의나물꽃이 햇살처럼 비추던 움푹 팬 땅의 광경은 한참 동안 내 눈길을 사로잡았다. 나는 은빛 솜털로 뒤덮인 버들개지로 반짝이며 금빛 가루를 뿌린 것처럼 아름다운 자태를 뽐내는 갯버들도 보았다. 흔히 볼 수 있는 이런 것들은 매번 더욱더 커지는 찬탄과 경이감으로 나를 가득 채운다. 이 모두가 또다시 사라지고 말았다. 그래서 여름을 맞이하려는 지금, 환희와 함께 일말의 불안감이 느껴진다.

여름

아, 아이의 입술에서 느껴지던 짭짤한 소금물 맛이란! 이제 난 언제든 내가 원하는 때에, 어디든지 내가 원하는 곳으로 휴가를 떠날 수 있다. 그러나 바닷바람과의 그 짭조름한 입맞춤은 다시는 경험할 수 없을 것이다. 내 감각은 무뎌졌다. 이제 나는 그때처럼 자연에 가까이 다가갈 수 없다. 딱하게도 나는 구름과 바람을 두려워하게 되었고, 예전에는 신나게 달리고 뛰어오르던 곳을 지루할 정도로 조심조심 걸어야 한다. 다시 한 번 그때처럼 딱 반시간만이라도 햇살이 눈부신 파도 속으로 풍덩 뛰어들어 볕을 쬐거나, 은빛 모래언덕 위를 뒹굴거나, 바다고사리가 반짝이는 바위들 사이를 건너뛰다가 불가사리와 말미잘이 있는 얕은 물속으로 미끄러지면서 까르르 웃음을 터뜨릴 수 있다면 얼마나 좋을까!

1

오늘은 정원에서 책을 읽고 있는데, 어디선가 실려 온 여름 향기—내가 읽던 글 속에 어떤 연상(聯想)의 고리가 숨겨져 있었던 것 같은데, 그게 어떤 건지는 잘 모르겠다—가 나를 학창 시절의 휴가철로 데리고 갔다. 공부에서 한참 동안 벗어난다거나 멀리 바다로 떠난다고 생각할 때 느껴지는 경쾌한 기분, 어린 시절의 축복 중 하나인 그 기분을 나는 신기하리만치 생생하게 다시 느꼈다.

나는 기차에 타고 있었다. 사람들을 멀리까지 데려다주는 급행열차가 아니라 거의 알려지지 않은 곳으로 향하는 수수한 열차였는데, 엔진에서 나온 새하얀 증기가 초원 위를 떠다니다가 아래로 가라앉는 것을 모두 지켜볼 수 있을 정도로 느리게 갔다. 선하고 현명한 아버지 덕분에 어린 우리는 피서객들이 몰리는 해변에는 한 번도 가본 적이 없다. 난 지금 40년도 더 지난 시절에 대해 이야기하고 있다. 당시만 해도 잉글랜드 북부의 동쪽이나 서쪽 해안에서 오직 그 아름다움과 한적함 때문에 해변을 사랑하는 이들에게만 알려진 장소들을 발견하는 게 가능했다. 기차는 정거장마다 섰다. 햇볕을 받아 달아오른 향내를 풍기는 화단들로 장식된 조그만 역들이었다. 기차가 정차하면 바구니를 든 시골 사람들이 올라타 낯선 사투리로 이야기하곤 했는데, 우리 귀에는 그들이 쓰는 영어가 거의 외국어처럼 들렸다. 마침내 바다가 처음으로 언뜻 보였다. 조수가 밀물인지 썰물인지를 살피거나, 잡초가 무성한 웅덩이와 모래가 길게 뻗어 있는 광경 또는 거품을 일으키는 잔잔한 파도가 삼색메꽃이 별처럼 피어 있는 해안 제방 아래까지 길게 밀려드는 광경을 바라보면서 느끼는 흥분은 말로 표현하기 힘들었다. 그러다 갑자기 '우리' 역이 나타났다!

아, 아이의 입술에서 느껴지던 짭짤한 소금물 맛이란! 이제 난 언제든 내가 원하는 때에, 어디든지 내가 원하는 곳으로 휴가를 떠날 수 있다. 그러나 바닷바람과의 그 짭조름한 입맞춤은 다시는 경험할 수 없을 것이다. 내 감각은 무뎌졌다. 이제 나는 그때처럼 자연에 가까이 다가갈 수 없다. 딱하게도 나는 구름과 바람을 두려워하게 되었고, 예전에는 신나게 달리고 뛰어오르던 곳을 지루할 정도로 조심조심 걸어야 한다. 다시 한 번 그때처럼 딱 반시간만이라도 햇살이 눈부신 파도 속으로 풍덩 뛰어들어 볕을 쬐거나, 은빛 모래언덕 위를 뒹굴거나, 바다고사리가 반짝이는 바위들 사이를 건너뛰다가 불가사리와 말미잘이 있는 얕은 물속으로 미끄러지면서 까르르 웃음을 터뜨릴 수 있다면 얼마나 좋을까! 나는 마음보다 육체가 훨씬 더 늙었다. 그래서 예전에는 즐겼던 것들을 이제는 바라만 볼 수 있을 뿐이다.

2

　나는 지금 일주일째 서머싯*에 머물고 있다. 지극히 6월다운 날씨가 어딘가로 떠나도록 나를 부추겼고, 문득 세번 강 앞바다가 떠올랐다. 나는 글래스턴베리와 웰스로 갔다가 체다를 거쳐 클리브던에서 브리스틀해협의 바닷가로 향했다. 그러는 동안 15년 전의 휴가를 떠올리며, 너무 자주 그때의 나와 지금의 나를 비교하는 데에 몰두했다. 영국의 아주 오래된 지역에 속하는 그곳은 뭐라 표현할 수 없을 만큼 아름답다. 습하고 안개가 많은 겨울 기후가 두렵지 않았다면 나는 멘딥 구릉지 아래의 한 곳을 내 거처이자 안식처로 삼았을 것이다.

　그곳의 오래된 지명들도 내 귀에는 더없이 매혹적으로 들린다. 그곳의 조그만 마을들을 둘러싼 고요함도 감미롭기 그지없다. 경작지와 목초지 가운데 파묻힌 마을들은 아직 현대적 삶의 요란함에 물들지 않은 듯 보인다. 말하자면, 그들의 오래된 성소들을 기품이 서린 나무들과 꽃들로

---

*　잉글랜드 남서부에 있는 카운티로, 북서쪽으로 브리스틀해협과 맞닿아 있다.

뒤덮인 산울타리들이 보호하고 있는 것이다. 영국 전역을 통틀어 글래스턴베리의 홀리손* 언덕에서 바라보는 것보다 더 아름답고 다채로운 풍경은 없다. 또한 웰스의 주교관 해자(垓字) 옆의 잎이 무성한 산책길보다 더 매력적인 명상의 장소도 영국의 다른 곳에서는 찾아보기 힘들다. 그곳에서 보낸 금쪽같은 시간을 생각할 때마다 어떤 말로도 표현할 수 없는 열정이 나를 사로잡으며, 내 마음은 무어라 설명할 수 없는 황홀경으로 떨려온다.

돌이켜보면 해외여행에 대한 갈망으로 불타오르던 시절이 있었다. 나는 계절이 바뀔 때마다 모든 익숙한 것들 앞에서 짜증스러워하며 조바심을 쳤다. 마침내 그런 것들에서 벗어날 수 있는 기회를 발견하지 못했더라면, 내 영혼이 그토록 갈망했던 풍경들을 끝내 보지 못했더라면 나는 권태로워서 죽었을지도 모른다. 나처럼 방랑을 즐겼던 사람도 얼마 없을 것이며, 나처럼 한층 더 큰 기쁨이나 더 깊은 그리움으로 그 방랑의 기억들을 생생하게 떠올리는 사람도 찾기 힘들 것이다. 그러나 포도와 올리브를 생각하면서 무르익은 가을에 대한 어떤 유혹을 받는다 해도 내가 또다시 바다를 건너갈 일은 결코 없을 것이다. 이 소중한 섬나라에서 내가 알고 있고 알기를 원하는 모든 것들을 즐기기에도 내게 남아 있는 시간이 너무 짧고 체력 또한 달리기 때문이다.

어린 시절 내가 잠자던 방에는 영국 풍경화가들의 그림을 모사해 만든 판화들이 사방에 걸려 있었다. 반세기 전에는 흔히 볼 수 있었던 그런 강철 판화들에는 대개 '버넌 갤러리 소장품을 모사함'이라는 식의 설명문이 붙어 있었다. 그 그림들은 당시 내가 생각했던 것 이상으로 내게 깊

---

* '성스러운 가시나무(the Holy Thorn)' 즉 그리스도의 '가시면류관'을 의미한다.

은 인상을 남겼다. 나는 여느 아이들처럼 반은 호기심에서 반은 꿈꾸듯 그것들을 한참 동안 뚫어지게 바라보았다. 그림들을 이루는 모든 선들이 내 마음속에 각인될 때까지. 지금 이 순간에도 그때 보았던 흑백의 풍경들이 내 앞의 벽에 걸려 있는 것처럼 눈에 선하다.

나는 이러한 상상력의 이른 훈련—그건 훈련이 분명하니까—이 나도 모르게 내 안에 웅크리고 있던 시골 풍경에 대한 각별한 애착과 깊은 관련이 있는 게 아닌가 하는 생각을 종종 해왔다. 그러한 애착은 수년간 내 삶을 이끄는 정서들 중의 하나였다. 어쩌면 마찬가지로, 그 어린 시절의 기억은 어째서 내가 훌륭한 그림보다 훌륭한 흑백 판화를 훨씬 더 좋아하는지 그 이유를 설명해줄 수 있지 않을까. 또 다른 추론을 해보자면, 청년 시절과 이른 성년 시절을 거치는 동안, 자연 그 자체보다는 예술로 표현된 자연에서 더 많은 즐거움을 느꼈다는 사실 또한 같은 맥락으로 이해할 수 있을 듯하다. 심지어 고난과 열정의 포로가 되어 꽃 피는 대지를 돌아볼 여유조차 없는 기이한 시절을 살던 동안에도 소박한 시골 풍경을 그린 그림 하나에 감동을, 그것도 깊은 감동을 느끼곤 했다. 아주 드문 일이지만 운 좋게 국립미술관에 갈 기회가 생기면, 나는 〈계곡의 농장〉, 〈곡물밭〉, 〈마우스홀드 히스〉** 같은 그림 앞에서 한참 동안 서 있곤 했다. 마음속에 암담한 혼란을 느끼는 가운데서도, 내가 살던 세상과는 전혀 다른 세상, 사실 생각할 여유조차 없이 살아왔던 평화롭고 아름다운 세계의 정경들이 내게 깊은 감동을 주었다. 하지만 내게 그런 감정을 불러일으키는 데는 대가가 부리는 마법 같은 것은 필요하지 않았고, 그건 지금도 마찬가지다. 조그맣고 보잘것없는 목판화나, 값싼 '망판제

** 앞의 두 그림은 존 컨스터블(1776~1837)의 것이고, 세 번째는 존 크롬(1768~1821)의 것이다.

판법'* 삽화로 초가집과 오솔길, 들판을 묘사한 것만 보더라도 내 귓가에는 음악이 속삭이는 소리가 들리기 시작한다. 참으로 다행스럽게도 이러한 열정은 해마다 커져만 간다. 내가 죽어가는 순간, 내 머릿속에 떠오를 마지막 생각은 영국의 어느 초원 위로 햇살이 쏟아지는 광경일 것이다.

* 사진이나 농담이 있는 미술 작품의 색채 변화 전 영역을 재현하기 위해 원고에 스크린을 걸어 영상을 일련의 망점으로 분해하는 인쇄 기법.

3

장미꽃 향기가 그윽하게 풍기는 저녁에 정원에 앉아 월턴**의《후커***의
일생》을 모두 읽었다. 이 책을 읽기에 이보다 더 적합한 장소와 시간이
있을까? 내가 앉아 있는 곳에서는 헤비트리 교회의 종탑이 손에 잡힐 듯
가까이 보이는데, 헤비트리는 바로 후커가 태어난 곳이 아닌가. 그는 영
국의 다른 곳들에 있으면서 엑스 강의 푸른 골짜기 쪽으로 경사진 이곳
의 초원들과 홀든 산의 소나무 숲 너머로 보이는 석양을 몹시 그리워했
을 것이다. 후커는 시골을 사랑했다. 그가 런던에서 시골—"대지에서 하
느님의 축복이 샘솟는 것을 볼 수 있는"—로 교구를 옮겨줄 것을 요청했
다는 일화가 참으로 기분 좋고 무한히 감동적으로 다가온다. 한 손에 호
라티우스를 들고 양들을 돌보았을 법한 그의 모습이 언뜻 눈앞을 스쳐
간다. 그가 힘찬 산문의 리듬을 구상해낸 것도 시골의 적막 속에서였다.

** 아이작 월턴(1593~1683). 영국의 수필가, 전기 작가.
*** 리처드 후커(1554~1600). 영국국교회 신부, 신학자.

잔소리 심한 아내에게 시달리고 얼굴에는 여드름이 가득했던 그 가엾은 이의 귀에는 그야말로 천상의 음악이 들렸을 것이다!

책의 마지막 몇 페이지는 보름 달빛에 의지해 읽었다. 그때까지는 석양의 여광으로도 충분히 책을 읽을 수 있었다. 아, 나는 오랫동안 힘들게 글을 써왔는데도 어째서 정직한 아이작이 쓴 전기인 이 책처럼 짧지만 완벽한 글을 쓸 수 없었던 것일까! 이 책이야말로 단순한 '문예 작품'이 아닌, 진정한 문학이라고 할 수 있다. 이러한 문학작품을 감상할 수 있는 마음의 여유가 내게 있음을 감사해야겠다. 단지 이해하는 데에 그치지 않고, 그 훌륭한 가치를 음미할 수 있는 여유 말이다.

4

일요일 아침이다. 올해도 여름이 어김없이 우리에게 선사해준 더없이 순수하고 화창한 하늘이 아름다운 대지 위에서 빛나고 있다. 우리 집 창문은 활짝 열려 있다. 정원의 나뭇잎들과 꽃들 위로 은은하게 비치는 햇살이 보인다. 내게 노래를 불러주곤 하던 새들의 노랫소리도 들려온다. 우리 집 처마 밑에 둥지를 튼 흰털발제비가 때때로 소리 없이 스치듯 휙 지나간다. 교회의 차임벨들도 울리기 시작했다. 나는 여기저기서 들려오는 차임벨들의 멜로디를 구분할 수 있다.

영국의 일요일 풍습에 대한 신랄한 풍자를 즐기던 시절이 내게도 있었다. 일주일에 한 번씩 노동과 부산함에서 벗어나 휴식을 취하는 데서 고리타분한 우매함과 현대적 위선만을 보았기 때문이다. 그러나 이제는 그런 풍습을 더없이 귀한 축복으로 여기면서, 그것이 포함하는 평화로운 정적을 방해하는 모든 것을 두려워하게 되었다. 사실 '안식일 엄수주의'를 비웃으면서도 나 또한 일요일이 오면 언제나 기뻐하지 않았던가? 런던의 교회와 예배당의 차임벨 소리는 귀에 거슬리는 게 사실이다. 하지

만 그 소리를 떠올릴 때마다—심지어 몹시 공격적인 바리새인*들의 비
국교도 비밀 집회에서 들을 수 있는 끔찍한 추 하나짜리 종소리조차도
—휴식과 자유의 느낌과 연관되어 있다는 생각이 든다. 나는 일주일 중
에서 바로 이날을 나의 수호정령에게 바쳤다. 일도 제쳐두고, 하늘이 허
락할 때는 골치 아픈 일도 잠시 잊었다.

영국을 떠나 있을 때는 이러한 일요일의 평온함과, 그런 분위기에 영
향을 미치는 것 같은 평일과의 차이가 언제나 그리웠다. 사람들이 교회
에 가고, 상점들이 문을 닫고, 작업장이 조용한 것만으로는 충분하지 않
다. 이러한 휴일의 분위기가 진정한 일요일을 만들지는 않는다. 그 의미
에 대해 우리가 어떻게 생각하든, 안식일은 고유한 신성함을 지니고 있
다. 마을 청년들이 하는 크리켓 시합을 보고 싶어 하거나, 읍내의 극장들
이 문을 열기를 바라는 사람들마저도 막연하게라도 이러한 신성함을 느
낄 것이라고 생각한다.

안식일을 지키자는 생각은 무거운 짐을 짊어진 인간들이 고안해낸 최
상의 생각임이 분명하다. 세상의 평범한 삶에서 매주 하루씩을 온전히
떼어내, 일상적인 근심거리뿐만 아니라 일상적인 즐거움마저도 초월하
도록 하자는 생각인 것이다. 광신으로 인한 남용에도 불구하고 이런 생
각에는 여전히 은총이 가득했다. 일요일은 언제나 일반 대중에게는 좋은
것들을 많이 가져다주었다. 그리고 선택된 소수의 사람들에게는 '영혼의
삶' 그 자체였다. 그중 일부가 '영혼의 삶'이라는 말의 의미를 아무리 이
단적으로 해석한다고 할지라도 말이다. 이 오래된 풍습이 우리 가운데서
사라진다면, 우리 나라를 위해서는 그보다 불행한 일이 없을 것이다. 그

---

* 율법을 엄격히 따르던 유대 민족의 한 종파인 바리새파의 일원.

리고 이러한 풍습은 언젠가는 사라지고 말 것이다.

오직 이곳, 전원의 정적 속에서만 이미 많은 사람들에게 일요일을 덜 성스럽게 여겨지게 만든 변화들을 잊을 수 있다. 일요일의 풍습과 함께 주기적인 고요함의 습관 또한 사라지고 말 것이다. 의식(意識)적으로 더해진 의미를 상당 부분 상실한다 할지라도, 그 고요함의 습관은 여전히 한 민족에게 부여된 최선의 정신적 혜택으로 남을 것이라 해도 틀린 말이 아닐 터이다.

모든 것 중에서 가장 도달하기 힘들고, 가장 보존하기 힘들며, 가장 고귀한 정신의 지고한 축복인 이 고요함은 예전에는 한 주일의 고된 일이 끝났음을 알리는 시각이 울릴 때마다 나라 전체로 퍼져나갔다. 토요일 저녁이면 고요함과 위안의 시간이 시작되었던 것이다. 오래된 믿음의 쇠퇴와 함께 일요일은 그 제재 효과를 상실할 수밖에 없으며, 우리가 겪고 있는 무수한 상실 중에서 이보다 더 대중의 속화(俗化)에 효과적으로 작용하는 것도 없을 것이다. 일요일을 다른 날과 구별하게 만든 권능이 더 이상 인정받지 못하는 마당에, 어떻게 이날의 정신적 아름다움을 지킬 수 있으리라는 희망을 가질 수 있겠는가? 일주일에 한 번씩 단지 공휴일에 불과한 일요일을 보내야 한다고 상상해보라!

5

나는 일요일에는 평소보다 늦게 아래층으로 내려온다. 옷도 다른 옷으로 갈아입는다. 정신적인 안식의 날에는 일주일 내내 힘들게 일하며 입던 옷은 벗어버리는 게 마땅하기 때문이다. 사실 내게는 평소에도 고된 일거리가 없긴 하지만 그럼에도 일요일은 내게 휴식을 느끼게 한다. 나는 온 세상의 고요함에 동참하며, 내 생각은 다른 어느 날보다 더 철저히 답답한 일상에서 벗어나고자 한다.

내가 살고 있는 이 집이 어떻게 일요일 고유의 정적을 만들어낼 수 있는지 설명하기란 쉽지 않다. 평소에도 소리가 거의 들리지 않는 집이기 때문이다. 그렇더라도 나는 차이점을 알 수 있다. 우리 집 가정부는 그녀만의 일요일 특유의 미소를 지으며 방으로 들어온다. 그녀는 일요일이라서 더 행복해하며, 그녀가 행복해하는 모습은 나를 기쁘게 한다. 그녀는 되도록 평소보다 더 부드러운 목소리로 이야기한다. 그녀의 일요일 복장은 오직 아주 사소하고 깨끗한 집안일만 하면 된다는 것을 내게 일깨워준다. 그녀는 아침저녁으로 교회에 갈 것이고, 그로 인해 더 나은 사람이 될 것임을 나는 안다.

그녀가 없는 동안 나는 평일에는 절대 들어가지 않는 방들을 가끔씩 들여다본다. 그건 단지 이 선한 여인의 주변에서 어김없이 보게 되는 반짝이는 청결함과 완벽한 정리정돈으로 내 눈을 즐겁게 하기 위해서다. 티끌 한 점 없고 향기로운 부엌이 없다면 내 책들을 정돈하고 그림들을 걸어놓는 게 무슨 소용이 있겠는가? 내 삶이 누리는 평온함은 눈에 띄지 않는 삶과 노동을 영위하는 이 여인의 충실한 보살핌 덕분에 가능한 것이다. 그리고 내가 그녀에게 지불하는 봉급은 그녀가 받아야 하는 보상의 최소한일 뿐이라고 확신한다. 그녀는 매우 구식인 여성이라 자신의 의무라고 여기는 일을 이행하는 것이 그 자체로 하나의 목적일 수 있다. 그리고 그녀의 일은 그 자체로 그녀가 느끼는 만족이자 자부심인 것이다.

어린 시절 나는 평소에 아무렇게나 만져서는 안 되는 몇몇 책들을 일요일에 한해 볼 수 있도록 허락을 받았다. 근사한 삽화를 곁들인 책들이나 친근한 작가들의 호화 장정본들 또는 단순히 부피가 크다는 이유로 특별히 다루어져야 할 책들이 그 속에 포함되어 있었다. 다행히도 이 책들은 모두 높은 문학적 평가를 받는 것들이었고, 그 덕분에 내 마음속에는 시와 산문에서 인정받는 위대한 작가들의 이름과 안식일 사이에 어떤 연상 작용이 생겨나게 되었다. 나는 살아오는 동안 내내 이러한 습관을 간직해왔다. 평소에는 참신성이라는 매력을 지닌 신간에 밀리고, 잘 알고 좋아한다는 평계로 제쳐두기 일쑤인 책들과 언제나 한가로운 일요일의 일부를 보내고 싶어 했다. 호메로스와 베르길리우스, 밀턴* 그리

---

* 존 밀턴(1608~1674). 영국의 대시인. 대표작으로 《실낙원》과 《복낙원》이 있다.

고 셰익스피어가 그런 책들이었다. 이 책들 중에서 한두 권이라도 펴보지 않고 보낸 일요일은 얼마 없다. 책을 펴보지 않은 일요일이 얼마 없다고 했나? 아니, 그건 평소 습관대로 과장해서 말한 것이다. 그보다는 많은 안식일에 그런 독서를 위한 마음가짐과 기회를 가질 수 있었다고 하는 게 더 맞을 것이다.

이제 나한테는 그런 마음가짐과 기회를 갖는 것이 조금도 어려운 일이 아니다. 나는 내가 원할 때면 언제라도 호메로스와 셰익스피어를 꺼내볼 수 있다. 하지만 그들을 벗 삼는 특전을 누리기에 가장 적절한 때는 여전히 일요일이라는 생각이 든다. 불멸성이라는 왕관을 쓴 위대한 작가들은 세속적인 근심에 쫓기는 것처럼 서둘러 그들에게 다가가는 사람에게는 응답하지 않기 때문이다. 그들에게는 엄숙한 여가라는 옷과, 평온함과 조화를 이루는 생각이 어울리기 때문이다. 나는 다소 격식을 갖추어 책을 펼친다. '성스럽다'는 말이 어떤 의미가 있다면 바로 이런 게 아닐까? 게다가 책을 읽는 동안 그 어떤 것도 나를 방해할 수 없다. 나의 안식처 주위에서는 홍방울새가 지저귀는 소리와 벌이 윙윙거리는 소리가 들려올 뿐이다. 책장 넘길 때 나는 바스락 소리조차 거의 들리지 않는다.

6

이 세상의 집들 중에서 지붕 아래에서 화난 목소리가 들려오지 않고, 거주자들 사이에 불편한 감정이 전혀 들지 않는 곳이 얼마나 될까? 대부분의 사람들은 경험을 통해, 사람이 사는 곳에는 그런 집이 존재할 수 없다고 단언할 것이다. 하지만 어쨌거나 그런 곳을 한 군데 알고 있는 나로서는 그보다 더 있을 수도 있음을 인정해야겠다. 그럼에도 그것은 무모한 추측이라는 생각이 든다. 나는 또 다른 사례들을 정확히 들 수도 없거니와, 나의 세속적인 삶(나는 그런 삶에서 벗어난 사람으로서 말하고 있는 것이다)을 통틀어 단 하나의 예도 제시할 수 없었을 것이기 때문이다.

사람이 함께 어울려 산다는 것은 그만큼 어려운 법이다. 게다가 일시적으로, 가장 좋은 조건하에서라도, 서로 간에 조금이라도 기분 상하는 일 없이 어울린다는 것은 무척 어려운 일이다. 우연한 접촉 이상의 관계를 맺게 된 두 사람 사이에 이내 드러나게 마련인 직업과 습관의 차이, 서로의 편견에서 비롯된 갈등, 의견의 차이(아마도 같은 말이겠지만) 등을 생각해보라. 그리고 두 사람이 한두 시간 넘게 함께 있으면서 겉으로는 잘 어울리는 것처럼 보이는 순간에도 속으로는 얼마나 힘들게 자신을 억제하고 있을지를 생각해보라.

인간은 동료들과 평화롭게 지내도록 창조되지 않았다. 인간은 천성적으로 자기주장이 강하고, 대체로 공격적이며, 자신에게 낯설어 보이는 어떤 특성에 대해서는 언제나 다소 적대적인 정신으로 비판을 가하게 마련이다. 인간이 깊은 애정을 베풀 수 있다는 사실은 단지 여기저기서 그의 타고난 호전적 성질을 변화시키고, 그것의 표출을 억제할 수 있을 뿐이다. 가장 넓고 순수한 의미에서의 사랑마저도 위험스러운 분노와 인간에게 내재된 감정들에 대한 안전장치가 될 수 없다. 습관이라는 강력한 동맹군이 없다면 사랑이 얼마나 오래 지속될 수 있을까?

만약 우리가 출중한 듣기 능력을 타고나 어떤 도시의 지붕들 아래에서 오가는 이야기들을 아무 때라도 또렷이 들을 수 있다고 가정해보자. 그러면 우리 귀에 들려오는 이야기들의 지배적인 어조는 우울함, 격노, 의견 대립 등이 될 것이다. 더없이 우호적인 몽상가가 아니고서야 누가 그 사실을 의심할 수 있겠는가? 그렇다고 해서 분노라는 감정이 인간의 삶에서 지배적인 동인(動因)으로 작용한다는 말을 하려는 것은 아니다. 우리 문명사회에서 일어나는 일들이 그 반대의 사실을 입증하고 있다. 다만 인간의 타고난 적대감이 너무 자주 표출되기 때문에, 단지 그 이유 때문에 인간 사회는 서로 결속하며, 대체로 평화로운 겉모습을 보여주려 하는 것이다.

얼마나 오래되었는지는 모르지만 수 세기를 거치는 동안 인간은 놀랄 만한 자제력을 습득해왔다. 끔찍한 경험들이 인간에게 타협의 필요성을 받아들이게끔 강요했고, 개개인은 습관에 의해 평온하고 질서 있는 삶을 선호하게 되었다. 그러나 인간은 여전히 본능적으로 싸움을 일삼고 있고, 자신의 계산된 이해관계와 양립할 수 있는 한 마음껏 충동을 발산한다. 그리고 물론 그 한계를 고려하지 않는 경우도 종종 있다. 일반적인 남녀는 언제나 누군가와 공공연한 불화 관계에 있다. 그리고 대부분의 사람들은 살아가는 동안 분쟁을 빈번하게 겪지 않을 수 없다. 당신이 좋아하는 누군가와 은밀하게 이야기를 나누면서, 친구들과 친척들 사이에서 냉담함과 소원함 또는 노골적인 적대 관계를 얼마나 많이 겪어봤는지 그에게 기억나는 대로 솔직히 얘기하게 해보라. 그 수는 상당할 것이다. 또한 그런 관계들에서 비롯되는 일상적인 '오해'는 셀 수 없을 만큼 많을 것이다!

　말다툼은 대체로 교육을 잘 받은 여유로운 계층보다는 가난한 하층민들 사이에서 더 빈번하게 일어난다. 하지만 사회의 하층민들이 그들보다 세련된 소수의 사람들보다 개인적인 교류에서 훨씬 더 많은 어려움을 겪을 거라고는 생각지 않는다. 높은 교양은 자기통제에는 도움이 될지 모르지만 껄끄러운 접촉의 기회를 늘리기도 한다. 누옥에서와 마찬가지로 고대광실에서도, 부부 사이, 부모와 자식 사이, 모든 촌수의 친척들 사이 그리고 고용주와 고용인 사이에서도 삶의 중압감이 끊임없이 느껴진다. 사람들은 서로 논쟁하고, 다투고, 언쟁하고, 감정을 폭발시킨다. 그러면 곤두섰던 신경이 진정되기도 하지만, 그들은 곧 다시 시작할 준비가 되어 있다. 집 밖에서는 다툼이 눈에 덜 띄지만, 우리 주변에서는 여전히 계속되고 있다. 아침마다 배달되는 편지들 중에서 불쾌감과 조급증과 분노의 감정으로 쓴 편지가 차지하는 비율이 얼마나 될 것 같은가? 우편배달부의 가방에서는 모욕적인 말들이 날카롭게 새어 나오고, 억눌린 악의로 가방이 터져나갈 것만 같다. 그런데도 인간의 삶이 공적으로나 사적으로 이만큼의 수준 높은 조직을 이루었다는 것은 정말 놀라운 일이 아닌가? 아니, 기적 중의 기적이라고 할 만하지 않은가?

이런데도 점잖은 이상주의자들은 전쟁이 계속되는 데에 놀라며 분노하다니! 사실 인간의 머리로는 어떻게 그 많은 나라들이 내내 서로 평화롭게 지낼 수 있는지 도저히 이해가 되지 않는다. 왜냐하면 개개인은 아주 운이 좋아서 서로 조화롭게 지낼 수 있다고 해도, 이방의 국민들끼리는 상호적인 이해와 선의로 이루어진 관계를 유지할 가능성이 훨씬 적어 보이기 때문이다. '우호적'이라는 말을 진정으로 서로 좋아한다는 의미로 받아들인다면, 이 세상에서 두 나라가 우호적으로 지내는 경우는 결코 없다고 봐야 할 것이다. 나라 간의 상호 비판에는 언제나 적대적인 감정이 섞여 있게 마련이다. 본래 '호스티스(hostis)*라는 말은 단지 '낯선 사람'을 의미하는 것이다. 게다가 그 낯선 사람이 외국인일 경우 보통 사람에게 반감을 불러일으키지 않는 경우는 특별한 예외일 뿐이다. 그에 더하여, 각 나라마다 국제적 혐오감을 촉발하는 데서 잇속을 챙기며 즐거워하는 수많은 사람들이 있다는 것을 잊지 말자. 그러면 조금이나마 양식이 있는 사람이라면 끊임없이 전쟁이 논의되고 종종 선포되기도 하는 사실이 별로 놀랍게 생각되지 않을 것이다.

과거에는 서로 간의 거리와 통신수단의 희소성으로 인해 많은 왕국들 사이에 평화가 보장될 수 있었다. 그러나 모든 나라가 인접해 있는 지금은 언론인과 정치가의 영원한 테마인 불신과 두려움과 증오에 대해 애써 설명할 필요가 있을까? 이제는 근접성으로 인해 모든 나라가 자연스러운 분쟁 상태로 접어들었다. 그들 사이에 불화의 요인이 많아졌다는 사실이 조금도 놀랄 거리가 안 되는 것이다. 어쩌면 앞으로 한 100년쯤

---

* '이방인, 적, 적대자'라는 의미의 라틴어로 여기에서 영어의 'hostility(적의, 적대감)'가 유래했다.

지나야, 문명국가 국민들의 삶에 유익하게 작용했던 법이 국제 관계에서도 준수되어야 한다는 것과, 여러 나라들이 공동의 선을 위해 보다 폭력적인 충동을 억누르고 무혈적 언쟁을 통해 분노를 가라앉히는 것으로 만족해야 함을 인식하게 될 가능성이 약간이라도 생기지 않을까. 하지만 그러한 결과를 타당하게 추측해보기에는 100년은 너무 짧은 시간이 아닌가 생각된다. 요행스레 신문이 없어지기라도 한다면 모를까……

전쟁에 대해 이야기하다 보면, 이런 유토피아적인 공상에 잠기기도 한다!

7

가끔씩 평론 잡지에 등장하곤 하는, 국제정치와 관련해 미래를 예측하는 기사 하나를 읽었다. 내가 왜 이런 데 소중한 시간을 낭비하는지는 나도 잘 모르겠다. 추측건대 한가로운 순간에 역겨움과 두려움에 일종의 매혹을 느낀 게 아닌가 싶다. 무서우리만치 통찰력 있고 정력적인 이 글의 기고가는 유럽 대전 발발의 확실성을 설명하면서, 그러한 것들이 어떤 특정한 정신 체계를 지닌 사람들에게 느끼게 하는 특유의 만족감으로 그 문제를 바라보고 있다. '끔찍한 재앙'이니 뭐니 하는 것들에 관한 그의 문구들은 아무런 의미가 없다. 글의 전체적인 논지는 그가 의식적으로 전쟁을 야기하는 세력들 중의 하나를 대변하고 있음을 잘 보여준다. 그가 이 일에서 맡고 있는 역할은 무책임한 능변가의 그것이다. 그의 발언에는 '불가피한 것'을 외면하려는 모든 이들을 향한 경멸이 담겨 있다. 무언가를 반복적으로 예고하는 것은 실제로 그 일이 일어나도록 부추기는 흔한 수법이다.

그러나 나는 더 이상 이런 기사는 읽지 않을 생각이다. 그렇게 결심하고 그 결심을 지킬 것이다. 이따위 글을 읽어봤자 아무 득 될 게 없는데, 뭐 때문에 애써 읽으면서 분을 못 이겨 몸을 부르르 떨고, 그로 인해 온 종일 마음의 평화를 망친단 말인가? 다른 나라들이 서로 살육을 일삼는다 한들 그게 나와 무슨 상관이란 말인가? 어리석은 자들끼리 죽고 죽이게 내버려두자! 자기들 마음대로 하게 내버려두자! 평화는 결국 소수만이 희구하는 것이다. 언제나 그래 왔고, 앞으로도 언제나 그럴 것이다. 하지만 '끔찍한 재앙'이니 뭐니 하는 역겹고 위선적인 말은 이제 그만두자. 지도자들과 대중은 그런 견해를 갖고 있지 않다. 저들은 전쟁에서 직접적이고 가시적인 이득을 간파하거나, 저들 안에 내재되어 있는 야만성 때문에 무분별하게 전쟁으로 돌진하는 것이다. 저들끼리 서로 찢고 찢기게 놔두자. 저들이 피바다와 튀어나온 내장들 속에서 허우적거리게 하자. 그러다 저들 역시 구역질을 하게 될지도 모르지 않는가. 저들이 곡물밭과 과수원을 망치고, 집들을 불태우게 내버려두자. 이 모든 것에도 불구하고, 소수의 말없는 사람들은 여전히 고요한 초원에서 자신의 길을 갈 것이고, 꽃들을 굽어보고 석양을 바라볼 것이다. 오직 이들만이 일고의 가치가 있는 사람들이다.

8

　나는 이렇게 더운 날씨에는 때때로 뜨겁게 내리쬐는 햇볕 아래 걷는 것을 좋아한다. 우리 섬나라의 햇살은 결코 견딜 수 없을 만큼 따가운 적이 없다. 한여름에 기승을 떨치는 더위 속에는 우리의 마음을 고양하는 일종의 장려함이 깃들어 있다. 거리에서 더위를 참기는 힘들다. 하지만 그런 거리에서조차도, 그것을 볼 줄 아는 눈을 가진 이들에게는 하늘의 작열하는 빛이 그 자체로는 조악하거나 추한 것들에게까지 아름다움을 나누어주는 듯 보인다.

　8월의 어느 은행 휴일*에 어떤 이유에서인지 런던 거리를 누비고 다녔던 기억이 떠오른다. 그때 나는 뜻하지 않게 나 자신이 대로의 기이한 한적함을 즐기고 있음을 알게 되었다. 거기에 더하여, 속된 풍경과 칙칙

---

* 영국의 빅토리아 시대에는 일을 더 많이 할 수 있도록 휴일을 모두 없앴다. 이에 다시 휴일의 필요성을 느낀 은행이 자체적으로 쉬는 날을 정해 문을 닫으면서 자연스럽게 회사 등도 쉬게 된 휴일을 'bank holiday'라고 한다. 1871년 관련 법률(Bank Holiday Act)이 발효되면서 공식적인 공휴일이 되었다.

한 건축물에도 그때까지 내가 알지 못했던 어떤 아름다운 것이, 어떤 매력이 숨겨져 있음을 느끼면서 놀라워했던 기억이 난다. 여름을 통틀어 단 며칠밖에 보지 못하는 깊고 선명한 그림자들은 그 자체로도 매우 인상적이지만, 인적이 드문 한길에서 그런 그림자들을 만나면 더욱더 깊은 인상을 받게 된다. 평소 낯익은 건물과 첨탑과 기념물의 모습을 마치 난생처음 본 것처럼 유심히 살펴보던 기억도 난다. 그러다 강둑** 어딘가에 자리를 잡고 앉았는데, 쉬기 위해서라기보다는 한가로이 풍경을 바라보기 위해서였다. 나는 전혀 피곤하지 않았고, 여전히 눈부시게 내리쬐는 한낮의 햇볕이 내 혈관 속에 삶의 기운을 가득 불어넣어주는 듯했다.

그때의 느낌을 이제 다시는 알지 못할 것이다. 자연은 내게 위안과 커다란 기쁨을 주지만 더 이상 활력소가 되지는 못한다. 태양은 나를 살아 있게 하지만, 그 옛날처럼 내 존재를 새롭게 해주지는 못한다. 이제 나는 깊이 생각하지 않고 즐기는 법을 기꺼이 배우려 한다.

황금 같은 시간의 산책은 나를 커다란 마로니에로 이끌고, 나무의 뿌리는 무성한 잎이 만드는 그늘 아래 편안한 자리를 제공해준다. 그 휴식처에서는 너른 경관을 보기는 힘들지만, 곡물밭 가장자리에 있는, 양귀비와 들갓으로 뒤덮인 황무지의 한구석이 눈앞에 보이는 것만으로도 충분하다. 눈부신 붉은색과 노란색이 작열하는 한낮의 태양과 조화를 이루고 있다. 근처에는 덩굴식물의 크고 하얀 꽃들로 뒤덮인 산울타리도 있다. 이 모든 것들을 바라보는 내 눈은 쉬이 피로를 느끼지 않는다.

나는 레스트해로라는 이름의 작은 식물을 아주 좋아한다. 그 꽃은 신기하게도 뜨거운 햇볕이 내리쬘 때마다 몹시 기분 좋은 향기를 내뿜는

** 템스 강 강둑을 가리킨다.

다. 나는 이 특별한 즐거움이 어디에서 비롯된 것인지 알고 있다. 레스트 해로는 가끔씩 바닷가 위쪽의 모래가 많은 땅에서 자라기도 한다. 어렸을 적에 나는 햇볕이 쨍쨍 내리쬐는 날 종종 그런 풀밭에 누워 있곤 했다. 그리고 어쩌다 조그만 분홍색 꽃이 얼굴을 스치면 꽃향기가 코끝을 간질이는 것을 느낄 수 있었다. 지금은 그 냄새만 맡아도 그 시절이 생각난다. 북쪽으로 세인트비스헤드까지 뻗어 있던 컴벌랜드의 해변이 눈에 선하다. 수평선에는 맨 섬의 모습이 희미하게 보인다. 내륙으로는, 당시 내겐 미지의 경이로움을 간직한 지역을 수호하는 것으로 여겨졌던 산들이 보인다. 아, 이 얼마나 오래된 이야기인가!

9

요즘 나는 예전보다 책을 훨씬 덜 읽는다. 그 대신 생각을 더 많이 한다. 하지만 더 이상 삶의 방향을 제시해줄 수 없는 생각이 무슨 소용이 있겠는가? 차라리 책을 읽고 또 읽어서 다른 사람들의 정신 활동 속에 자신의 무익한 자아를 매몰해버리는 게 낫지 않을까.

올여름 나는 새 책을 한 권도 읽지 않았고, 수년간 펼쳐보지도 않았던 몇몇 오래된 책들과 다시 만나는 시간을 가졌다. 그중 한두 권은 나이 든 사람은 거의 읽지 않는 책이었다. 습관적으로 '읽은 것으로 간주하는' 책들, 그것에 대해 이야기할 수 있을 만큼 충분히 안다고 생각하면서 한 번도 펼쳐볼 생각을 하지 않는 책들.

그렇게 해서 어느 날 《아나바시스》*를 집어 들게 되었다. 학교에서 교재로 사용하던 조그만 옥스퍼드판이었는데, 책의 내지에는 소년티 나는

---

* 크세노폰(B.C. 431~B.C. 350?)이 B.C. 401년에 그리스 군대를 이끌고 페르시아에 종군했다가 퇴각한 이야기를 기록한 종군기.

자필 서명이 있고, 얼룩, 밑줄 그리고 여백의 낙서까지 모두 그대로 남아 있었다. 부끄럽게도 나는 이 책을 다른 판으로는 갖고 있지 않다. 하지만 이 책만큼은 호화 장정본으로 소장하고 싶다. 나는 책을 펼쳐 읽기 시작했다. 그러자 내 안에서 소년 시절의 환영이 꿈틀거렸고, 한 장(章)씩 읽다 보니 며칠 만에 다 읽고 말았다.

여름철에 이 책을 다시 읽게 되어 기쁘다. 나는 어린 시절과 여름철을 관련짓기를 좋아한다. 그러기 위해서는 이처럼 교재로나마 내게 커다란 기쁨을 주었던 책을 다시 펼쳐 드는 것보다 더 좋은 방법은 없을 것이다.

기억이 부리는 어떤 장난 때문이겠지만, 나는 학창 시절의 고전에 관한 공부를 무덥고 화창한 날들의 느낌과 연관시키는 습관이 있다. 비가 오고 음울하고 쌀쌀했던 날씨가 훨씬 더 잦았겠지만 그런 날들은 잘 생각나지 않는다. 오래된 리델 스코트판 사전*은 지금도 여전히 유용하다. 사전을 펼치고 책장의 '향기'를 맡을 수 있을 정도로 바짝 얼굴을 숙이면, 나는 새 사전을 사서 처음으로 사용하던 소년 시절의 그날로 되돌아가게 된다. 사전의 내지에는 이미 오래전에 사라져버린 소년이 써 넣은 날짜가 보인다. 어느 여름날이었다. 그날도 불안과 기쁨이 뒤섞인 소년다운 떨림으로 살펴보던 생소한 책장 위로 부드러운 햇살이 쏟아졌을 것이고, 그때의 기억은 내 마음속에 영원히 남게 되었다.

그러나 지금 나는《아나바시스》를 생각하고 있다. 이 작품이 그리스어로 쓰인 유일한 것이라 해도, 이것을 읽기 위해 그리스어를 배울 충분한 가치가 있을 것이다.《아나바시스》는 간결하고 속도감 있는 서사에 색채와 회화성이 더해진 특별하고도 놀라운 예술 작품이다. 헤로도토스는 산

---

* 권위 있는 그리스어-영어 사전.

문으로 된 서사시를 썼는데, 그 속에서는 언제나 저자의 개성을 뚜렷이 느낄 수 있다. 크세노폰에게도 헤로도토스와 같은 종족임을 말해주는 모험에 대한 호기심과 사랑이 있지만, 그는 새로운 예술적 가치를 추구하는 데 몰입한 나머지 한 편의 역사소설을 창조해냈다. 이 조그만 책이 이야기하는 세상은 얼마나 경이로운지! 모든 것이 야망과 갈등과 낯선 땅들의 신기한 일들로 빛나고, 위험과 구원으로 가득하며, 이야기 속의 산과 바다의 공기가 싱그러움을 느끼게 한다.

잠시 카이사르**의 《갈리아 전기》를 옆에 두고 《아나바시스》에 대해 생각해보자. 비교할 수 없는 것들을 비교하기 위해서가 아니라, 크세노폰의 탁월한 언어 구사력을 통해 빛나는 완벽한 예술성을 감상하기 위해서다. 그의 문체가 지닌 간결성은 로마 작가의 유사한 특성에서 비롯된 것과는 다른 효과를 이끌어내고 있다. 카이사르의 간명함은 힘과 자만심에서 나오는 것이지만, 크세노폰의 간명함은 생생한 상상력에서 나오는 것이다. 따로 떼어놓고 본 《아나바시스》의 많은 구절들은 깊은 감동을 자아내는 한 폭의 그림을 보여주고 있다. 그 좋은 예가 제4권에 나온다. 뛰어난 서술 방식을 사용한 흥미진진한 대목에서는, 그리스인들이 위험한 지역을 통과하도록 자신들을 안내해준 사람에게 어떻게 사례를 하고 그를 보내주는지에 대한 이야기가 나온다. 남자는 목숨이 위태로울 수도 있는 상황에 처해 있었다. 그는 군인들이 감사의 표시로 그에게 준 귀중한 것들을 잔뜩 든 채 적진을 다시 통과하기 위해 뒤로 되돌아갔다. "밤이 되자 그는 우리에게 작별 인사를 하고 어둠을 틈타 자신의 길을 갔다." 이 얼마나 놀라운 연상(聯想)의 힘을 지닌 어구인가. 해가 막 떨어진

** 율리우스 카이사르(B.C. 100~B.C. 44). 로마의 군인, 정치가.

거친 동방의 풍경이 눈에 보이는 듯하다. 오랜 행군 중에 잠시 안전해진 그리스인들이 있고, 그들에게 도움을 준 이방인인 산사람이 탐나는 사례물을 가지고 위험한 야음(夜陰) 속으로 홀로 사라져가는 것이다.

마찬가지로 제4권에는 또 다른 그림 같은 장면이 또 다른 방식으로 우리를 감동시킨다. 쿠르디스탄 구릉 지역에서 두 남자가 붙잡혔고, 그리스인들은 그들에게 어느 길로 가야 하는지를 물었다. "그중 한 사람은 아무 말도 하려 하지 않았고, 갖은 협박에도 침묵으로 일관했다. 그는 결국 동료가 보는 앞에서 살해되었다. 그러자 다른 한 사람은 죽은 동료가 길을 가리키기를 거부한 이유를 밝혔다. 그리스인이 가고자 하는 방향에는 결혼한 그의 딸이 살고 있었던 것이다."

이 몇 마디의 말에 포함된 것보다 강렬한 페이소스를 전달하기란 쉽지 않을 것이다. 크세노폰은 그 일에 대해 우리하고 똑같이 느끼지 않았을 수도 있다. 하지만 그는 사건을 그 자체로 기록해 보존했고, 이 한두 줄의 글 속에는 어느 시대에나 중요한 의미를 띠는 인간애와 희생정신을 보여주는 무언가가 그 빛을 발하고 있는 것이다.

10

때때로 1년 중 햇빛이 좋은 반 정도는 영국제도를 이리저리 돌아다니며 시간을 보내고 싶다는 생각이 들곤 한다. 아직 보지 못한 아름답고 흥미로운 곳들이 너무 많아서 사랑하는 모국의 어느 곳이건 찾아가보지 못한 채 눈을 감기 싫다. 나는 종종 내가 알던 모든 곳들을 상상 속에서 헤매곤 하는데, 머릿속에 아무런 이미지도 떠올리지 못하는 낯익은 지명을 접할 때면 그곳을 알고 싶은 욕구로 조바심치곤 한다. 그동안 사 모은 군별(郡別) 안내서들(나는 서점에서 그것들을 보면 사지 않고는 못 배긴다)은 내게 방랑을 부추긴다. 그중에서 유일하게 지루한 부분은 공업지대에 관한 것이다. 하지만 나는 결코 그러한 순례 여행을 떠나지는 못할 것이다. 나는 너무 늙었고, 일상적인 습관에 너무 얽매여 있다. 또한 기차를 타는 것도 싫어하고, 호텔에서 자는 것도 싫어한다. 그리고 분명 내 서재와 내 정원과 내 창문으로 내다보이는 풍경을 그리워하게 될 것이다. 게다가 나는 내 집이 아닌 다른 곳에서 죽는 데 대한 두려움마저 느끼고 있다.

우리의 마음을 단박에 사로잡았었거나, 돌이켜볼 때 우리를 매료했던 것으로 여겨지는 장소들은 단지 상상으로만 다시 찾아가보는 게 대체로 더 낫다. 나는 방금 "매료했던 것으로 여겨지는"이라고 말했다. 어느 정도 시간이 흐른 뒤 우리가 한때 머물렀던 곳들에 대해 떠올리는 것은 종종 당시 우리가 받았던 인상과는 희미하게 닮은 기억일 뿐이기 때문이다. 실제로는 별로 특별할 게 없는 즐거움이었거나, 내적이나 외적인 상황으로 인해 크게 방해받았던 즐거움이었던 것이 한참 시간이 지난 뒤 짜릿한 기쁨이나 깊고 고요한 행복으로 비치는 것이다. 다른 한편으로는, 기억이 환상을 만들어내지 않고 어떤 지명이 인생의 황금기에 속한 어느 순간을 연상시킨다고 하더라도, 그곳을 다시 찾아가 지나가버린 시절의 체험을 되풀이할 수 있으리라고 기대하는 것은 성급한 생각일 터이다. 당시 느꼈던 환희와 평온함은 단지 우리가 바라본 경치에서 비롯된 것만은 아니기 때문이다. 아무리 그곳이 아름다웠고 아무리 그때의 하늘이 우아했다고 해도, 당시 그 사람의 본질을 이루고 있던 정신과 마음과 혈기가 함께 작용하지 않았더라면 아무런 감흥을 느끼지 못했을 것이다.

오늘 오후에는 책을 읽던 중에 생각이 옆길로 새더니 어느새 서퍽에 있는 한 언덕을 떠올리고 있었다. 20여 년 전 한여름의 어느 날, 오랜 산책 끝에 그곳에서 쉬면서 선잠이 든 적이 있다. 강렬한 그리움이 몰려왔고, 당장이라도 집을 나서서 높다란 느릅나무 아래로 달려가고 싶다는 충동이 일었다. 그곳에서 파이프 담배를 맛있게 피우고 있노라면 한낮의 눈부신 햇살 아래 톡, 톡, 톡, 금작화 꼬투리가 터지는 소리가 사방에서 들려오곤 했다.

내가 만약 충동적으로 그곳으로 달려갔더라면, 내 기억이 그토록 소중하게 간직하고 있던 것과 같은 순간을 또다시 즐길 수 있는 가능성이 얼마나 되었을까? 아니, 그럴 가능성은 없었을 것이다. 내가 기억하는 것은 그 '장소'가 아니니까. 나는 내 삶의 어느 특정한 시기와, 그 순간과 적절하게 어우러졌던 상황과 분위기를 기억하고 있을 뿐이다. 다시 그 언덕을 찾아가 그때처럼 빛나는 하늘 아래에서 파이프 담배를 피운다면, 예전과 똑같은 맛을 느끼거나 그때처럼 위안받을 수 있으리라고 기대할 수 있을까? 내가 깔고 앉는 잔디는 예전처럼 푹신할까? 높다란 느릅나무 가지들은 그 위로 내리쬐는 한낮의 햇볕을 그때처럼 기분 좋게 식혀줄 수 있을까? 그리고 휴식의 시간이 끝났을 때, 난 예전처럼 벌떡 일어나 내 힘을 발휘할 수 있기를 열망하게 될까? 아니, 결코 그렇지 못할 것이다. 내가 기억하는 것은, 우연히 서픽의 그러한 풍경과 연결된 나의 예전 삶의 한순간일 뿐이다. 이제 그곳은 어디에도 없다. 그곳은 오직 나를 위해서만 존재했던 곳이다. 우리 주위의 세상을 창조하는 것은 우리의 마음이기 때문이다. 따라서 우리가 같은 초원에 나란히 서 있다고 해도, 내 눈은 당신이 보는 것을 결코 보지 못할 것이며, 내 마음은 당신이 느끼는 감동을 결코 느끼지 못할 것이다.

11

새벽 4시가 조금 지나 잠에서 깼다. 블라인드에 햇빛이 비치고 있었다. 언제나 내게 단테의 천사들을 떠올리게 하는 첫 햇살의 순수한 황금빛이었다. 나는 여느 때와는 달리 꿈도 꾸지 않고 잘 잤고, 온몸으로 안식의 축복을 느낄 수 있었다. 머리는 맑았고, 맥박도 규칙적으로 잘 뛰었다. 그렇게 몇 분간 누운 채로 베개 가까이 있는 책꽂이에서 무슨 책을 뽑을까 궁리하던 중에 느닷없이 자리에서 일어나 이른 아침의 거리로 나서고 싶다는 욕구가 솟구쳤다. 나는 즉각 자리를 박차고 일어났다. 블라인드를 걷고 창문을 여니 나가고 싶은 열망이 더 커졌다. 나는 이내 정원으로 나갔고, 내친김에 거리로 나서서 어디로 갈지 신경 쓰지 않고 가벼운 마음으로 걸어 다녔다.

이렇게 여름철 해 뜰 무렵 밖으로 나선 게 대체 얼마 만인가? 이것은 웬만큼 건강한 사람이면 누구나 누릴 수 있는 육체적이고 정신적인 커다란 기쁨 중 하나다. 하지만 이런 일이 가능하게끔 분위기와 상황이 함께 받쳐주는 것은 1년에 한 번 있을까 말까 한 일이다. 생각해보면, 날이

훤히 밝은 후 몇 시간이 지나도록 침대에 누워 있는 버릇은 참으로 이상한 일이고 아주 나쁜 버릇이다. 이는 더 건강했던 과거의 삶에 현대적 체제가 가져다준 더없이 어리석은 변화 중 하나인 셈이다. 내 체력이 그러한 대혁신을 감당할 수만 있다면, 나는 해가 질 때 잠자리에 들어 아침첫 햇살이 비치는 것과 동시에 일어나고 싶다. 십중팔구 이런 습관은 나의 건강을 크게 개선해줄 것이고, 더불어 삶의 기쁨 또한 한층 커지게 할것이다.

나는 여행을 할 때면 때로 일출을 지켜보곤 했는데, 그럴 때마다 자연의 다른 모습들이 내게 불러일으키는 감흥과는 전혀 다른 환희를 느낄수 있었다. 지중해에서 맞았던 새벽의 광경이 떠오른다. 시시각각으로 색조가 변하는 부드러운 빛 속에서 점차 또렷하게 보이는 섬들이 찬란한 바다 위로 둥실 떠오르는 듯했다. 그리고 산에서는, 높이 솟은 봉우리가 잠시 차가운 창백함을 띠었다가, 장밋빛 손가락을 가진 여신의 손길이 닿자 이내 부드럽게 불타올랐다. 이런 것들을 나는 다시는 경험할 수 없을 것이다. 한편으로는 그러한 광경들이 내 기억 속에 아직도 생생하게 남아 있어서, 더욱 새로운 경험을 시도하다가 그 기억들을 흐려지게 할까 봐 두렵다. 게다가 이제는 내 감각도 많이 무뎌져서 예전과 같은 느낌을 내게 전해주지 못한다.

다른 친구들이 아직 잠들어 있을 때 슬그머니 일어나 기숙사를 빠져나오면서 즐거워했던 학창 시절이 참으로 까마득히 멀게만 느껴진다. 그시절 내 목적은 더없이 순수했다. 나는 오직 공부를 하기 위해 일찍 일어났던 것이다. 새벽의 이른 햇살이 비추던 기다란 교실이 지금도 눈에 선하다. 지금도 나는 책과 슬레이트 칠판, 벽에 붙인 지도와 그 밖의 다른 것들이 한데 어우러진 교실의 냄새를 코끝에서 느낄 수 있다. 하루 중 새벽 5시에는 즐겁게 수학에 열중할 수 있었지만 다른 시간에는 수학이라는 과목이 혐오스럽기만 했으니, 당시 나의 정신 구조는 참으로 특이했던 것 같다. 평소 나를 겁먹게 했던 교과서의 어느 부분을 펴놓고 나는 이렇게 중얼거리곤 했다. "어디 한번 해보자고. 오늘 아침엔 이걸 반드시 풀고 말 거야! 다른 애들은 다 아는데 나라고 그러지 말란 법이 어디 있어?" 그리고 나는 어느 정도는 성공했다. 어느 정도까지만 말이다. 아무리 노력해도 내 능력에는 한계가 있어서 거기에 이르면 어김없이 좌절을 맛보아야만 했다.

다락방에서 지내던 시절에는 아침 일찍 일어나는 일이 드물었다. 어떤 특별한 이유로 새벽 5시 반에 규칙적으로 일어나야 했던 1년, 아니 거의 1년의 예외를 제외하고는. 당시 나는 런던 대학의 입학시험을 준비하는 사람에게 '과외지도'를 하고 있었다. 그는 사업을 하고 있어서 그가 공부에 할애할 수 있는 편리한 시간은 아침 식사 전뿐이었다. 그때 나는 햄스테드 로(路) 부근에서 하숙을 하고 있었고, 내 학생은 나이츠브리지에 살고 있었다. 나는 매일 아침 6시 반에 그를 만나기로 되어 있었고, 그의 집까지는 빠른 걸음으로 한 시간 정도가 걸렸다. 그 당시 나는 그런 이른 약속을 전혀 가혹한 것으로 받아들이지 않았다. 오히려 얼마 안 되는 보수나마 받아 그걸로 하루 종일 굶주릴 걱정 없이 글을 쓸 수 있다는 사실에 기뻐했다. 그런데 그 일과 관련해 한 가지 문제가 있긴 했다. 나는 시계가 없었기 때문에, 시간을 알 수 있는 유일한 방법은 이웃의 시계가 치는 소리를 듣고 시간을 짐작하는 것뿐이었다. 나는 대체로 내가 일어나야 할 시간에 정확히 일어났다. 시계가 5시를 치면 침대에서 벌떡 일어나곤 했다. 하지만 아침이 점점 더 어두워지는 시기에는 그런 정확한 습관을 지키기 힘들 때도 있었다. 한 시간을 매 15분이나 매 30분으로 나누어 치는 시계 소리만으로는 내가 너무 일찍 일어났는지 또는 늦잠을 잤는지를 가늠하기 힘들었기 때문이다. 시간을 못 지키는 것에 대한 두려움에 늘 사로잡혀 있던 터라 나는 누워서 마냥 기다릴 수만은 없었다. 그래서 옷을 입고 거리로 나가 재주껏 몇 시인지를 알아낸 적이 여러 번 있었다. 지금도 생생하게 기억하는데, 한번은 안개비가 내리던 날 새벽 2시와 3시 사이에 그랬던 적도 있다.

때로는 나이츠브리지의 집에 도착해서야 학생이 너무 피곤해서 일어날 수 없다는 통보를 받는 경우도 있었다. 그런 것은 내겐 아무런 문제가 되지 않았다. 그런다고 보수가 깎이는 것은 아니었기 때문이다. 나는 두 시간 동안 걸었고, 그로 인해 더 기분이 좋아졌다. 과외수업을 했건 하지 않았건 아침 식탁에 앉을 때의 식욕 또한 얼마나 좋았던지! 아침이라야 버터 바른 빵과 커피―커피 맛은 또 얼마나 좋았던지!―가 전부였지만, 나는 공사장 인부처럼 맛있게 먹었다. 난 아주 기분이 좋았다. 집으로 오는 길에는 내내 그날 할 일을 생각했고, 빠른 걸음과 건전한 배고픔으로 인해 맑아지고 활기를 띤 아침 두뇌는 최고조로 작동했다. 마지막 빵 한 조각을 삼키고 나면 나는 책상에 앉았다. 그랬다, 그때부터 간단히 요기하는 시간을 제외하고는 하루에 일고여덟 시간을 기쁨과 열정과 희망을 가지고, 온 런던에서 나처럼 일한 사람이 얼마 없을 만큼 그렇게 글을 써나갔던 것이다…….

그랬다, 정말 좋은 시절이었다. 하지만 그런 시간은 오래가지 않았다. 그때를 전후해서는 온갖 근심과 고통과 인고의 나날이 이어졌다. 나는 나이츠브리지의 그에게 언제나 감사한다. 그는 내게 1년간의 건강과 더 없는 마음의 평온을 선사해주었던 것이다.

12

어제는 온종일 아무런 계획 없이 걸어 다녔다. 단지 여러 시간 동안 한참을 돌아다니기만 했는데도 더할 나위 없이 즐거웠다. 산책은 톱샴에서 끝났다. 나는 그곳의 조그만 묘역에 앉아 너른 강어귀로 저녁 조수가 밀려드는 것을 지켜보았다. 나는 톱샴을 아주 좋아한다. 바다라고 할 수는 없지만 강보다는 큰 것을 굽어보는 그 묘역은 내가 아는 한 더없이 편안한 휴식처 중 하나다. 물론 오래전에 톱샴의 선원들에 대해 이야기한 초서*와의 연관성이 내 기분을 고조한 것도 사실이다. 나는 매우 피곤한 상태로 집에 돌아왔다. 하지만 아직 이만큼이라도 기운이 남아 있음에 감사해야 할 것이다.

'내 집'을 갖는다는 것은 형언할 수 없는 축복이다! 30년 동안이나 상상 속에서 그러한 축복을 꿈꾸어왔지만, 영원히 '내 집'에서 살 수 있음

---

* 제프리 초서(1343~1400). 대작 《캔터베리 이야기》를 남긴 영국 중세의 시인. 근대 영시의 창시자로 알려져 있다.

을 보장받는다는 사실에 얼마나 깊고 감미로운 즐거움이 포함되어 있는 지는 결코 알지 못했다. 나는 다음과 같은 생각을 끊임없이 하고 또 한 다. 죽음만이 내 집에서 나를 쫓아낼 수 있을 것이다. 그리고 나는 **죽음** 을 친구로 여기는 법을 기꺼이 배워나갈 것이다. 죽음은 지금 내가 누리 고 있는 평온함을 더욱더 견고하게 해줄 것이기 때문이다.

자기 집에서 살게 되면, 주변의 모든 것에 대한 애정도 날로 커지는 법 이다. 나는 데번의 이 모퉁이를 언제나 애정 어린 마음으로 생각해왔다. 그러나 어디 요즘 내 안에서 날로 커져가는 애정에 비하겠는가! 우리 집 에서부터 생각해보면, 나무토막 하나 돌멩이 하나도 내게는 모두 심장의 피처럼 소중하게 생각된다. 정원으로 통하는 문으로 가기 위해 문기둥을 지나가다 보면 나도 모르게 그것을 애정 어린 손길로 쓰다듬게 된다. 정 원에 있는 나무와 관목은 모두가 나의 다정한 친구들이다. 나는 필요할 때는 그것들을 만지기도 하지만 그럴 때도 아주 조심스럽게 만진다. 부 주의하거나 거친 손길로 그것들을 아프게 하거나 다치게 할까 봐 두려 워서다. 산책로에 나 있는 잡초를 뽑게 되면 그것을 버리기 전에 잠시 일 말의 슬픔이 깃든 눈길로 바라본다. 그 잡초 역시 우리 집에 속하는 것이 기 때문이다.

이번에는 주위의 시골에 대해 생각해보자. 이곳 마을들의 이름이 내 귀에 어찌나 정겹게 들리는지! 문득 언제부턴가 내가 〈엑서터〉 신문에 실린 모든 지방 소식을 흥미롭게 읽고 있음을 깨달았다. 이곳의 사람들 에게 관심이 있어서가 아니다. 기껏해야 한두 사람을 제외하고는 이곳 사람들은 내겐 아무 의미도 없다. 나로서는 사람들을 모르고 지내는 게 더 좋다. 하지만 주변의 모든 곳은 점점 더 소중하게 느껴진다.

나는 헤비트리나 브램퍼드스피크나 뉴턴세인트사이어스에서 일어나는 일은 뭐든지 알고 싶다. 나는 우리 집 주위로 몇 마일에 걸쳐 나 있는 크고 작은 길이나, 말이 다니는 길과 걸어 다닐 수 있는 길을 빠짐없이 알고 있는 나 자신을 자랑스럽게 여기게 되었다. 주변 농장과 들판의 이름도 알고 싶다. 이런 생각들을 하는 것은 여기가 오래도록 내가 살 곳이요, 내가 내 집에서 살고 있기 때문이 아닐까.

내 눈에는 우리 집 위로 지나가는 구름까지도 다른 곳의 구름보다 더 흥미롭고 아름다워 보인다.

이런 내가 한때 사회주의자나 공산주의자 같은 혁명적인 부류로 자처한 적이 있었다니! 물론 오래 그러지는 않았다. 그리고 내 입술이 그런 것들을 말할 때마다 내 안의 무언가가 비웃고 있지 않았나 싶다. 따지고 보면, 나만큼 재산에 집착하는 사람은 세상에 없을 것이다. 또한 나처럼 머리부터 발끝까지 철저한 개인주의자도 세상에 없을 것이다.

13

이 무더운 한여름에도 자신의 자유로운 선택에 의해 도시에서 낮과 밤을 보내거나, 서로의 응접실로 몰려다니며 수다를 떠는 사람들, 레스토랑에서 공개 파티를 여는 이들, 극장의 휘황찬란한 불빛 아래에서 땀을 흘리는 사람들이 있다는 생각을 하면 야릇한 느낌이 든다. 그들은 그것이 바로 삶이며, 그것이 바로 삶을 향유하는 것이라고 말한다. 그들에게는 당연히 그럴 것이다. 그들은 그런 삶을 살게끔 되어 있는 사람들이니까. 그들이 자신들의 운명대로 사는 것에 놀라움을 표현한다면 그건 나의 어리석음을 드러내는 게 아니겠는가.

그러나 멋진 모자에 근사한 옷을 차려입은 그런 사람들과는 다시는 어울리지 않겠노라고 스스로에게 거듭 다짐하면서 얼마나 마음속으로 깊은 감사를 드렸던가! 다행히도 나는 그런 사람들을 많이 만날 일이 없었다. 필요하다고 생각되는 일 때문에 그들이 사는 음울한 동네에 갔던 적이 몇 번 있긴 했다. 그때를 생각하면 지금도 역겨움 때문에 머릿속에서 윙윙거리는 소리가 나고, 팔다리에 힘이 빠져 다리가 후들거리는 것 같다. 모든 일이 끝나고 다시 거리로 나섰을 때의 안도감이란! 그럴 때 나에게는 가난이 소중하게 느껴졌다. 그 순간만큼은 가난이 나를 자유롭게 해주는 것 같았기 때문이다. 책상에 앉아서 하는 노역도 소중하게 느껴졌다. 다른 사람들이 하는 일과 비교해볼 때 글쓰기는 내게 자부심을 느끼게 해주었기 때문이다.

진정한 친구가 아닌 사람과 악수를 하는 일은 다시는 없을 것이다. 나와 친분이 없는 사람을 만나러 가는 일도 결코 없을 것이다. 모든 사람이 내 형제라고? 천만에, 그들이 내 형제가 아니라서 얼마나 다행인가! 나는 될 수 있으면 그 누구에게도 해를 끼치는 일은 하지 않을 것이며, 모두에게 행운을 기원할 것이다. 하지만 순리를 거스르면서까지 개인적인 친절을 베푸는 일은 없을 것이다. 나는 마음속으로는 피하고 싶거나 경멸했던 사람들에게 억지웃음을 지어 보이거나 마음에 없는 말들을 한 적도 많다. 내가 그리한 것은 다르게 행동할 용기가 없었기 때문이다. 자신의 이런 약점을 잘 알고 있는 사람이 할 수 있는 최선은 세상과 멀리 떨어져 살아가는 것일 터이다.

용감한 새뮤얼 존슨! 그처럼 진실을 말할 줄 아는 사람은 인류를 인간답게 만들기 위해 노력해온 모든 도덕주의자나 설교자만큼 가치가 있는 존재다. 그가 만약 고독 속에서 은거했더라면, 그것은 국가적으로 커다란 손실을 초래했을 것이다. 그의 직설적이고 당당한 말들 모두가 용기 없는 선인(善人)의 입에서 나오는 어떤 복음의 말보다 더 큰 가치가 있다. 아무리 옷을 잘 차려입었다고 해도 속인(俗人)들은 속인으로 취급되게 마련이다. 번드르르한 차림의 어리석은 자나 상스러운 자가 그에게 걸맞은 이름으로 불리는 일은 극히 드물다. 그런 이름으로 그를 부를 수 있는 자격을 갖춘 사람도 마찬가지로 극히 드물다. 서로에게 욕설을 주고받는 것은 우리에게 아무런 득이 되지 않는다. 누군가를 비난하면서 "너도 그래(tu quoque)"라는 말을 듣는다면 그런 비난은 아무런 쓸모가 없을 것이다. 하지만 지금의 세상에서는 정직하고 현명한 이는 독설을 서슴지 말아야 할 것이다. 그로 하여금 마음껏 이야기하게 하자!

14

영국의 기후에 대해 혹평하는 것은 바보 같은 짓이다. 건강한 사람들에게 이보다 더 좋은 기후는 없다. 기후는 언제나 건강한 보통의 토박이를 기준으로 평가되어야 한다. 병약한 이들은 하늘의 자연스러운 변화에 대해 불평할 권리가 없다. 자연은 그들을 염두에 두지 않는다. 그들이 할 수만 있다면 자신들의 예외적인 건강 상태에 알맞은 예외적인 기후 조건을 찾아감으로써, 남아 있는 수백만 명의 건강하고 활기찬 남녀들로 하여금 계절의 변화를 받아들이고 차례로 그 득을 보게 하자.

우리 섬나라의 날씨는 다른 나라의 날씨에 비해서도 전혀 손색이 없다. 극단적이지 않고 대체로 온화하며, 최악의 경우에 때로 변덕을 부리더라도 우리의 기대를 저버리는 법이 없다. 영국인만큼 사시사철 변함없이 좋은 날씨를 즐기는 국민이 또 있을까? 영국인들이 끊임없이 날씨 이야기를 하는 것은, 그들이 날씨가 제공하는 것의 대부분을 마음껏 즐기고 있음을 말해준다. 푸른 하늘을 지속적으로 볼 수 있는 곳에서나 기후 조건이 명백히 나쁜 곳에서는 날씨 얘기를 우리처럼 많이 하지 않는다.

따라서 우리 영국에는 날씨가 나쁜 날이 적지 않고, 동풍이 우리를 괴롭게 하고, 안개 때문에 뼈마디가 쑤시고, 태양이 찬란한 빛을 너무 자주 너무 오래 감춘다는 것을 인정한다고 하더라도, 이 모든 것의 결과는 좋아서, 더없이 변화무쌍한 날씨 가운데서도 우리에게 활기를 불어넣어주고 야외 생활에 대한 우리의 욕구를 북돋아주고 있음이 분명하다.

나는 물론 병약한 사람에 속하므로 날씨를 두고 불평을 하다가는 동정심이나 불러일으키기 십상이다. 올해는 이곳 데번마저 7월에도 구름이 끼고 바람이 불며 전혀 유쾌하지 않은 날씨가 이어졌다. 나는 조바심을 치고 몸을 떨면서 남쪽 지방의 하늘은 이렇지 않을 거라며 중얼거렸다. 하지만 그건 당찮은 얘기다! 내가 내 또래의 평균적인 사람이었다면, 찌푸린 하늘 따위는 조금도 개의치 않고, 햇빛의 부재를 보상해줄 다른 많은 것들을 찾아 홀든을 활보하고 다녔을 것이다. 인내를 가지고 기다릴 수는 없는 것일까? 나는 잘 알고 있지 않는가? 어느 날 아침, 꽃망울이 터지듯 동녘 하늘이 따사롭고 눈부시게 활짝 열리리라는 것을. 그리하여 깊고 푸른 하늘이, 화창한 날씨를 갈망하던 내 몸에 길어진 실망만큼 더욱더 크게 느껴지는 위안을 선사해주리라는 것을.

15

그동안 나는 해변에 가 있었다. 물론 즐거운 시간을 보내긴 했지만, 노쇠한 늙은이처럼 어쩌나 비실거렸는지! 바닷가의 강풍을 포도주처럼 들이마시고, 젖은 모래사장을 따라 신나게 달리고, 미끄러운 해초로 뒤덮인 바위 사이를 맨발로 뛰어넘고, 부풀어 오른 파도를 가슴으로 가르려다가 반짝이는 물보라 속에 파묻히면 좋아라고 소리치던 그때 그 시절의 나는 어디 갔을까?

해변에서 뛰놀던 내게 나쁜 날씨라는 건 없었다. 오직 열띤 기분과 혈기왕성함으로 가득한 채 기분 전환에만 몰두할 뿐이었다. 하지만 지금은 바람이 지나치게 거세거나 비가 세차게 내리기라도 하면 나는 몸을 피할 곳을 찾아 외투를 두르고 앉아 있어야만 한다. 그 사실은 이제 나는 추억 속에서나 여행하면서 집에서 지내는 게 최선이라는 것을 상기시켜 줄 뿐이다.

웨이머스에서 나는 모처럼 실컷 웃은 적이 있다. 이렇게 웃는 것은 중년이 지난 사람에게는 드물게 일어나는 좋은 일 중의 하나다. 해안을 오가는 증기선에 대한 광고문이 붙어 있었는데, 그 배에는 "충분한 화장실과 여성 전용 휴게실이 완비되어 있으니" 많이 이용해달라는 내용이었다. 이런 광고를 보고 빙그레 미소 짓지 않을 사람이 어디 있겠는가!

16

　지난 10년간 나는 영국 여러 지역의 주막*에 묵은 적이 많았는데, 그 수준이 어찌나 형편없는지 기가 막힐 정도다. 그나마 조금 편안했다고 생각되는 주막(호텔이라고 해도 좋겠다)은 겨우 한두 곳에 불과했다. 대부분의 경우 침대마저도 불만족스럽다. 쓸데없이 침대가 크고 그 속에서 질식할 정도로 천으로 뒤덮여 있거나, 딱딱한 침대에 얇은 천이 깔려 있을 뿐이다. 비품들 또한 하나같이 꼴사납고, 장식을 하려는 어떤 시도도 보이지 않거나(사실 그편이 더 나을 터이다) 곳곳에 조잡한 취향의 장식이 눈에 거슬린다. 음식은 대체로 조악하거나 저질이며, 식사 시중 또한 깔끔하지 못하다.

　자전거 여행객들 때문에 길가 주막들이 다시 호황을 맞이했다는 이야기가 종종 들려온다. 그럴지도 모른다. 아마도 자전거로 여행하는 사람들은 취향이 별로 까다롭지 않은 것 같다. 옛 작가들의 글이 크게 틀린 게

---

* 'inn'은 보통 시골에 있는 숙박이 가능한 술집을 가리킨다.

아니라면, 과거 영국의 주막은 편히 머물면서 최상의 음식을 제공받을 수 있는 기분 좋은 휴양처로 여겨졌다. 손님은 물론 언제라도 따뜻하고 정중하게 환대를 받았다. 하지만 오늘날 시골 읍내와 마을에 있는 주막들은 예전처럼 좋은 의미의 주막들이 아니라 한낱 술집에 불과하다. 주막 주인의 주요 관심사는 술을 파는 것이다. 물론 우리가 원하면 주막에서 먹고 잘 수도 있지만, 주인은 우리가 술을 마셔주기를 기대하는 것이다.

하지만 술을 마시려고 해도 제대로 된 시설을 찾아보기 힘들다. 소위 '바'라는 곳이 있긴 한데, 삐걱거리는 의자가 놓여 있고 환기도 잘 안 되는 더러운 방으로 고질적인 술꾼들에게나 편하게 느껴질 수 있는 곳이다. 편지라도 한 장 쓸라치면, 주인은 언제나 아주 질 나쁜 펜과 잉크를 내놓는다. 행상인들이 주된 고객인 대부분의 주막에 딸린 소위 '상용실(商用室)'이라고 불리는 곳도 별반 다르지 않다. 사실 숙박업이라고 하는 것 전체가 믿기 힘들 만큼 잘못 경영되고 있다. 숙박 시설 대부분에서 발견되는 서툴고 마구잡이식의 경영이 우리를 화나게 할 때는, 더없이 아름다운 전통을 떠올리게 하는, 그림처럼 아름답고 오래된 건물을 소유하고 있어서 얼마든지 휴식과 즐거움을 선사하는 편안한 쉼터로 만들 수 있는데도 그러지 않는 경우이다.

술집에서는 술집에 어울리는 예절을 기대한다. 주막이나 호텔이라고 불리는 곳 대부분에서도 그 이상을 기대하기는 힘들다. 그런데 가식적인 예의조차 찾아볼 수 있는 곳이 거의 없다는 사실이 참으로 놀랍다. 대체로 주막의 주인이나 안주인은 경멸이 느껴지는 태도나 천박한 친근함을 드러내며 손님을 맞이한다. 웨이터나 객실 담당 하녀는 무심히 자기들 일만 하다가는 손님이 떠날 때가 되어서야 비굴한 관심을 드러내며 나긋한 태도를 보인다. 그러다 팁이 부족하다고 생각되면 코웃음을 치거나 모욕적인 말로 투덜거리기 일쑤라 손님으로 하여금 떠나는 발걸음을 재촉하게 만든다.

내가 묵었던 어떤 주막이 생각난다. 아침나절에 그곳을 두세 번 들락거릴 일이 있었는데, 그럴 때마다 뚱뚱한 두 여자가 출입문을 막고 있었다. 주막의 안주인과 바를 담당하는 하녀가 떡 버티고 서서는 수다를 떨며 거리를 지켜보고 있었던 것이다. 나는 주막에서 밖으로 나갈 때마다 비켜달라고 큰 소리로 요청해야 했다. 그들은 아주 천천히 길을 비켜주면서도 미안하다는 말 한마디 하지 않았다. 그곳은 서식스의 장이 서는 마을에서 가장 좋은 '호텔'로 손꼽히는 곳이었다.

그리고 음식은 또 어떠한가! 음식의 질이 심각할 정도로 나빠졌음은 자명한 사실이다. 예전에 마차로 여행하던 사람들이 오늘날 우리가 시골 호텔의 식탁에서 받는 것과 같은 대접에 만족했으리라고는 상상하기 어렵다. 요리는 형편없기가 일쑤이고, 고기와 야채의 질은 최악이라고 할 수 있다. 어떻게 이럴 수가 있는가! 영국의 주막에서는 제대로 된 찹이나 스테이크를 요구해보았자 헛일이라니! 질기고 말라빠진 고기 때문에 입맛을 버린 적이 한두 번이 아니다. 점심 한 끼에 5실링이나 하는 호텔에서 진득진득한 감자와 질긴 양배추 때문에 진저리를 친 적도 있다. 갈비나 등심, 다릿살이나 어깻살을 막론하고 구운 고기는 으레 영양이 불량하거나 육즙이 부족한 하등품을 오븐에서 바짝 태운 것처럼 보였다. 우둔살로 말하자면 이제는 거의 찾아보기 힘든데, 아마도 염장에 너무 많은 기술이 요구되기 때문이 아닐까 싶다.

아침 식사로 나오는 베이컨에 대해서도 한마디 해야겠다. 윌트셔산의 최고급 훈제 베이컨을 살 수 있는 돈을 냈는데도 내 앞에 놓인 것은 초석(礎石) 냄새가 나는 형편없는 고기 조각이라니! 독한 차와 묽은 커피에 대해 이야기하는 것은 불평이나 늘어놓는 것으로 보일 것이다. 대중적인 음식점에서 이런 음료들을 맛볼 수 없다는 것은 누구나 아는 사실이다. 하지만 1파인트의 맥주에도 만족할 수 없는 진정한 이유가 있다면 그때는 어떻게 해야 할까? 여전히 지방 양조장에서 만드는 생맥주는 종종 신선하고 상쾌한 맛이 난다. 그러나 통탄할 만한 예외들도 있다. 맥주 제조뿐만 아니라 또 다른 것에서도 분명 질의 저하와 부주의가 판치고 있는 게 사실이다. 부정직한 장삿속에서 그러는 게 아니라면 말이다. 이러다가 언젠가는 영국인들이 맥주 빚는 법마저 잊어버리게 되지 않을까 염려된다. 그렇게 되면 마음 놓고 마실 수 있는 유일한 길은 뮌헨에서 맥주를 수입하는 것일 터이다.

17

언젠가 나는 런던의 한 식당에서 식사를 하고 있었다. 사람들이 자주 가는 커다란 식당이 아니라, 조용한 동네에 똑같은 모델로 세워지곤 하는 조그만 식당이었다. 그곳에 노동자 계층으로 보이는 한 젊은이가 들어와 내 옆 테이블에 앉았다. 옷차림을 보니 일을 쉬는 날인 듯했다. 나는 그가 불편해하고 있음을 대번에 알 수 있었다. 그는 기다란 홀을 둘러보고는 자기 앞에 놓인 테이블을 바라보며 불안해하고 있었다. 웨이터가 와서 그에게 메뉴판을 내밀자 그는 당황한 얼굴로 멍하니 그것을 응시했다. 아마도 어떤 기이한 횡재를 하여 난생처음 이런 식당에 들어올 용기를 낸 듯했다. 그리고 막상 이곳에 들어오자 이젠 다시 밖으로 뛰쳐나가고 싶어 했다.

하지만 그는 웨이터의 제안에 힘입어 비프스테이크와 야채를 주문했다. 음식이 나오자 그 불쌍한 친구는 그것을 어떻게 먹어야 할지를 몰랐다. 그는 테이블에 가지런히 놓인 나이프와 포크, 차례로 배열된 접시들, 소스병과 양념병 꽂이, 그리고 무엇보다 자신과 다른 부류의 사람들이 모인 곳에 와 있다는 사실과 앞이 늘어진 셔츠 차림의 웨이터에게 시중을 받는 낯선 경험에 당혹스러워하고 있었다. 그는 얼굴이 벌게졌다. 그리고 고기를 접시로 옮겨놓기 위해 너무나 어설프게 시도를 했지만 허사였다. 음식이 바로 그의 앞에 놓여 있었지만, 그는 신화 속의 탄탈로스*처럼 그것을 맛보는 게 금지되어 있었다. 조심스럽게 지켜보고 있자니, 그는 끝내 주머니에서 손수건을 꺼내 테이블 위에 펼치더니 느닷없이 접시에 놓인 고기를 포크로 힘껏 찍어 손수건에 담는 게 아닌가. 그사이 고객이 어려움을 겪고 있음을 눈치챈 웨이터가 다가와 그에게 무슨 말인가를 했다. 그러자 그 젊은이는 무안한 나머지 화를 내면서 음식값이 얼마냐고 통명스럽게 물었다. 결국 웨이터는 신문지 한 장을 가져와 고기와 야채를 싸도록 도와주었다. 잘못된 야망의 희생자가 된 젊은이는 테이블 위에 돈을 내던지고는 덜 낯선 환경에서 허기를 달래기 위해 서둘러 그곳을 떠났다.

이것은 서로 다른 사회계층 간의 차이를 극명하게 보여주는 불쾌한 사례였다. 영국이 아닌 다른 나라에서도 이런 일이 있을 수 있을까? 아니, 그렇지 않을 것이다. 그 불운한 젊은이는 점잖은 외모였다. 따라서 보통의 자제력만 갖추었더라도 별로 눈에 띄지 않게 다른 사람들처럼 그 식당에서 식사를 할 수도 있었을 것이다. 그러나 그는 세상의 모든 계층 중에서 타고난 투박함과 새로운 환경에의 부적응으로 특징지어지는 계층에 속한 사람이었던 것이다. 영국의 하류층은 다른 면에서의 결함을 보완해줄 수 있는 그들 고유의 덕성을 계발할 필요가 있어 보였다.

---

* 그리스 신화에 나오는 인물. 신들의 음식을 훔쳐 인간에게 준 벌로 늪에 갇힌 채 영원히 목말라하고 굶주리는 고통을 겪어야 했다.

18

　영국 국민에 대한 외국인들의 일반적인 평가는 쉽게 이해가 된다. 이 방인으로서 영국 각지를 돌아다니거나 기차로 여행하거나 호텔에 머물면서 공공연하게 드러나는 사람들의 모습만을 본다면, 당신은 영국인들이 철저하게 이기적이고 무뚝뚝하고 우울한 사람들이라는 인상을 받게 될 것이다. 한마디로 영국 국민은 사회생활과 시민생활에 요구되는 이상적인 것들과 완전히 대조되는 성향을 모두 지녔다는 말이다. 하지만 실제로는 영국인만큼 사회적이고 시민적인 덕성들을 고도로 갖춘 국민은 세상 어디에서도 찾아보기 힘들다.

　비사교적인 영국인이라고? 말도 안 되는 소리다. 대체 세상 어느 나라가 모든 계층에서, 무엇보다 지성인들 사이에서 공동의 이익과 관계되는 목표를 위해 그토록 다양하고 활발하게 우호적으로 이루어지는 협력 관계를 보여줄 수 있단 말인가? 그런데도 비사교적이라니, 천만의 말씀이다! 영국의 어느 곳을 가든 거의 모든 남자들—오늘날에는 교육받은 여성들도 그러하다—이 학구적인 목적이나 스포츠를 위해, 자기 고장이나 국가의 이익을 위해 어떤 단체에든 속해 있으며, 여가 시간에는 사회적 존재로서 최선을 다하고 있음을 볼 수 있을 것이다. 소위 잠이 올 정도로 한가롭다는, 장이 서는 시골 마을조차도 온갖 종류의 단체 활동으로 들끓고 있는 지경이다. 게다가 이 모든 것은 전적으로 자발적으로 이루어지고 있으며, 이른바 대단히 '사교적'이라고 알려진 나라에서조차 꿈도 꾸지 못할 정도로 열성적이고 단합된 노력을 보여준다.

사교성이란 처음 만나는 사람과도 거리낌 없이 이야기할 수 있는 마음의 자세를 가리키는 것이 아니다. 타고난 우아함과 상냥함에 좌우되는 것도 아니다. 사교성은 사실 아주 서툴고 무례해 보이기까지 하는 태도와도 양립할 수 있다. 영국인은 지난 2세기 동안 어떤 경우에라도 순전히 의식(儀式)적이거나 유흥 형태의 사교성으로 치우친 적이 없다. 반면 건강과 안락, 육체와 영혼의 행복과 같은 지역사회의 최우선 관심사와 관련해서는 사회적 본능이 최고로 발휘되고 있다.

그러나 이처럼 부인할 수 없는 사실과, 흔히 볼 수 있는 영국인은 도무지 상냥해 보이지 않는다는 또 하나의 명백한 사실을 양립시키는 것은 무척 어려운 일이다. 나는 한편으로는 내 동포들을 찬양하고 칭찬한다. 하지만 다른 한편으로는, 그들을 대놓고 싫어하면서 되도록 그들과 마주치지 않기를 바란다. 영국인은 대체로 상냥한 국민으로 여겨져왔다. 그런데 이런 면에서 우리가 퇴보라도 한 것일까? 과학과 돈벌이의 추구에 치우친 세기가 국민성에 현저한 영향을 미친 것은 아닐까? 나는 영국 주막에서 겪었던 일을 자꾸만 떠올리게 된다. 그곳에서는 삶의 인간적인 면모에 대한 천박한 무관심을 느끼지 않을 수 없다. 음식은 맛도 음미하지 못한 채 삼키고, 술은 단지 습관적으로 들이켜며, 친절한 서비스는 특이하게 느껴질 정도로 보기 드물다.

우리는 두 가지 사실을 염두에 두어야 한다. 하나는 세련된 영국인과 촌스러운 영국인 사이에 존재하는 태도의 차이가 엄청나게 크다는 것이고, 다른 하나는 영국인은 자신에게 아주 우호적인 환경이 아니고는 참된 자아를 드러내는 데 타고난 어려움을 겪는다는 사실이다.

서로 다른 계층 사이에서 발견되는 태도의 차이가 워낙 두드러지다 보니, 성급한 관찰자는 그에 상응하는 근본적인 차이가 정신과 성격에도 있을 것이라고 생각할 수도 있다. 아마 러시아에서도 사회의 양극단을 보여주는 계층들 간의 차이가 상당히 벌어져 있을 터이다. 하지만 그처럼 간혹 있을 수 있는 예외를 제외하고는, 유럽의 어떤 나라에서도 영국의 신사와 시골 사람 사이에 존재하는 것만큼의 커다란 계층적 차이가 드러나지는 않을 것이라고 생각한다. 물론 다수 대중은 시골 사람들이다. 따라서 여행자는 그들에게서 어떤 인상을 받게 마련이다.

우리는 그들이 우리 앞에 없을 때라야 그들에 대해 공정한 평가를 내릴 수 있다. 그제야 비로소 그들이 지닌 덕성—비록 원초적이고, 따라서 엄격한 지도를 요하기는 하지만—이 교육을 잘 받은 사람들의 덕성과 상당 부분 같다는 것을 떠올릴 수 있는 것이다. 겉으로 보이는 것과는 달리 그들이 별개의 국민을 대표하는 것은 아니다. 이러한 다수의 대중을 이해하려면, 그들의 견디기 힘든 행동의 이면을 잘 들여다보고, 훌륭한 시민적 자질이 대부분 아주 혐오스러운 개인적 태도와 양립할 수도 있음을 파악해야 할 것이다.

그리고 학식을 갖춘 사람들의 고집스러운 과묵함으로 말하자면, 나 자신을 살펴보는 것만으로도 충분할 것이다. 물론 내가 영국 국민을 대표하는 것은 아니다. 오히려 나의 자의식과 명상적 습성은 민족적이고 사회적인 특성을 다소 흐리게 한다. 그러나 다수 대중을 대표하는 사람들 사이에 있게 되면, 즉시 내 안에서 본능적인 반감이 되살아나면서 안으로 움츠러들고 경멸에 가까운 감정을 느끼게 된다. 바로 이런 점 때문에 외국인들이 우연히 만나는 영국인을 비딱한 눈으로 바라보는 것이 아니겠는가?

나만의 특별한 점이 있다면, 이러한 최초의 충동을 극복하려고 노력하며, 그러한 노력이 곧잘 성공을 거둔다는 것이다. 내가 아는 나 자신은 결코 무뚝뚝한 사람이 아니다. 하지만 나를 우연히 알게 된 사람들의 대부분은 상냥하지 않은 것이 나의 결점이라고 이야기할 것이다. 나의 참모습을 보여주려면 그에 알맞은 분위기와 상황에 놓여 있어야만 한다. 이는 나도 결국 어쩔 수 없는 영국인이라는 것을 말해주는 게 아닐까.

19

오늘 아침 식탁에는 꿀이 한 통 놓여 있다. 가게에서 꿀이라는 이름으로 팔리는 제조품이 아니라 직접 벌통에서 채취한 꿀로, 우리 집 정원에서 자주 붕붕거리던 벌들을 키우는 이웃 농부가 보내온 것이다. 사실 이 꿀은 내 미각보다는 시각을 더 즐겁게 한다. 하지만 꿀이기에 맛도 보고 싶다.

존슨은 "유식한 사람과 무식한 사람 사이에는 산 자와 죽은 자 사이만큼이나 커다란 차이가 있다"[*]라는 말을 남긴 바 있다. 어떤 면에서 이 말은 전혀 과장이 아니다. 다른 것은 차치하고라도, 문학적 연상 작용이 평범한 사물에 대한 우리의 견해에 어떤 영향을 미치는지를 생각해보자. 내가 히메투스와 히블라[**]에 대해 아무것도 알지 못했다면, 내 기억 속에 간직된 시나 설화가 없었다면 꿀이 내게 무슨 의미가 있을까?

[*] 새뮤얼 존슨의 전기 《존슨의 생애》에서 인용한 것이다. 29쪽 각주 참조.
[**] 히메투스는 그리스 아테네 지역에 있는 산맥으로, 백리향 꿀로 유명하다. 히블라는 시칠리아의 옛 도시로, 역시 꿀로 유명했다.

내가 도시에 갇혀 산다고 가정하면, 꿀이라는 이름은 시골 냄새라는 약간의 즐거움을 가져다줄지도 모른다. 하지만 책을 읽은 적이 없거나 읽고 싶어 하지 않는 사람에게 그렇듯 시골이라는 게 내게 단지 풀과 곡식과 채소만을 의미했다면, 그 약간의 시골 냄새조차 얼마나 빈약한 의미로 내게 다가왔을 것인가?

시인은 진정한 **창조자**라고 할 수 있다. 편협한 인간성에 억눌린 감각의 세계를 초월하여 시인은 자기만의 세계를 구축하고 속박받지 않는 정신을 그곳으로 불러들인다. 땅거미가 질 무렵 창문 앞에 박쥐가 날아다니는 것을 보거나, 사방이 어둠에 잠겼을 때 부엉이 울음소리를 듣는 것이 어째서 나를 즐겁게 하는 것일까? 나는 박쥐를 역겨운 눈으로 바라볼 수도 있고, 부엉이 울음소리에 막연히 미신적인 생각을 갖거나 전혀 관심을 두지 않을 수도 있다. 그러나 이런 것들은 시인의 세계 속에서 그들만의 자리를 차지하고 있음으로써 이 부질없는 현재의 시간 너머로 나를 데려다준다.

언젠가 장이 서는 조그만 마을에서 밤을 보낸 적이 있다. 나는 지친 상태로 그곳에 도착해 일찍 잠자리에 들었다. 나는 금세 잠이 들었는데 이내 뭔지 모를 소리에 잠이 깨고 말았다. 어둠 속에서 음악 소리 같은 것이 들렸는데, 차츰 정신이 들면서 교회의 차임벨이 은은하게 울리는 소리라는 것을 알게 되었다. 대체 몇 시나 된 걸까? 나는 불을 켜서 시계를 들여다보았다. 자정이었다. 순간 머릿속이 환하게 밝아지는 듯했다. "샐로 판사님, 우리는 자정에 차임벨 소리를 들었답니다!"*** 그때까지 나는 그 시각에 울리는 차임벨 소리를 들은 적이 한 번도 없었다. 게다가 내가

*** 셰익스피어,《헨리 4세, 2부》3막 2장.

묵었던 이브샴이라는 마을은 스트랫퍼드온에이번*에서 불과 몇 마일밖에 떨어져 있지 않은 곳이었다. 한밤중의 차임벨 소리가 내게는 다른 소리와 다를 바 없고, 내 단잠을 방해했다고 그 소리를 탓했더라면 어땠을까? 존슨의 말은 그다지 과장이 아니었던 것이다.

---

* 셰익스피어의 출생지이다.

20

오늘은 빅토리아 여왕 재위 60주년 기념 행사**가 열리는 날이다. 언덕마다 타오르는 모닥불이 아가멤논의 성채 위에서 지켜보는 파수꾼***을 떠올리게 한다. (이 문제와 관련해서는 엘리자베스 여왕과 스페인의 무적함대를 떠올리는 것이 더 적절할지도 모르겠다.) 이 소란이 무사히 지나가기를 바라면서도 나 역시 다른 이들과 마찬가지로 이런 행사에 좋은 점이 있음을 알고 있다. 우리가 알고 있는 것처럼, 영국의 군주제는 영국인의 상식이 거둔 승리다. 인간이 군주 없이 살 수 없다고 치자. 그렇다면 최대한으로 실현 가능한 국가적이고 개인적인 자유와 군주제를 어떻게 양립시킬 수 있을까? 어쨌거나 우리는 한동안은 이 문제를 해결해왔다. 물론, 한동안뿐이었다. 그러나 유럽의 역사를 고려하면 우리의

** 빅토리아 여왕은 1837년 6월 20일에 즉위했으며, 재위 60주년 기념 행사는 1897년 6월 22일에 열렸다.
*** 아이스킬로스의 비극《아가멤논》의 서두에서, 파수꾼이 아르고스의 궁전 지붕 위에서 트로이 소식을 전해줄 봉화를 기다리는 장면이 나온다.

축제는 아마도 정당화될 수 있을 것이다.

60년간 영국 공화국은 한 명의 **대통령**의 통치하에 발전해왔다. 대통령을 좀 더 자주 바꾸는 또 다른 공화국들이 국민에게 훨씬 적은 비용을 부담시키면서 군주제와 유사한 정치제도를 유지하고 있다는 이유로 이를 반박하는 것은 핵심을 벗어나는 것이다. 영국인들은 지금으로서는 나라의 수장이 왕이나 **여왕**으로 불려야 한다고 생각하고 있다. 그 호칭이 그들에게 유쾌하게 들릴 뿐 아니라, 막연하게 이해되고 여전히 효력이 있는 충성심이라는 대중적인 감정과 부합하기 때문이다. 국민의 대부분이 이렇게 생각하고 있고, 그 제도가 그 어느 때보다 잘 기능하고 있는 마당에 '새로운 제도(novas res)'를 시도하는 것이 무슨 의미가 있겠는가? 국민은 기꺼이 그 대가를 치르려 한다. 그것은 국민의 몫이다. 게다가 공화주의 중에서도 흔히 볼 수 있는 형태로 제도를 바꾸는 게 대부분의 국민을 위해 이득이 될 거라고 그 누가 자신 있게 말할 수 있을까? 이미 그런 시도를 했던 나라들이 안정적이고 평화로운 정부 및 국민 복지 차원에서 볼 때 우리보다 훨씬 잘 살고 있는 것을 본 적이 있는가? 이론만을 내세우는 사람은 의미를 상실한 형식들과, 검토 과정에서 그 부당함이 드러나는 특전, 우스꽝스러워 보이는 타협, 경멸스러운 굴종 등에 냉소를 보낸다. 그러나 모든 사람들을 이성적이고 일관성 있고 공정하게 만들 수 있는 실용적인 방안을 그에게 제시하라고 해보라. 내 생각엔 영국인들은 이러한 자질들을 비범할 정도로 부여받지는 않았다.

정치적으로 말해서 영국인의 강점은 편의를 인정하고, 기왕에 확립된 사실을 존중함으로써 이를 보완하는 데 있다. 그들이 보기에 명백한 사실 중의 하나는, 바다로 둘러싸인 왕국에서 여러 세대에 걸쳐 오랜 노력으로 확립한 정치제도가 그들의 정신과 기질과 습성에 잘 맞는다는 것이다.

영국인들은 정치적 이상에는 관심이 없다. 그들은 인간의 권리에 대해서도 애써 생각하려 하지 않는다. 만약 그들에게 충분히 오랜 시간 동안 가게 주인이나 농부의 권리나 저질 육류를 파는 상인의 권리에 대해 이야기한다면, 그들은 귀담아들어줄 것이고, 각각의 사실에 대해 검토한 후 어떤 처리 방안을 강구할 것이다. 그들은 자신들의 이러한 특성을 상식이라고 부른다. 모든 것을 고려해볼 때, 이러한 상식은 그들에게 널리 쓸모가 있었다. 심지어 다른 나라들도 그로 인해 적잖은 덕을 보았다고 할 수 있을 것이다. 때로는 비상식이 그들에게 더 도움이 되었을 수도 있다는 사실은 논쟁의 요지와는 아무런 상관이 없다. 영국인은 모든 것을 있는 그대로 다루며, 무엇보다 자기 자신을 있는 그대로 받아들인다.

이번 축제는 보통 사람이 거둔 정당한 승리를 선언하고 있다. 지난 60년간을 돌이켜볼 때, 영국 국민의 물질적인 삶에서 많은 개선이 이루어졌다는 사실로 이 시기를 특징지을 수 있다는 것에 누가 의문을 제기할 수 있을까? 그들은 종종 서로 간에 불화를 겪기도 했지만 결코 서로를 해친 적도 없고, 심각한 분쟁이 있을 때마다 결과적으로 어느 정도 실질적인 발전이 이루어졌다.

사람들은 예전보다 더 깨끗해졌고 더 차분해졌다. 모든 계층에서 폭력성이 감소했으며, 교육—그것이 무엇을 지향하든—은 눈에 띄게 확대되었다. 강압적인 몇몇 관례들은 철폐되었다. 무관심이나 무지에서 비롯된 일련의 고통도 줄어들었다. 물론 이런 것들은 몇몇 세부적인 사례일 뿐이다. 이러한 것들이 문명의 견고한 발전을 가리키는 것인지는 아직 단정할 수 없다. 그러나 보통의 영국인에게는 분명 이번 축제를 즐길 이유가 있다. 이 시대의 발전 양상은 그가 이해하고 동의할 수 있는 것인데 반해, 시대의 윤리적인 측면에 제기될 수 있는 의문은 그에게는 존재하지 않거나 이해할 수 없는 것이기 때문이다. 그러니 모든 언덕 위에서 밤새 화톳불이 타오르게 하자! 이는 돈을 주고 사는 즐거움도 아니고, 비굴한 아첨도 아니다. 영국 국민은 스스로에게 갈채를 보내고 있는 것이지만, 그들의 영광과 권세를 대표하는 여왕을 향한 진정한 감사와 애정도 없이 그리하는 것은 아니다. 지금까지 헌법의 조약은 잘 지켜져왔다. 모든 왕국들의 기록을 다시 살펴보고, 군주와 국민이 무혈의 승리를 함께 기뻐했던 적이 몇 번이나 있었는지를 따져보자.

21

북부의 한 주막에서 세 남자가 아침 식탁에 앉아 식습관에 대한 이야기를 주고받는 것을 엿들은 적이 있다. 그들은 대부분의 사람들이 고기를 너무 많이 먹는다는 데 의견의 일치를 보았고, 그중 한 사내는 자신은 야채와 과일을 선호한다고 공언하기까지 했다. 그가 말했다. "이봐, 내가 간혹 아침으로 사과를 먹는다고 하면 믿겠나?" 다른 사람들은 그의 말을 잠자코 듣기만 했다. 그들은 그 말에 대해 어떻게 생각해야 할지 잘 모르는 게 분명했다. 그러자 그 사내는 허세가 다분히 느껴지는 어조로 소리쳤다. "아무렴, '사과 2~3파운드'면 아주 든든한 아침이 된다니까."

정말 재미있지 않은가? 그리고 이는 영국인의 특징을 잘 보여주는 사례가 아닐까? 이 정직한 영국인은 지나치게 솔직했던 셈이다. 야채와 과일을 어느 정도까지 좋아하는 것은 전혀 나쁠 게 없다. 하지만 아침으로 사과를 먹는다니! 그의 친구들이 아무 말도 하지 않은 것은 그들이 그에 대해 얼마간 수치스럽게 생각했음을 보여주는 것이다. 그의 고백에서는 가난이나 옹색함의 냄새가 풍겼다. 친구들 앞에서 한 말을 바로잡기 위해 그가 생각해낸 것이라곤, 사과를 먹기는 하지만 한두 개가 아니라 '파운드 단위로' 많이씩 먹는다고 항변하는 게 고작이었다.

　나는 그 사내의 말에 웃었지만 그를 충분히 이해할 수 있었다. 영국인이라면 누구나 그럴 것이다. 우리 영국인의 내면에는 인색함에 대한 혐오가 깊이 뿌리박혀 있다. 이러한 혐오감은 온갖 종류의 터무니없고 경멸스러운 형태로 나타나지만, 이는 또한 우리가 지닌 훌륭한 장점들의 근원이 되기도 한다. 영국인은 무엇보다 통 크게 살고 싶어 한다. 이런 이유로 영국인은 가난을 두려워할 뿐 아니라 혐오하고 경멸하기까지 한다. 영국인이 최고로 치는 미덕은 통 크고 온정 넘치는 부자의 미덕이다. 반면 그의 결점은 아주 고통스럽고 굴욕적인 열등감에서 비롯되는데, 영국인의 마음속에서 열등감은 돈을 쓸 수 없거나 줄 수 없는 사람과 관련되어 있다. 대부분의 경우 영국인의 악덕은 안정적인 지위를 잃는 데서 비롯되는 자존심의 상실에 기인하는 것이다.

22

이러한 기질을 가진 민족이 민주주의를 향해 나아가는 길에는 특별한 위험들이 포진해 있다. 영국인은 철저하게 귀족적인 공감과 함께 언제나 귀족 계층이 사회적 우월성뿐만 아니라 도덕적 우월성까지 함께 지니고 있다고 믿어왔다. 영국인에게 귀족 혈통을 지닌 사람은 가치 있는 삶의 이상을 구현하는 권능과 덕성의 살아 있는 대표자였다. 오랜 시간에 걸쳐 형성되어온 귀족과 평민 사이의 우호적인 동맹 관계는 매우 중요한 의미를 띠고 있다. 귀족의 용맹한 수호(守護)에 평민은 자발적이고 자랑스러운 충성으로 응답했다. 두 계층은 자유라는 대의명분을 위해 함께 노력해온 것이다.

평민들은 귀족들의 권세와 영광을 유지하기 위해 치러야 하는 희생이 아무리 크다 할지라도 기꺼이 그것을 감수해왔다. 이는 영국인의 종교요, 타고난 '경건함(pietas)'이었다. 아무리 우둔한 사람이라 할지라도 그의 영혼 깊은 곳에서는 귀족의 지위에 수반된 윤리적 의미에 대한 인식이 작동하고 있었다.

귀족은 관대한 본능을 물려받을 뿐만 아니라 그것을 행동으로 옮길 수 있는 수단까지도 소유한, 특혜를 누리는 존재였다. 따라서 '가난한 귀족'이라는 말은 그 자체로 모순이었다. 만약 그런 귀족이 존재한다면, 사람들은 그를 자연의 어떤 변덕이 빚어낸 희생자라고 여기면서 놀라고 측은해하며 수군거렸을 것이다. 귀족들은 각자의 지위에 걸맞은 경칭으로 불렸으며, 그들의 행동과 말은 사실상 온 국민이 따라야 하는 명예의 강령이나 마찬가지였다.

바다 건너 신세계에서는 영국의 후예들로 이루어진 새로운 종족이 자라나 세습적 귀족제의 원칙을 무시하고 살아가고 있다. 그리고 시간이 지나면서 이 기세등등한 공화국은 모국의 이상들을 뒤흔들기 시작했다. 표면적인 유사성에도 불구하고 그 문명은 영국적이라고 할 수 없다. 그 나라의 문명이 영국의 그것보다 우월하다고 생각하는 사람은 그렇게 생각하게 내버려두자.

우리가 하고 싶은 말은, 오래된 군주제 숭배에서 해방될 경우 나타나게 될 영국인의 타고난 성향들이 이미 광범위하게 나타나기 시작했다는 것이다. 그 거대한 공화국이 미치는 영향들 가운데서 나쁜 것만을 보는 이들이 있다는 것은 쉽게 이해가 된다. 그 공화국이 설령 우리에게 좋은 영향을 끼쳤다 하더라도 그 사실이 아직 입증된 것은 아니다.

우리 영국*에서는 민주주의라는 것이 영국인의 전통 및 뿌리 깊은 감정과는 너무나 이질적이어서 지금까지는 파멸을 향해 나아가고 있는 것처럼 보일 뿐이다. 민주주의라는 말 자체에는 우리를 움츠러들게 하는 무언가가 있다. 그 말은 곧 국민적인 배교(背敎), 우리로 하여금 영광을

* old England. 영국인이 자기 나라를 가리키는 애칭.

166

누릴 수 있게 해준 신념의 부정(否定)으로 여겨지기 때문이다.

민주주의를 신봉하는 영국인은 그의 천성을 지배하는 법칙으로 인해 위태로운 상황에 놓이게 된다. 말하자면 그는 거칠고 방탕하고 위압적인 본능을 이끌어주던 이상을 상실한 셈이다. 그는 고귀한 것들을 위해 태어난 고귀한 귀족들이 있던 자리에 온갖 종류의 천한 것들을 위해 태어났을 평민들을 데려다놓은 것이다. 그리하여 민주주의의 신봉자는 요란한 자신감을 과시하는 가운데 불안감에 시달리게 되었다.

우리 앞에 놓인 과업은 결코 가벼운 것이 아니다. 귀족 계층을 잃고 나서 그들이 구현했던 이념만을 우리가 보존할 수 있을까? 언제나 물질적인 면에 치중해왔던 우리 영국인들이 귀족과의 오랜 유대 관계에서 벗어난 후에도 정신적인 삶의 영역 안에서 그 의미를 지켜나갈 수 있을까? 낡아빠진 상징들을 더 이상 공경하는 눈으로 바라보지 않게 된 우리가 회색 외투를 입은 대중 가운데서 "전지전능한 하느님으로부터 직접 귀족의 특허를 부여받은" 인물을 뽑아서 귀족보다 그를 더 공경할 수 있을까? 영국의 미래가 여기에 달려 있다.

과거에는 우리 사회의 속물들이 천박함에 대한 우리의 경멸이 정당함을 그들만의 방식으로 입증해 보였다. 그들은 추잡한 거래와 평민적인 순응을 할 수 없는 이들을 어떤 경우에라도 모방한다고 자부해왔다. 그러나 이러한 속물들조차 쇠락의 길을 걷고 있음을 알 수 있다. 그들은 새로운 모방 대상을 갖게 되었고, 이전보다 더 거친 말을 한다.

우리는 우리 주위에서 이런저런 모습을 한 속물들을 언제라도 발견할 수 있는데, 그들의 습성을 잘 살펴보면 그 시대의 경향을 알 수 있다. 그들의 우둔한 정신 어딘가에 그들의 우매함마저 고귀한 의미를 띠게 하는 하나의 살아 있는 이상이 간직되어 있지 않다면, 그때는 정말 "집정

관들로 하여금 살펴보게 하라(videant consules)***는 말을 하게 되지 않을까.

* 키케로가 '카틸리나의 모반' 당시 했던 말이다. 카틸리나는 로마 공화정 말기의 정치가로 원로원에 맞서서 로마 공화정을 전복하려 시도했다. 키케로는 카틸리나의 탄핵에 관한 책을 여러 차례 펴낸 바 있다.

23

　N의 방문을 받았다. 그는 우리 집에서 이틀을 머물렀는데, 나는 그가 하루만 더 있었으면 했다. 사실 사흘이 지나면 어느 누구도 환대를 받으리라고 확신할 수 없다. 나의 체력은 아무리 즐거운 대화라 해도 일정한 양의 대화만을 감내할 수 있을 뿐이어서, 오래지 않아 혼자 있으면서 쉬고 싶어질 것이기 때문이다.

　N과의 담소는 말할 것도 없고, 나는 그를 보는 것만으로도 기분이 좋아졌다. 만약 겉으로 드러나는 것들을 믿을 수 있다면, 이 세상에서 그보다 더 인생을 즐기는 사람은 없을 것이다. 그는 결코 지나치게 고생을 한 적이 없고, 고생으로 인해 건강을 망치거나 기백이 줄어든 적도 없다. 아마도 그의 말대로 "시련을 겪었기에" 모든 면에서 더 나은 사람이 되었을 것이다. 5파운드짜리 지폐 한 장을 벌기 위해 힘들게 일하면서도 그 돈을 반드시 벌 수 있으리라고 자신할 수 없었던 시절을 회상하는 것은 분명 지금 그가 누리는 편안한 삶에 깊은 맛을 더해줄 것이다. 나는 그에게 성공담을 들려줄 것을 청하면서, 그의 성공을 현금으로 환산하면 얼

마나 되는지 알려달라고 했다. 그는 지난 6월 24일 사분기 결산일을 기준으로 연간 총수입이 2천 파운드가 넘었다고 했다. 물론 몇몇 작가들이 글로 벌어들이는 돈을 생각하면 그리 놀랄 일도 아니다. 그러나 비교적 저급한 수준의 독자층을 대상으로 하지 않고 글을 쓰는 작가에게는 아주 많은 수입이다. 1년에 2천 파운드라니! 나는 놀라움과 감탄이 어린 눈으로 그를 바라보았다.

나는 지금까지 글을 써서 잘사는 사람을 거의 보지 못했다. N은 내가 보기에는 가장 훌륭하고 두드러진 문학적 성공 사례를 보여주는 인물이다. 일생 동안 온갖 환멸을 맛본 사람이 무슨 말을 못할까마는, 정직하고 유능한 글쓰기로 큰돈을 버는 작가는 소수의 부러워할 만한 사람에 속한다고 봐야 할 것이다.

N이 어떻게 살아가는지를 한번 살펴보자. 그가 하는 일은 다른 그 누구도 할 수 없을 것이다. 게다가 그는 그 일을 손쉽게 해낸다. 하루에 두 시간, 기껏해야 세 시간 일하는 것으로 충분할 뿐 아니라, 매일 일하는 것도 아니다. 글을 쓰는 모든 사람들처럼 그 역시 기대했던 성과를 거두지 못할 때도 있고, 정신적인 걱정에 시달리거나 좌절을 겪을 때도 있지만, 그런 시간들은 즐겁고 효율적으로 일하는 시간에 비할 바가 못 된다. 그는 볼 때마다 건강이 더 좋아 보인다. 근년에 운동을 꾸준히 해왔고 자주 여행을 다니기 때문이다. 그는 아내와 자녀들에게서 행복을 느끼며, 가족에게 모든 안락과 즐거움을 선사할 수 있다는 생각은 그를 언제나 기쁘게 할 것이다. 그가 죽는다고 해도 그의 가족은 빈곤해질 염려가 없다.

그는 원하는 만큼 많은 친구와 지인이 있다. 그와 마음이 맞는 사람들이 그의 식탁으로 모여든다. 그는 여기저기 유쾌한 집들의 모임에서 언제나 환영받으며, 평소 칭찬에 인색한 사람들도 그에게 아낌없는 찬사를 보낸다. 이 모든 것과 더불어 그는 명백한 위험들을 피할 줄 아는 양식도 있다. 그는 자신의 사생활을 포기한 적도 없고, 행운이 오히려 그를 망치는 위험에 처해 있지도 않은 듯하다. 그에게 글쓰기는 돈을 버는 수단 그 이상의 것을 의미한다. 근래에 읽은 책에 관한 그의 논평은 연수입이 200파운드도 채 안 되던 시절의 서평 못지않게 신선하고 예리하다. 또한 내가 보기에 그는 당대의 출판물들에만 파묻혀 여가를 보내는 것 같지는 않다. 그는 신간 못지않게 오래된 책들도 많이 읽으며, 초창기의 열정들을 변함없이 간직하고 있다.

그는 내가 진심으로 좋아하는 사람들 중 하나다. 그가 나를 아주 좋아한다고는 생각지 않지만, 그런 건 중요하지 않다. 그가 나를 만나러 특별히 데번까지 내려올 정도로 나와 어울리기를 좋아하는 것만으로도 내겐 충분하다. 물론 나는 그에게 지난날들을 상징하는 사람일 터이고, 그런 이유로 그는 내게 언제나 어떤 흥미를 느낄 것이다. 나보다 열 살이나 나이가 어린 그는 당연히 나를 한낱 늙은이로 여기겠지만.

사실 가끔은 그가 지나치게 공경하는 태도로 나를 대한다는 인상을 받기도 한다. 그는 나의 몇몇 작품은 존중하지만, 분명 내가 너무 일찍 저작 활동을 중단했다고는 생각지 않을 것이고, 그런 그의 생각은 사실이다. 내가 지금 이렇게 엄청난 행운을 누리고 있지 않았더라면, 그래서 지금 이 순간에도 여전히 밥벌이를 위해 끙끙대야 하는 처지였다면, 그와 내가 만나는 일은 거의 없었을 것이다. N은 사려가 깊은 사람이라, 꾀죄죄하고 침울한 모습의 가난한 문인* 앞에서 자신의 활기차고 풍족

* 기싱은 '가난한 문인'이라는 뜻으로 'Grub Street'라는 표현을 쓰고 있다. 이는 1830년경까지 런

한 모습이 돋보이는 것을 피하고자 했을 것이기 때문이다. 한편 나로서는 그가 예의상 나와 친분을 이어가는 것뿐이라고 생각하는 게 죽기보다 싫었을 것이다. 지금 형편에서는 우린 조금도 거리낌 없이 좋은 친구로 지내고 있으며, 이틀 동안 서로의 얼굴을 마주한 채 이야기를 나누는데서 진정한 즐거움을 맛보고 있다. 내가 그에게 편안한 잠자리와 맛있는 식사를 제공할 수 있다는 사실은 나의 자존심을 살려준다. 그래서 언제라도 그의 따뜻한 초대를 받아들이기로 한다 해도, 난 아무런 가책 없이 그렇게 할 수 있다.

2천 파운드라니! 내가 만약 N의 나이에 그만한 수입을 올렸더라면 내게 어떤 결과가 초래되었을까? 물론 좋은 결과만이 있었을 것이다. 그런데 그 좋은 결과가 어떤 형태를 띠었을까? 내가 사교적인 사람이 되어서 만찬을 수시로 베풀고 클럽을 드나들었을까? 아니면 그저 지금과 같은 삶을 10년 먼저 시작했을까? 아무래도 후자일 가능성이 크지 싶다.

이십대였을 때 나는 이렇게 혼잣말을 하곤 했다. "내게 1천 파운드가 생긴다면 얼마나 근사할까!" 하지만 나는 지금까지 그런 돈이나 그 비슷한 것도 가져본 적이 없으며, 앞으로도 그러할 것이다. 그러나 돌이켜 생각해보면, 좀 단순하긴 했어도 결코 터무니없는 야심은 아니었던 것 같다.

땅거미가 질 무렵 우린 정원에 앉아 있었고, 우리가 피우는 파이프 담배 냄새와 장미꽃 향기가 뒤섞이는 가운데 N이 웃음 섞인 어조로 내게 물었다. "그래, 느낌이 어땠습니까, 상속받게 된다는 소식을 처음 들었을 때 말입니다." 나는 그에게 그때의 느낌을 이야기할 수 없었다. 아무런

던에 실제로 존재했던 거리 이름으로, 가난한 작가들이나 기자들 또는 그들의 빈곤한 삶을 가리킨다. 기싱은 1891년에 이를 소재로 하는 《꿈꾸는 문인들의 거리(New Grub Street)》라는 소설을 발표했는데, 이는 《헨리 라이크로프트 수상록》과 더불어 그의 대표작으로 손꼽히고 있다.

할 말이 없었기 때문이다. 그 순간에 대해 아무런 생생한 기억이 떠오르지 않았다. 어쩌면 N은 자신이 경솔한 질문을 했다고 생각했을지도 모른다. 재빨리 화제를 다른 데로 돌린 것을 보면.

물론 나는 잘 알고 있다. 지금 다시 그때를 돌이켜보더라도, 내 생애 최고의 순간에 느꼈던 것을 말로 표현하기란 불가능했으리라는 것을. 그 순간 나를 사로잡은 것은 기쁨이 아니었다. 나는 기뻐 날뛰지도 않았으며, 어떤 면에서든 자제력을 잃지도 않았다. 다만 한두 번 정도 깊은 숨을 내쉬었던 기억이 난다. 마치 그 즉시 어떤 고통스러운 짐이나 제약에서 벗어나기라도 한 것처럼. 조금이나마 마음의 동요를 느끼기 시작한 것은 그로부터 몇 시간이 지난 뒤였다. 그날 밤 나는 뜬눈으로 밤을 지새웠다. 그리고 이튿날 밤에는 지난 20년간 한 번도 그랬던 기억이 없을 정도로 오래 푹 잤다. 나는 처음 한 주 동안은 히스테릭한 감정에 사로잡히면서 흐르는 눈물을 주체하지 못했다. 그런데 참으로 이상한 것은 그 일이 아주 오래전의 일처럼 느껴진다는 것이다. 내가 자유인으로 살아온 것이 두 해가 아닌 여러 해 전부터인 듯했다.

사실 이런 것이 바로 내가 진정한 행복의 형태에 관해 생각할 때 종종 떠올리던 것이었다. 짧은 행복도 길게 지속되는 행복처럼 얼마든지 만족스러울 수 있다. 내가 바랐던 것은, 죽기 전에 모든 근심 걱정에서 벗어나 내가 좋아하는 곳에서 편히 쉬는 것이었다. 그런데 그런 소원이 이루어진 것이다. 이런 행복을 단 1년만 맛볼 수 있다고 하더라도, 그로 인해 내가 느끼는 기쁨은 10년간 행복을 누리는 경우에 비해서도 결코 적다고 할 수 없을 것이다.

24

　우리 집 정원을 돌보고 있는 성실한 친구는 나의 별난 취향 때문에 어리둥절해할 때가 많다. 그가 나를 바라볼 때면, 난 종종 그의 눈 속에서 놀라고 의아해하는 표정을 읽을 수 있다. 그가 화단을 흔히 하는 방식으로 배치하고, 집 앞에 있는 한 조각의 땅을 아주 깔끔하게 꾸미려 하는 것을 내가 도통 허락하지 않기 때문이다. 그는 처음에는 나의 고지식한 성격을 탓했지만, 이젠 그것만으로는 내 태도를 설명할 수 없음을 알고 있다. 내가 진정으로 좋아하는 것은 온 동네 사람들이 수치스러워할 정도로 초라하고 수수한 정원임을 그로서는 납득하기도 어렵거니와, 나도 물론 그에게 해명하는 것을 포기한 지 오래다. 선한 정원사는 아마도 너무 많은 책들과 고독하게 지내는 습관이 그가 나의 '정신 상태'라고 부르는 것에 얼마간 영향을 미쳤을 것이라고 결론 내릴지도 모른다.

　정원에서 자라는 꽃들 중에서 내가 유일하게 좋아하는 것은 장미, 해바라기, 접시꽃, 백합 같은 전통적인 꽃들뿐이다. 나는 이 꽃들이 되도록 야생화처럼 자라는 것을 보고 싶다. 나는 말끔히 정돈된 대칭형의 화단이 정말 싫다. 그런 화단에 주로 심어지는 존시아니 스눅시아니 하는 괴상한 이름이 붙은 잡종 꽃들은 내 눈에 몹시 거슬린다. 다른 한편으로는, 정원은 어디까지나 정원이어야 한다. 그래서 나는 길가나 들판에서 내 마음을 어루만져주는 꽃들을 정원에다 옮겨 심으려고 하지는 않을 것이다. 예를 들어, 정원에 옮겨 심은 디기탈리스를 보게 된다면 마음이 몹시 아플 것 같다.

특별히 디기탈리스를 떠올리는 것은 지금이 한창때이기 때문이다. 어제 나는 매년 이맘때면 찾아가곤 하는 길에 가보았다. 수레바퀴 자국이 깊이 팬 길을 따라, 거대한 고사리과 식물로 뒤덮이고 느릅나무와 개암나무가 굽어보는 둔덕들 사이를 내려가면 서늘하고 풀이 무성한 구석진 곳이 나온다. 바로 그곳에 고귀한 꽃들이 거의 내 키만 한 줄기에 매달려 있는 것이다. 나는 어디에서도 그보다 멋진 디기탈리스를 본 적이 없다. 그 꽃이 내게 이토록 큰 즐거움을 주는 것은 어린 시절의 기억을 떠올리게 해주기 때문이다. 어린아이에게 디기탈리스는 가장 인상적인 야생화다. 나는 물가에 화사하게 피어 있는 자줏빛 부처꽃이나 고요한 연못에 떠 있는 하얀 수련을 보려고 수 마일씩 걸어갔던 것처럼, 멋지게 무리 지어 피어 있는 디기탈리스를 보기 위해 언제라도 몇 마일씩 걸어가곤 했다.

그런데 우리 집 뒤에 있는 채소밭에 들어설 때면 정원사와 나는 즉시 서로를 이해하게 된다. 그곳에 관한 한 그는 내가 아주 분별력 있게 행동한다고 생각한다. 사실 꽃을 가꾸는 일보다 채소를 기르는 일이 내게 더 큰 즐거움을 주는 것은 아닌지 모르겠다. 나는 매일 아침 식사를 하기 전에 채소들이 얼마나 '더 자랐나' 보기 위해 채소밭을 한 바퀴 돌아본다. 콩깍지가 부풀어 오르고, 감자가 건강하게 자라며, 무와 갓의 싹이 올라오는 것을 지켜보면 행복해진다. 올해는 예루살렘아티초크를 한 뙈기 심었는데 벌써 7~8피트*나 자랐다. 나무 몸통처럼 굵은 줄기와 아름답고 커다란 잎사귀를 바라보노라면 온몸에 힘이 솟는 것 같다. 붉은 강낭콩도 나를 즐겁게 해준다. 강낭콩은 거듭해서 줄기를 받쳐주지 않으면 꽉 찬 열매의 무게 때문에 쓰러지고 만다. 바구니를 들고 채소들 사이를 다니면서 수확을 하노라면 특별한 기쁨이 느껴진다. 자연이 이처럼 풍성한 먹을거리를 제공함으로써 나를 극진히 배려하는 것 같은 생각이 들기 때문이다. 게다가 푸성귀들의 냄새마저 얼마나 상쾌하고 건강에 좋은지! 특히 바로 얼마 전에 소나기가 내렸을 경우에는 더 그렇다!

올해는 멋진 당근도 조금 심었다. 쭉 뻗은 미끈한 원추형인데, 그 색깔만 보아도 기분이 좋아진다.

---

* 1피트는 약 30.48센티미터.

25

두 가지 이유로 내 생각은 이따금 런던으로 향한다. 거장이 켜는 바이올린의 길게 떨리는 음이나 기막히게 좋은 목소리가 내는 완벽한 선율을 듣고 싶고, 그림 구경도 하고 싶기 때문이다. 음악과 그림은 언제나 내게 많은 것을 의미했는데 여기서는 오직 기억 속에서만 그것들을 즐길 수 있을 뿐이다.

물론 콘서트홀과 전시장에서 겪는 불편한 일들도 있다. 콘서트홀에서 청중 가운데 앉아 있노라면 양옆에서 떠들어대는 멍청한 사람들 때문에 훌륭한 음악에서 얻는 즐거움이 크게 훼손된다. 그림 전시장에서는 15분만 지나면 머리가 아파오기 시작한다. "지금의 나는 예전의 내가 아니다(Non sum qualis eram)"**라는 말이 생각난다. 예전에는 파티***의 노래를 듣기 위해 푯값이 가장 싼 위층 관람석 입구에서 몇 시간을 기다린

** 호라티우스의 《송시(誦詩)》에 나오는 구절이다.
*** 이탈리아의 소프라노 가수인 아델리나 파티(1843~1919)를 가리킨다.

적도 있지만 공연이 끝날 때까지 한순간도 피곤하다는 생각이 들지 않았다. 로열아카데미* 전시장에서는 어느덧 오후 4시가 되었음을 알고 깜짝 놀라면서 아침 이후로 아무것도 먹지 못했다는 것을 깨달은 적도 있다. 하지만 지금은 '혼자서' 즐길 수 있는 게 아니면 그 어떤 것도 진정으로 즐기지 못하는 게 사실이다. 우울하게 들리는 이야기다. 선남선녀들이 이런 고백을 우연히 엿듣게 된다면 어떤 말들을 할까. 이런 사실을 부끄러워해야 하는 걸까?

나는 그림 전시에 관한 신문 기사라면 하나도 빠짐없이 읽는다. 특히 그 그림들이 풍경화일 경우에는 더없이 즐겁다. 그림의 제목만 보고도 온종일이 즐거울 때도 종종 있다. 내 마음속에 바닷가며 강가며 황야나 숲을 조금이라도 떠올리게 하는 제목들의 경우가 그러하다. 작품 평이 아무리 변변찮아 보이더라도 그 글을 쓰는 기자는 대체로 이러한 주제들에 대한 감식안을 지니고 있는 법이다. 그의 묘사는 내 눈으로는 결코 다시 못 볼 온갖 곳들로 나를 데려가준다. 나는 그가 무의식중에 이런 마법을 부린 것에 대해 감사한다. 따지고 보면 런던에 가서 그림들을 직접 보는 것보다 이러는 편이 훨씬 낫다. 물론 그림들을 실제로 본다고 해도 실망하는 일은 없을 것이다. 나는 영국의 풍경화가 중 가장 덜 알려진 사람까지도 사랑하고 존경한다. 하지만 한꺼번에 너무 많은 그림들을 보려고 하다가는 예전처럼 현대적 삶의 조건에 대한 피로감을 드러내며 투덜거리게 될지도 모른다. 나는 한두 해 동안 아무런 불평 없이 살아왔다. 내게 이보다 좋은 일이 어디 있겠는가.

* 영국의 왕립 미술원을 가리킨다.

26

　최근에 나는 음악을 듣고 싶다는 생각을 죽 하고 있었다. 그러다 참으로 우연한 기회에 그 욕구를 충족시킬 수 있었다.

　어제는 엑서터에 갈 일이 있었다. 해 질 무렵 그곳에 도착해 볼일을 보고 따사로운 석양빛을 받으며 집으로 돌아오고 있었다. 서던헤이에서 아래층 창문이 열려 있는 어떤 집을 지나치는데 피아노 소리가 들렸다. 솜씨 있는 연주였다. 나는 기대에 부풀어 걸음을 멈추었다. 그리고 1~2분이 지나 연주자가 내가 가장 사랑하는 쇼팽의 야상곡을 연주하기 시작했다. 그 순간의 기분을 어떻게 표현해야 할까. 가슴이 뛰었다. 나는 내 주위를 맴도는 장려한 음악에 취한 채 짙어지는 어둠 속에 서 있었다. 그리고 황홀경에 빠져 전율했다. 음악이 멈추자 나는 한 곡을 더 들을 수 있기를 기대하면서 기다렸다. 하지만 더 이상 아무 소리도 들리지 않았고, 나는 다시 가던 길을 갔다.

　음악을 듣고 싶을 때마다 들을 수 없다는 것이 내게는 더 잘된 일일 수도 있다. 그렇지 않다면 때로 이처럼 우연히 듣게 되는 음악이 선사하는 강력한 쾌감을 느낄 일은 없을 것이기 때문이다. 나는 걸어오는 동안 집까지의 먼 거리도 잊었고, 아직 채 반도 오지 못했을 거라고 생각하는 사이에 어느새 집에 도착해서는 미지의 은인에게 고마움을 느꼈다.

오래전에 지나가버린 시절에 이와 비슷한 심경이었던 적이 종종 있다. 찢어지게 가난했을 때는 그런 일이 없었지만, 웬만큼 가난했던 시절에는 내가 하숙하던 집에서 누군가가 피아노를 치기도 했는데 그럴 때마다 얼마나 기뻤는지 모른다! 나는 방금 '피아노를 쳤다'고 했는데, 이 표현은 의미하는 바가 크다. 나는 음악에 매우 관대한 편이다. 가장 넓은 의미로 음악이라고 부를 수 있는 것은 무엇이든 환영했고 고맙게 여겼다. 심지어 '다섯 손가락 연습곡' 같은 것도 때로는 없는 것보다는 나았다. 마침 책상에 앉아 글을 쓰느라 끙끙거리고 있을 때라 그 곡조가 고맙게 느껴졌고 내게 도움이 되었다. 아마도 그런 상황에서 어떤 사람들은 미친 듯이 화를 냈을지도 모르지만, 내게는 음악 소리 비슷한 것이면 무엇이든 언제나 하늘이 준 선물처럼 여겨졌다. 그 소리는 내 생각을 가다듬게 해주었고, 글이 술술 쓰이게 해주었다. 심지어 거리의 악사가 연주하는 오르간 소리도 나를 행복한 기분에 젖게 했다. 나는 그 음악 덕분에 많은 페이지를 써 내려갈 수 있었다. 그때 그런 음악이라도 없었다면 나는 칙칙하고 우울한 기분에 빠져들고 말았을 것이다.

주머니에 돈 한 푼 없이 참담한 심경으로 런던의 밤거리를 걷고 있을 때 바로 어제처럼 열린 창문에서 흘러나오는 음악 소리가 내 발걸음을 멈추게 한 적이 한두 번이 아니었다. 지금도 생생하게 기억나는데, 지치고 허기지고 좌절된 열정으로 괴로워하며 첼시로 돌아가던 중에 이턴스 퀘어에서 그런 순간을 경험한 적이 있었다. 그날 나는 수 마일에 이르는 거리를 정처 없이 걸어 다녔다. 내 몸을 혹사한 뒤 그대로 곯아떨어져 모든 것을 잊고 싶었기 때문이었다. 그때 어디선가 피아노 소리가 들려왔다. 가만 보니 어느 집에서 파티가 열린 듯했다. 나는 한 시간 정도 마음껏 음악을 즐겼는데, 아마도 그 집에 초대된 손님 중 누구도 나만큼 즐기지는 못했을 것이다. 그런 다음 나의 초라한 하숙집으로 돌아왔을 때, 나는 더 이상 누군가가 부럽지도 않았고, 좌절된 욕망 때문에 미칠 것 같지도 않았다. 그리고 잠들기 전에 나를 위해 연주해주고 내게 마음의 평화를 가져다준 미지의 연주자에게 감사했다.

27

　오늘은 《템페스트》를 읽었다. 이 작품은 내가 가장 좋아하는 희곡인데, 당연히 잘 안다고 생각해서인지 셰익스피어 전집을 펼칠 때마다 으레 지나쳐버리곤 한다. 하지만 셰익스피어에 관해서는 늘 그렇듯이, 이 희곡을 다시 읽고 나서는 내가 생각했던 것보다 내 지식이 불완전하다는 사실을 알게 되었다. 우리가 아무리 오래 살아도 우리의 지식은 언제나 불완전할 것이고, 책장을 넘길 힘이 있고 책을 읽을 마음이 남아 있는 한 우리의 지식은 늘 불완전하다는 것을 알게 될 것이다.

　나는 이 희곡이 셰익스피어의 마지막 작품이었다고 믿고 싶다. 그가 스트랫퍼드의 고향 집에서, 그의 어린 시절에 영국의 농촌을 사랑하도록 가르쳐주었던 들판을 날마다 거닐면서 썼을 것이라고 믿고 싶다. 이 작품은 최고의 상상력과 거장의 솜씨로 빚어낸 잘 익은 과실이다. 일생의 업으로 영어를 연구하는 사람에게는, 단지 언어 구사력만 보더라도, 셰익스피어를 제외하고는 나름대로 위대하다고 할 수 있는 이들의 모든 업적을 셰익스피어가 가뿐히 능가하는 것을 지켜보는 것만큼 즐거운 일이 또 있을까?《템페스트》를 집필하는 동안 셰익스피어는 그가 창조해 낸 수호정령 에어리얼이 흉내 낼 수 없는 축복의 말과 비할 데 없는 선율을 지닌 어구를 그의 귓가에 속삭이는 것을 듣고 싱긋 미소 지으며, 자신이 지닌 이러한 힘을 각별히 의식했으리라는 생각을 하게 된다. 그는 언어를 가지고 놀며, 언어의 잠재성을 새로이 발견하는 것을 즐기는 듯 보인다. 왕부터 걸인에 이르기까지 모든 계급과 모든 부류의 사람들이 그의 입술을 빌려 말하고 있다. 그는 요정의 세계에 관한 구비 설화를 들려주었다. 그리고 이제는 인간도 요정도 아닌 반인반수의 존재를 창조해 내 그것에 걸맞은 언어를 부여해주면서* 즐거워하고 있다. 그의 언어들은, 만물이 번식하는 습한 대지와, 결코 땅 위로 올라갈 수 없는 창조물들의 삶을 어떻게 이토록 맛깔나게 그려내는 것일까! 우리는 이 점에 대해 충분히 생각하지 않고 있다. 제대로 감상할 능력이 부족하기 때문에 경탄마저 아끼게 되는 것이다. 기적이 우리 눈앞에서 일어나고 있는데도 우린 좀처럼 그것을 주목하지 않는다. 우리가 자연의 어떤 경이로움에 대해 잠시라도 곰곰 생각해보는 일이 거의 없는 것처럼, 그 기적은 어느새 우리 마음속에서 익숙한 것이 되어버린 탓이다.

《템페스트》에는 모든 희곡 중에서 가장 고귀한 명상적 구절이 들어 있다. 이 구절은 셰익스피어의 궁극적인 인생관을 구현하고 있고, 철학의 가르침들을 요약하고자 하는 사람이라면 누구나 반드시 인용하는 것이다. 또한《템페스트》에는 그의 가장 아름다운 서정시들과 더없이 감미로운 사랑의 구절들, 그리고《한여름 밤의 꿈》의 지고한 아름다움을 무색하게 한다고 생각지 않을 수 없는 요정 세계에 대한 묘사가 포함되어

---

* 《템페스트》1막 2장.

있는데, 프로스페로가 "언덕, 개울, 고인 연못, 숲의 요정들"*에게 작별을 고하는 장면이 바로 그것이다. 우리는 또 하나의 기적을 보고 있는 것이다. 이런 구절들은 몇 번을 다시 읽어도 진부하게 느껴지지 않는다. 다시 읽을 때마다 매번 시인의 머릿속에서 갓 빚어진 것처럼 늘 신선하게 다가온다. 또한 완벽하기 때문에 결함을 알게 되어 싫증이 나 시들하게 느껴지는 일도 결코 없다. 이러한 구절들의 아름다움은 결코 완전히 음미될 수 없으므로 다음번에 읽을 경우를 위한 짜릿한 맛은 언제나 남아 있는 법이다.

내가 영국에서 태어난 것을 다행으로 여기는 이유가 많이 있는데, 그중에서 으뜸가는 것은 셰익스피어를 모국어로 읽을 수 있다는 것이다. 내가 만약 그를 직접 대면할 수 없고, 멀리서만 그의 목소리를 들을 수 있으며, 그것도 오직 힘겨운 지적 노력을 통해서만 살아 있는 영혼에 가닿을 수 있는 어조로만 그의 목소리를 들을 수 있다고 생각하면 싸늘한 낙담과 삭막한 박탈감에 사로잡히게 된다.

나는 내게 호메로스를 읽을 수 있는 능력이 있다고 믿어왔다. 그리고 그의 작품을 진정으로 즐길 수 있는 사람이 있다면 그건 바로 나일 거라고 생각해왔다. 하지만 호메로스가 내게 그의 모든 음악을 들려주고 있으며, 그의 말이 그리스인들이 살았던 고대 그리스의 해변을 거닐던 그와 지금의 내게 똑같은 것을 의미할 거라고 잠시라도 꿈꿀 수 있을까? 나는 광대한 시간을 가로질러 내게 도달하는 것은 희미하고 단속적인 메아리에 불과하다는 것을 잘 알고 있다. 세상의 태곳적 영광의 희미한 반영과도 같은 젊은 날의 기억들과 뒤섞이지 않았다면 그 메아리가 더

---

* 《템페스트》 5막 1장.

욱더 희미했으리라는 것도 잘 알고 있다.

　이 세상의 모든 나라 사람들이 자기네 나라의 시인을 즐겨 읽도록 하자. 시인은 그 나라 자체이고, 그 나라가 지닌 위대함과 감미로움의 집합체이자 다른 나라에는 전수할 수 없는 유산으로, 사람들은 이를 위해 살기도 하고 죽기도 한다. 책을 덮자 사랑과 경외심이 나를 사로잡는다. 나의 벅찬 가슴이 우리를 매혹시킨 위대한 인물에게로 향하고 있는지, 그가 부린 마법에 걸려 있는 섬나라로 향하고 있는지는 잘 모르겠다. 나는 이 둘을 따로 떼어서 생각할 수 없다. 목소리 중의 목소리라고 할 수 있는 셰익스피어의 작품이 일깨우는 사랑과 경외심 속에서는 셰익스피어와 영국이 하나인 것이다.

가을

아침을 환히 밝혀주던 햇살이 천천히 모여든 구름 사이로 숨어들었지만, 그 빛의 일부가 여전히 대기 속에 머물다가 조용히 내리는 비를 금빛으로 물들이는 듯 보인다. 정원의 고요한 나뭇잎들 위로 후드득 소리와 함께 빗방울 듣는 소리가 들려온다. 그 소리가 내 마음을 부드럽게 어루만져주면서 차분한 사색으로 나를 이끈다.

1

올해는 오랫동안 햇빛을 볼 수 있었다. 몇 달이 지나는 동안 내내 험상 궂은 하늘을 보는 일이 극히 드물었다. 나는 7월이 8월로, 8월이 9월로 바뀌는 것을 거의 알아채지 못했다. 길가가 노란 가을꽃들로 장식된 것을 보지 못했다면 여전히 여름인 줄 알았을 것이다.

나는 요즘 조팝나물 때문에 분주한 나날을 보내고 있다. 좀 더 자세히 말하면, 되도록 다양한 조팝나물들을 서로 구분하는 법을 배우고 각각의 이름을 익히는 중이다. 나는 과학적인 분류 같은 것에는 관심이 없다. 그 런 것은 나의 사고방식과도 어울리지 않는다. 나는 산책길에서 마주치는 모든 꽃들을 각자의 이름으로(가급적이면 '향명'으로) 부를 수 있기를 바란다.

"오, 이건 조팝나물이잖아"라고 부르는 것으로 만족할 수는 없지 않은 가? 그건 모든 노란색 설상화를 '민들레'로 취급하는 것보다 약간 나을 뿐이다. 꽃들 각자의 개성을 알아줘주면 꽃들도 기뻐할 것 같다는 생각 이 든다. 내가 꽃들 모두에게 얼마나 많은 빛을 지고 있는지를 생각한다면, 적어도 각각의 꽃을 구별해서 인사를 해야 하지 않을까.

같은 이유로 나는 '히에라시움'이라는 학명보다는 '조팝나물'이라는 이름으로 부르는 게 더 좋다. 평범한 말이 더 친근하게 들리는 법이다.

2

　가끔씩 어떤 책을 읽고 싶다는 생각이 엄습할 때가 있는데, 왜 그러는지 그 이유를 알지 못할 때도 있고, 때로는 아주 사소한 암시에 자극을 받아 그럴 수도 있을 것이다. 어제는 땅거미가 질 무렵 산책을 나섰다. 한 오래된 농가에 이르렀을 때 정원 출입문 앞에 마차 한 대가 서 있는 게 보였다. 우리 의사 선생의 이륜마차였다. 나는 그 마차를 지나친 다음 뒤를 돌아보았다. 굴뚝들 너머로 희미하게 타오르는 노을이 보였다. 한 농가의 2층 창문에서 불빛이 반짝였다. 나는 "트리스트럼 샌디다"*라고 중얼거리고는 서둘러 집으로 돌아와 아마도 한 20년쯤 펼쳐보지 않았을 책 속으로 빠져들었다.

　얼마 전에는 아침에 잠에서 깨면서 문득 괴테와 실러가 주고받은《서간문》이 떠올랐다. 나는 얼른 책을 보고 싶은 마음에 조바심이 나서 평

---

* 영국 작가 로렌스 스턴(1713~1768)의 장편소설《신사 트리스트럼 샌디의 인생과 생각 이야기》의 주인공을 가리킨다.

소보다 한 시간이나 일찍 일어났다. 충분히 그럴 만한 가치가 있는 책이었다. 존슨을 잠자리에서 끌어냈다는 오래된 버턴의 책*보다 훨씬 더 값진 책이었다. 우리 주변 어디에서나 들을 수 있는 부질없거나 독기 서린 말들을 잊게 도와줄 뿐만 아니라, 우리로 하여금 "이런 멋진 사람들이 있는"** 세상에 대한 희망을 품게 하는 책인 것이다.

나는 이런 책들을 가까이에 두고 있었다. 읽고 싶을 때면 언제라도 손을 뻗어 책꽂이에서 꺼낼 수 있도록. 하지만 머릿속에 떠오른 책을 구하기가 어렵거나 시간이 걸릴 때도 종종 있다. 그럴 때면 아쉬운 마음에 한숨을 쉬거나 그 책을 읽고 싶다는 생각을 버린다. 아! 다시는 읽지 못할 책들이여! 그 책들은 내게 기쁨을 주었고, 어쩌면 그 이상의 것을 주었을지도 모른다. 또한 내 기억 속에 향기를 남겼지만 삶은 그 책들을 영영 지나쳐버리고 만 것이다.

가만히 생각에 잠기다 보면, 책들이 눈앞에 하나씩 차례로 떠오른다. 부드럽게 내 마음을 어루만져주는 책, 내게 영감을 불러일으키는 고귀한 책, 한 번이 아니라 두고두고 숙독할 가치가 있는 책. 나는 이제 그 책들을 다시는 손에 들지 못하리라. 세월은 너무나 빨리 흘러가는데 내게 남은 시간은 얼마 없다. 어쩌면 침대에 누워 임종을 기다릴 때 그 잃어버린 책들 중 몇몇이 나의 방황하는 생각 속에 떠오를지도 모르겠다. 그러면 나는 한때 신세를 졌던 친구들, 살면서 마주쳐 지나갔던 친구들을 기억하듯 그 책들을 기억하게 되리라. 책들에게 마지막으로 작별 인사를 할 때면 얼마나 마음이 아플까!

* 영국의 목사이자 문필가인 로버트 버턴(1577~1640)의 《우울의 해부》를 가리킨다.
** 《템페스트》5막 1장.

3

　누구나 한번쯤 겪는 일이라고 생각되는데, 마음이 부리는 마술 같은 것이 나를 어리둥절하게 할 때가 종종 있다. 책을 읽거나 생각을 하던 중에 느닷없이, 딱히 뭐라고 할 만한 어떤 연상이나 암시가 없었는데도 내가 아는 어떤 장소의 환영이 눈앞에 떠오르는 것이다. 어떻게 해서 그 특정한 곳이 내 마음의 눈에 나타나게 되는지 그 경위를 설명하기란 불가능하다. 두뇌의 충동은 너무도 미묘해서 아무리 연구를 해도 그 근원을 밝혀내기가 힘들다. 가령 책을 읽는 중이라면, 내 앞에 펼쳐놓은 페이지 속의 어떤 생각이나 하나의 구절 또는 단지 단어 하나가 기억을 일깨우는 구실을 할 수도 있다. 만약 다른 일을 하는 중이라면, 눈에 보이는 물체나 냄새, 촉감이 그런 역할을 한다. 심지어 몸의 특정한 자세만으로 얼마든지 과거의 무언가를 떠올릴 수 있다. 때로는 어떤 환영이 나타났다가 사라지면 그걸로 끝이다. 하지만 기억이란 것은 우리의 의지와는 상관없이 작용하기 때문에 때로는 환영이 꼬리를 물고 이어지기도 한다. 그리고 한 장면과 그다음 장면 사이에는 아무런 연관성이 없을 수도 있다.

10분 전에 나는 우리 집 정원사와 이야기를 나누고 있었다. 화제는 토양의 성질로, 정원의 흙이 어떤 특정한 채소를 심기에 적당할 것인지 아닌지에 관한 것이었다. 그런데 느닷없이 내가 아블로나* 만(灣)을 바라보고 있음을 깨달았다. 내 생각이 그쪽으로 샌 것은 분명 아니었다. 내 머릿속에 떠오른 광경은 내게 충격에 가까운 놀라움을 안겨주었다. 지금도 나는 그 순간 어떻게 그곳을 떠올리게 되었는지를 알아내려고 애써보지만 허사일 뿐이다.

내가 아블로나를 볼 수 있었던 것은 순전히 운이 좋았기 때문이다. 코르푸**에서 브린디시***로 가던 길이었다. 기선은 오후 늦게 출항했고, 바람이 약간 불고 있었다. 12월의 밤이 쌀쌀해서 나는 일찍 잠자리에 들었다. 그리고 아침에 첫 햇살이 비칠 때 이탈리아 항구에 가까워졌기를 기대하며 갑판 위로 올라갔다. 그런데 놀랍게도 산으로 둘러싸인 해안이 보였고, 우리 배가 그곳을 향해 전속력으로 항진하고 있는 게 아닌가. 어디냐고 물어보니 알바니아의 해안이라고 했다. 우리가 탄 배는 그다지 내항성(耐航性)이 좋은 편이 아닌 데다, 승객들을 불안하게 할 정도는 아니지만 바람이 여전히 조금씩 불고 있어, 선장은 아드리아 해를 반쯤 건넜을 때 회항을 하여 눈 덮인 산으로 둘러싸인 정박지에서 쉴 곳을 찾고 있다는 것이었다. 우리는 이내 널따란 만으로 들어갔는데, 그 좁다란 입구에는 섬이 하나 있었다. 나는 가지고 있던 지도를 보고 우리가 어디 있는지를 알 수 있었다. 길게 늘어서서 만을 지키고 있는 산들이 남쪽으로 아크로케라우니아 곶을 이루고 있는 광경을 나는 무척 흥미롭게 바라보

---

* 아드리아 해에 면한 알바니아 남부의 항구 도시 블로러의 옛 명칭.
** 그리스 서부에 있는 케르키라 섬의 이탈리아 이름이다.
*** 이탈리아 남부의 항구 도시.

왔다. 안쪽 해안 높은 곳에 자리 잡고 있는 조그만 마을은 고대에 아울론이라고 부르던 도시였다.

우리는 이곳에 닻을 내리고 하루 종일 정박을 했다. 식량이 떨어지자 선원들을 보트에 태워 육지로 보냈다. 그들이 사 온 것 중에는 특별히 맛이 고약한 빵이 있었는데, 그들은 그것을 '태양에 구운 빵(cotto al sole)'이라고 했다. 하늘에는 구름 한 점 없었고, 저녁이 될 때까지 우리 머리 위에서는 바람이 윙윙 불었지만 주변의 바다는 새파랗고 고요했다. 나는 따뜻한 햇볕을 쬐면서 아름다운 절벽들과 숲이 무성한 해변의 골짜기를 바라보며 눈요기를 했다. 그리고 장엄한 일몰이 펼쳐졌다. 이윽고 언덕의 움푹 들어간 곳마다 조용히 어둠이 내리자 언덕은 짙디짙은 녹색으로 변했다. 한 작은 등대에서 불빛을 비추기 시작했다. 항구에 내린 완벽한 정적 속에서 나는 해안에 부드럽게 부딪치며 부서지는 파도의 속삭임을 들을 수 있었다.

다음 날 해가 뜰 무렵 우리는 브린디시 항구로 들어갔다.

4

영시(英詩)의 특징적 모티프는 자연에 대한 사랑, 그중에서도 영국의 농촌 풍경에서 보이는 자연에 대한 사랑이다. 근대 영어 초기에 쓰인 '뻐꾸기 노래'*부터 완벽한 사랑스러움을 지닌 테니슨** 최고의 시구에 이르기까지 자연에 대한 사랑의 기조(基調)는 어디에서나 발견된다. 심지어 연극의 전성기 중에도 끈질기게 그 맥을 이어왔다. 셰익스피어에게서 자연을 묘사하는 대목들과 농촌의 삶과 정경에 대한 가벼운 언급들을 모두 덜어낸다면 그 손실이 얼마나 클 것인가! 약강격(弱强格)*** 연구(聯句)의 지배가 이러한 토속 음악을 제한하기는 했지만 완전히 억누르지는 못했다. 포프**** 같은 시인도 있긴 했지만, 당대에도 '저녁에 부치는 노래'

---

* 현존하는 가장 오래된 돌림노래.
** 앨프리드 테니슨(1809~1892). 영국 빅토리아 시대의 시인.
*** 시의 운율이 약한 음절 하나에 강한 음절 하나가 따라 나오는 형태를 가리킨다.
**** 알렉산더 포프(1688~1744). 영국의 시인, 비평가.

와 '애가(哀歌)'***** 같은 작품이 나왔다. 영국 서정시의 보고(寶庫) 중에서도 사상의 아름다움과 표현의 고귀함에서 타의 추종을 불허하는 이 두 편의 시는 아마도 지금까지 쓰인 것들 중에서 본질적으로 가장 영국적인 시로 남아 있을 것이다.

우리 민족의 심성이 지닌 이와 같은 속성은 영국의 회화 유파가 생겨나는 데 일조했다. 늦게 등장하긴 했지만, 이러한 유파가 나타났다는 사실은 그 자체만으로 충분히 주목할 만하다. 영국인들만큼 이런 종류의 성취를 위한 자질을 갖추지 못한 민족은 일찍이 없었을 것이다. 그러나 영국인들은 영국의 초원과 개울과 언덕에서 느끼는 기쁨이 너무도 큰 나머지 말로만 표현하는 데 만족하지 못하고 붓과 연필과 에칭 도구를 집어 들고 새로운 형태의 예술을 창조해냈다. 국립미술관의 소장품들도 영국 풍경화의 풍부함과 다양함을 지극히 불완전하게 보여주고 있을 뿐이다. 모든 기법을 망라한 영국 풍경화의 최고 걸작들만을 모아 적절하게 전시할 수 있다면, 그 그림들을 바라보는 영국인들의 마음속에서는 긍지와 황홀감 중에 어떤 감정이 우위를 차지하게 될까.

터너******가 오랫동안 홀대받아온 것은 그의 천재성이 진정으로 영국적인 것으로 보이지 않는다는 사실 때문임은 의심할 여지가 없다. 터너는 낯익은 풍경을 그릴 때조차도 익숙한 시각에서 그것을 표현하지 않는다. 그런 이유로 예술가나 지적인 문외한 그 어느 쪽도 그의 그림에 만족하지 못한다. 그는 우리에게 장려한 비전을 보여준다. 우린 그의 장려함을

***** 각각 윌리엄 콜린스(1721~1759)와 토머스 그레이(1716~1771)의 작품이다. '애가'의 정확한 제목은 '시골 묘지에서 읊은 애가'이다.
****** 윌리엄 터너(1775~1851). 영국의 풍경화가. 영국 최초의 빛의 화가로 빛과 색의 연구에 몰두했으며, 이탈리아, 프랑스, 스코틀랜드 등을 여행하고 많은 풍경화를 그렸다.

인정하면서도, 그의 그림에는 본질적이라고 여기는 무언가가 빠져 있다고 생각하는 것이다. 터너가 영국의 농촌을 제대로 음미했는지, 영시의 정신이 그에게 내재해 있었는지 의문이 든다. 또한 우리가 아름답다고 하는 평범한 것들의 본질적인 의미가 그의 영혼에 현시되었는지도 의문스럽다. 물론 이런 의문이 색채와 형식의 시인으로서의 그의 위대함에 어떤 영향을 끼치지는 못한다. 다만 이러한 의문 때문에 영국이 결코 그를 사랑할 수 없었던 것은 아닐까 하는 생각이 드는 것이다. 만약 지성인 중 누군가가 자신은 버킷 포스터*를 더 좋아한다고 솔직히 말한다면, 난 빙그레 미소 짓겠지만 그가 왜 그런 말을 하는지 이해할 것이다.

---

* 마일스 버킷 포스터(1825~1899). 영국 빅토리아 시대에 인기 있던 수채화 화가이자 판화가, 삽화가로 수많은 풍경화를 남겼다.

5

이 노트에 글을 쓰지 않은 지도 오래되었다. 9월에 감기에 걸려서 3주 동안이나 앓았기 때문이다.

많이 아팠던 것은 아니다. 열이 좀 나고 기운이 없어서 하루에 한두 시간 가볍게 책을 읽는 것 말고는 다른 데 신경을 쓸 수 없었을 뿐이다. 날씨도 회복에 도움이 되지 못했다. 습한 바람이 자주 불어왔고, 햇빛도 별로 볼 수 없었다. 나는 침대에 누운 채 하늘을 바라보며 구름들을 자세히 관찰했다. 단지 떠도는 잿빛 수증기가 아닌 진짜 구름들은 저마다의 아름다움을 지니고 있다.

책을 읽을 수 없을지도 모른다는 생각은 언제나 나를 두렵게 했다. 언젠가 눈에 탈이 났을 때는, 앞을 못 보게 되면 어쩌나 하는 두려움으로 미쳐버릴 뻔했다. 그러나 지금 내가 처해 있는 상황처럼, 누가 불쑥 찾아올까 봐 두려워할 필요도 없고, 마음을 줄이게 하는 일거리나 근심거리도 없이 이 조용한 집에서 살아갈 때는 책의 도움이 없이도 그다지 지루하지 않게 시간을 보낼 수 있다. 가난의 굴레 속에서 살던 시절에는 생각할 수도 없었던 몽상이 내게 위안을 가져다주었다. 그로 인해 내가 좀 더 지혜로워졌기를 바란다.

사색을 위한 의도적인 노력이 인간을 더 현명하게 만든다고 단정할 수는 없기 때문이다. 삶의 진실들은 우리가 발견할 수 있는 게 아니다. 예기치 못한 순간에 어떤 은혜로운 힘이 우리의 영혼을 사로잡고, 그 영혼에 어떤 정서를 불어넣으면, 어떻게 작용하는 것인지는 모르겠지만 우리의 정신이 그 정서를 하나의 사상으로 바꾸어놓는 것이다. 이런 일은 감각이 평온한 상태, 자신의 존재 전부를 차분한 사색에 내맡길 때에만 일어날 수 있다. 나는 이제 정적주의자*들의 지적 심경을 이해할 수 있다.

물론 나의 선한 가정부는 불필요한 말을 아끼면서 나를 완벽하게 보살펴주었다. 정말 멋진 여인이 아닌가!

일생을 잘 살았다는 증거를 '명예, 사랑, 복종, 많은 친구들'에서 찾아야 한다면, 나는 보통의 이상적인 삶에도 못 미치는 삶을 살아온 게 분명하다. 내게도 친구들이 있었고 지금도 있지만 아주 소수일 뿐이다. 명예와 복종이라, 글쎄, 기껏해야 M. 부인 정도나 이런 축복들을 대표할 수 있으려나? 사랑으로 말하자면……?

스스로에게 솔직해지자. 살아오는 동안 어느 한때라도 나 자신이 누군가에게 사랑받을 자격이 있는 사람이었다고 생각할 수 있을까? 난 그렇게 생각하지 않는다. 나는 언제나 나 자신에게만 지나치게 몰두했으며, 주위의 모든 것에 대해 지나치게 비판적이었고, 터무니없이 오만했다. 나 같은 사람은 아무리 친구가 많아 보여도 홀로 살다가 혼자 죽게 되

---

* '정적주의(靜寂主義)'는 내면 신앙을 강조하는 신비주의 종교에서 흔히 볼 수 있는 경향으로, 인간의 자발적이고 능동적인 행위보다는 초인적인 신의 힘에 전적으로 의지하려는 완전한 수동성과 자의식의 소멸이 더 중요하다는 주장이다.

어 있다. 나는 그 점을 한탄하지 않는다. 오히려 날마다 고독과 침묵 속에 누워서도 그런 처지인 것을 기쁘게 생각했다. 적어도 난 누구를 힘들게 하지 않으며, 그것만으로도 충분히 고마운 일인 것이다. 나의 마지막 날들에 오랜 병고가 나를 기다리고 있지 않기를 간절히 바란다. 이러한 삶을 조용히 향유하다가 단번에 마지막 안식처로 건너갈 수 있기를 소망한다. 그리하면 그 누구도 나에 대해 고통스러운 연민을 느끼거나 지겹다는 생각을 하지 않을 것이다. 내가 어떤 죽음을 맞이하든 간에, 나의 죽음을 마음 아파해줄 사람이 한두 명, 어쩌면 세 명쯤은 있을지도 모르겠다. 하지만 나는 그들에게 나 자신이 어쩌다 한 번씩 다정하게 기억해주는 대상 이상의 존재일 거라는 착각 같은 것은 하지 않는다. 그렇게 기억해주는 것만으로도 내겐 충분하다. 그것은 내가 완전히 잘못 살아오지는 않았다는 것을 의미하기 때문이다. 게다가 지금 누리고 있는 편안한 일상은 내가 꿈조차 꾸지 못했을 은혜를 베풀어준 이의 선한 행위를 입증하는 것이다. 이만하면 만족하다는 말로는 부족한, 행복한 삶을 살고 있는 게 아닐까?

6

경험이라는 호된 매질을 당하지 않고도 분별력을 갖춘 사람들을 보면 부럽기 그지없다! 그런 사람들이 아주 드물지는 않은 듯하다. 내가 말하는 것은, 삶의 여러 가지 가능성들을 놓고 냉혹하게 이해득실만을 따지는 사람들이나, 안전하게 다져진 길을 한번쯤 벗어나볼 상상력을 갖추지 못한 노력형의 바보들이 아니다. 내가 말하는 이들은, 재기 발랄하고 관대하며, 언제나 양식이 이끄는 대로 움직이고, 인생의 단계들을 착실하게 밟아가며, 올바르고 분별 있게 행동하고, 변덕스럽게 굴지 않고, 자연스럽게 발전하면서 사람들에게 존중받고, 남에게 도움을 구하는 일이 거의 없으면서 종종 남을 도와주고, 이 모든 과정을 거치는 동안 언제나 선하고 신중하고 행복한 사람들이다. 나는 이런 사람들이 참으로 부럽다!

나로 말하자면, 돈 없는 사람이 저지를 수 있는 어리석은 짓들을 언젠가 한번쯤은 모두 저질러보았다고 할 수 있다. 천성적으로 내게는 합리적으로 나 자신을 이끄는 능력이 결여되어 있는 듯했다. 나는 소년 시절이나 어른이 되어서나 가는 길에 마주치는 모든 도랑과 수렁에 어김없이 빠지곤 했다. 나만큼 쓰라린 경험의 수확을 많이 거둔 어리석은 사람은 어디에도 없을 것이다. 그러느라 마치 훈장이라도 되는 양 많은 상처를 입은 사람이 나 말고 또 있을까 싶다. 찰싹, 찰싹! 이렇게 정신이 번쩍 들게 하는 매를 맞고 간신히 회복이 될 만하면 난 또다시 매 맞을 짓을 하곤 했다. 점잖게 말하는 사람들은 이런 나를 두고 "현실 감각이 없다"고 했고, 입이 좀 더 거친 사람들은 나더러 "멍청하다"고 했는데 그건 부인할 수 없는 사실이다. 내가 걸어온 멀고 험한 길을 되돌아볼 때마다 나 자신이 얼마나 멍청했는지를 알 수 있다. 나에게는 처음부터 분명 뭔가가 부족했었는데, 그건 정도의 차이만 있지 대부분의 사람들에게 고루 부여된 일종의 균형 원리가 아니었나 싶다. 나한테는 지적 능력이 있었지만, 살면서 겪는 일반적인 상황에서는 그런 게 별로 도움이 되지 않았다. 나를 미궁에서 건져내 지금의 낙원에서 살게 해준 행운이 없었더라면, 나는 분명 죽을 때까지 그 속에서 갈팡질팡했을 것이다. 그러다 내가 비로소 진정으로 분별력 있는 사람이 되려는 순간, 경험의 마지막 채찍이 결정적으로 나를 쓰러뜨리고 말았을 것이다.

_7_

아침을 환히 밝혀주던 햇살이 천천히 모여든 구름 사이로 숨어들었지만, 그 빛의 일부가 여전히 대기 속에 머물다가 조용히 내리는 비를 금빛으로 물들이는 듯 보인다. 정원의 고요한 나뭇잎들 위로 후드득 소리와 함께 빗방울 듣는 소리가 들려온다. 그 소리가 내 마음을 부드럽게 어루만져주면서 차분한 사색으로 나를 이끈다.

오늘은 오랜 독일인 친구 E. B.에게서 편지가 왔다. 오랜 세월 동안 이런 편지를 받는 것은 내 삶에서 하나의 즐거운 사건이 되어왔다. 뿐만 아니라, 이 편지들은 종종 내게 도움과 위안을 주기도 했다. 20년 동안 서로 두 번도 보지 못한 외국인들끼리 생애 대부분의 시간에 걸쳐 다정한 편지를 주고받는 것은 흔치 않은 일임에 틀림없다. 런던에서 처음 만났을 때 우린 젊었고 가난했으며 살기 위해 발버둥치고 있었지만 마음속에는 희망과 이상이 가득했다. 이제 우리는 인생의 황혼기에서 그 아득한 시절을 되돌아보고 있다. B.의 오늘 편지는 차분한 만족감을 드러내는 어조로 쓰여 있어서 내 기분까지 좋아지게 한다. 그는 괴테의 말을 인용하고 있다. "인간은 젊은 시절에 갈망했던 것을 노년에 실컷 누리게 된다."*

괴테의 이 말은 한때는 내게 희망이었다. 하지만 나중에 나는 이 말을 믿지 못하겠다며 고개를 저었다. 그런데 지금은, 내 경우에는 이 말이 진실로 밝혀졌음을 생각하며 미소 짓는다. 괴테의 이 말은 대체 무엇을 의미하는 걸까? 단지 낙천적 기질의 표현인 것일까? 만약 그렇다면 낙천주의는 다소 미심쩍은 일반론에 만족해야 할 것이다. 대부분의 사람들이 젊은 시절에 가졌던 소망을 노년에 이룰 수 있을 거라고 그 누가 자신 있게 말할 수 있을까? 10년 전이었다면 나는 그 말을 전적으로 부정했을 터이고, 그 말을 반박할 수 있는 충분한 근거가 될 증거들을 얼마든지 댈 수 있었을 것이다. 내 경우만 보더라도, 내가 가장 소원했던 것을 마음껏 향유하면서 만년을 보내게 된 것은 단지 행복한 우연이 아닐까? 우연이라고? 하지만 이 세상에 우연이란 것은 없다. 만약 우연이란 게 있다면, 내가 지금 쓰고 있는 돈을 내 손으로 벌었다고 하더라도 그 역시 우연이라고 불러야 마땅할 것이다.

사실 나는 성년이 시작될 무렵부터 책과 함께하는 여유로운 삶을 꿈꾸어왔다. 물론 이런 삶이 젊은이가 마음속으로 바라는 것 중의 하나가 되는 경우는 극히 드물겠지만, 아마도 그것은 훗날 무리 없이 충족될 수 있는 욕구 중 하나일 것이다. 하지만 오직 재물과 그 재물이 보장해주는 권세와 자부심과 물질적 쾌락만을 삶의 목표로 삼는 다수의 사람들에 대해서는 어떻게 생각해야 할까? 우리는 그러한 목표를 성공적으로 이루는 사람들이 아주 적다는 것을 잘 알고 있다. 만약 그러한 목표를 이루

---

* 괴테의 자서전 《시와 진실》 2부에 나오는 구절이다.

지 못한다면, 그들은 결국 모든 것을 잃게 되는 게 아닐까? 그런 사람들에게는 괴테의 말이 한낱 비아냥거림처럼 들리지 않을까?

괴테의 말을 인류 전반에 적용하여 생각해보자. 그러면 결국 그 말이 진실임이 드러날 것이다. 국가의 번영과 만족이라는 말은 필연적으로 그 국가를 구성하는 국민 대다수의 번영과 만족을 포함한다. 바꿔 말하면, 중년이 지난 보통 사람이 자신이 갈구하던 것, 즉 직업적인 성공을 이루었다는 뜻이다. 그 말은 곧, 아마도 그가 젊었다면 이렇게 소박한 야망을 품진 않았겠지만, 사실상 그 야망이 이만큼의 결실을 거두는 데 그쳤다는 의미가 아닐까? 나이 든 사람치고 불만을 품고 있는 사람은 찾아보기 힘들다는 주장으로 낙관적인 견해를 옹호할 수도 있을 것이다. 그건 사실이다. 그러나 나는 인간에게 내재된, 삶의 조건들에 순응하는 능력을 한없이 비통한 사실로 간주해왔다. 만족하는 삶이 곧 체념과, 금지된 것으로 여겨지는 희망의 포기를 의미하는 경우가 너무 많기 때문이다.

내게는 이러한 의문을 해소할 길이 없다.

8

최근에는 생트뵈브*의 《포르루아얄》**을 읽었다. 읽고 싶다는 생각은 종종 했지만, 분량이 많은 데다 그 시기에 대한 관심이 적다 보니 늘 멀리했던 책이었다. 다행히 기회와 기분이 맞아떨어져 책을 읽게 되었고, 충분히 가치 있는 지식을 얼마간 얻게 되어 나 자신이 한층 더 풍요로워진 듯하다. 이 책은 일종의 교화를 위한 책이라고 해도 무리가 없을 것이다. 잠시나마 '포르루아얄의 어른들(Messieurs de Port-Royal)'과 함께 지내다 보면 더 나은 자신이 되는 것을 느낀다. 그들 중에서 가장 훌륭한 이들은 하늘의 왕국에서 그리 멀리 떨어져 있지 않았음이 분명하다.

물론 그들의 기독교는 초창기 기독교와는 다르다. 우리는 책 속에서

* 샤를 오귀스탱 생트뵈브(1804~1869). 프랑스 근대 비평을 확립한 것으로 평가받는 프랑스의 시인, 비평가.
** 생트뵈브의 대표작. 얀센주의의 근거지였던 포르루아얄 수도원의 역사를 기술하고 여기서 배출된 시인들과 작가들을 연구함으로써 얀센주의가 17세기 문학사에 미친 영향을 검토하고 있다. 그는 1837~1838년에는 로잔아카데미에서 포르루아얄에 관한 강의를 하기도 했는데, 이 강의록을 토대로 작성한 방대한 역사서가 《포르루아얄》이다.

여러 신학자들을 만난다. 교리의 그림자가 초기의 거룩한 빛을 흐리게 했지만, 때때로 상쾌하고 향기로운 바람이 불어오기도 한다. 평범한 인간 세상으로는 불어온 적이 없는 듯한 그 바람에서는 인간 필멸의 흔적을 조금도 찾아볼 수 없다.

책 속에는 다양한 인물들의 초상(肖像)이 인상적이고 감동적으로 펼쳐지고 있다. 복원된 그리스도의 비전을 제시한 위대한 영혼의 소유자 생시랑, 화려한 경력의 정점에서 속세를 떠나 명상과 참회의 세계로 돌아선 르메트르, 타고난 천재성과 뛰어난 업적에도 불구하고 영혼과 육체적 순교 사이에서 갈등했던 파스칼, 문법책을 쓰고 고전을 편찬했으며 이상적인 학교 교사이기도 했던 훌륭한 랑슬로, 성자보다는 학자적인 기질을 지녔으나 마음속의 믿음 때문에 오랫동안 괴로워했던 정력적인 아르노, 그리고 그들보다 이름은 덜 알려졌지만 기막히게 겸허하고 아름다운 정신의 소유자인 왈롱 드 보퓌, 니콜, 아몽 같은 인물들 — 이들에 관한 글을 읽노라면 페이지마다 향기가 물씬 풍겨 나온다.

그러나 그중에서 내가 가장 좋아했던 인물은 티유몽이다. 가능하다면 그가 살았던 삶처럼 살아보고 싶다는 생각마저 든다. 그는 정적과 고요 속에 잠긴 채 조용히 기도하고 열심히 공부하는 삶을 살았다. 그의 말에 의하면, 그는 열네 살 때부터 오직 한 가지 주제, 교회사 연구에만 지적 노력을 기울였다. 그는 새벽 4시에 일어나 저녁 9시 반까지 책 읽고 글 쓰는 일을 멈추지 않았다. 오직 성무일과를 암송하고 정오경에 두어 시간 바람을 쐬기 위해서만 연구를 중단했을 뿐이다. 그는 자리를 비우는 일도 거의 없었다. 어쩌다 여행을 떠나야 할 경우에는 지팡이를 짚고 걸어서 갔으며, 성가나 찬송가를 부르면서 발걸음을 가볍게 했다. 더구나 이 심오한 학식을 갖춘 인물은 그 어떤 사람보다도 순수하고 순박한 마음을 지니고 있었다. 그는 길가에 멈춰 서서 아이들과 이야기하는 것을 즐겼으며, 아이들에게 교훈을 가르치면서도 그들의 주의를 끄는 법을 알았다. 소를 돌보고 있는 소년이나 소녀를 보면 그는 이렇게 묻곤 했다. "너처럼 조그만 어린아이가 어떻게 자기보다 훨씬 크고 힘센 동물을 다룰 수 있는 걸까?" 그러고는 인간의 영혼에 관한 이야기를 통해 그 이유를 설명하곤 했다.

티유몽에 관한 이런 이야기들 모두가 내게는 새로운 것이다. 기번의 책을 통해 그의 이름을 알고는 있었지만, 나는 그를 단순히 역사 자료를 열심히 정확하게 편찬한 사람 정도로만 알고 있었던 것이다. 그의 업적도 감탄할 만하지만, 그가 어떤 정신으로 그것을 이루어냈는지를 곰곰생각해볼 필요가 있다. 그는 공부를 위한 공부를 했으며, 오직 진리만을 추구했다. 그의 학식이 사람들에게 알려질 것인지 아닌지에 대해서는 전적으로 무관심했다. 하지만 그의 노력의 결실을 활용할 줄 아는 사람에게는 언제라도 기꺼이 그것을 나눠주었을 터였다.

얀센주의자들*이 살았던 세상에 대해 생각해보자. 그것은 프롱드 당과 리슐리외와 마자랭, 그리고 찬란하게 빛나던 왕 루이 14세의 세상이었다. 베르사유 궁과 포르루아얄을 대비해보자. 그러면 그들의 종교와 교회의 목표에 대해 사람들이 어떻게 생각하든 그들이 위엄 있게 살았음을 인정하지 않을 수 없다. 그들과 비교해볼 때 그 위대한 군주는 한낱

---

* 얀센주의는 네덜란드의 가톨릭 신학자 코르넬리스 얀세니우스가 주창한 교의로, 파리 교외의 포르루아얄 수도원을 중심으로 전개된 종교운동을 가리킨다. 인간의 본성에 대한 비관적인 견해로 인간의 자유의지를 부정하고 하느님의 은총을 강조했다. 동일한 가톨릭교회 개혁의 차원에서 적극적인 사회 활동을 행한 예수회와는 반대로 시대의 현실로부터 스스로를 소외시킴으로써 신앙의 순수성을 유지·고양하고자 했다.

초라하고 비열한 인간에 불과하다. 그가 몰리에르에게 격식을 갖춘 장례를 거부했던 일을 생각해보자. 더 이상 자신을 즐겁게 해주지 못하는 사람을 향한 경멸 어린 무관심은 왕권의 위대함이 어떤 것인지를 진정으로 가늠할 수 있게 해준다. 포르루아얄의 엄숙하고 경건한 이들 중에서 가장 눈에 띄지 않는 이들과 대면하게 할 경우에라도 그 궁에 사는 인물들은 모두가 더없이 불순하고 보잘것없어 보인다. 진정한 위엄은 궁전의 수많은 방들이나 우아한 정원이 아닌, 포르루아얄의 은자들이 기도하고 공부하고 가르쳤던 그 초라한 방들 안에 깃들어 있었던 것이다. 그들의 삶이 인류를 위한 이상이 될 수 있느냐 없느냐를 떠나서, 그들은 무엇보다 인간다운 삶을 살았다. 세상에서 '인간답다'라는 칭송을 받을 수 있는 삶보다 귀한 게 있을까?

9

과학적 실증주의에 대한 피상적 형태의 반응들을 살피는 것은 재미있다. 다윈의 대성공은 한때 크게 유행했던 **불가지론자**(不可知論者)*라는 그럴싸한 말의 발명으로 인해 더욱 두드러졌다. 그러나 유행으로서의 불가지론은 너무나 합리적이라 오래 지속되지 못했다. 그러자 세상일이란 게 돌고 도는 것인지 동양의 마법에 대한 소문이 돌기 시작했고, 이내 할 일 없는 사람들이 '비밀 불교'**에 대해 떠들어대기 시작했다. 구원(救援)의 의미가 담긴 '비밀'이라는 말은 거실에서 이루어지는 한담과도 잘 어울렸다. 하지만 새로운 것을 좋아하는 사람들 사이에서도 이 말의 유행은 그리 오래가지 못했다. 영국인의 취향에는 밀교는 지나치게 이국적이었기 때문이다. 누군가는 영국인이 편안하게 떠올릴 수 있는 강령술(降靈

---

* '불가지론(Agnosticism)'이라는 말은 1869년 토머스 헉슬리(1825~1895)가 처음 사용한 것으로 알려져 있다.
** 7세기 후반 인도에서 성립한 대승불교의 한 유파를 가리키며 '밀교(密敎)'라고도 한다. 불교에서 '비밀'이라는 말은 '참된 의미를 숨기고 가르침을 설하는 것'을 뜻한다.

術)과 강신술(降神術) 같은 것들을 과학적인 견지에서 재고하는 게 어떻겠냐는 제안을 하기도 했는데, 사람들은 그 기회를 놓칠세라 우르르 달려들었다. 미신이 대학 교수의 안경을 통해 위세를 떨치고, 실험실을 차리고 진지한 보고서를 발간하게 했다.

미신의 영역은 나날이 확대되었다. 신기한 것을 퍼뜨리고 다니는 사람들에게는 최면술이 화젯거리를 제공했고, 어색한 그리스어로 된 용어들—다소 어려운 편이라 연습을 거쳐야만 완벽하게 쓸 수 있었다—이 잇따랐다. 또 다른 운 좋은 용어 창시자는 'psychical'*이라는 말—'p' 자는 발음하는 사람의 취향과 기분에 따라 발음을 할 수도 안 할 수도 있는 모양이다—을 만들어냈는데, 유행을 좇는 과학 시대의 자녀들은 이 말을 아주 편하게 받아들였다. "내가 그랬지, 분명 뭔가가 있다니까. 난 늘 뭔가가 있다는 걸 느꼈다고." 그리고 신문 기사를 근거로 판단해보건대, 오늘날에는 심령 '과학'이 중세의 마법과 마음 놓고 손을 잡고 있다. 무언가를 들여다보고 주절거리는 마술사들에게는 돈을 벌기에 좋은 때인 셈이다. 빈민가와 조그만 마을에서 때때로 그러는 것처럼, 점쟁이를 단속하는 법을 상류사회에도 엄격하게 적용한다면 우리는 재미있는 구경을 하게 될 것이다. 그러나 텔레파시를 전파하는 사람을 기소하기는 어려운 일이다. 만약 기소를 한다고 해도, 그런 식으로 광고할 수 있음을 그가 오히려 반기려 하지 않을까!

물론 이런 말들을 사용하는 사람들이라고 해서 모두 똑같은 부류에 속하지는 않는다는 것도 잘 알고 있다. 건강 및 질병과 관련하여 인간의 정신을 연구하는 학문도 있으며, 이런 학문은 양심적으로 유능하게 행해

---

* '심령에 관한', '초능력을 지닌'이라는 의미.

지는 다른 학문들처럼 존중받아 마땅하다. 경망스럽고 술수를 부리는 치들에게 빌미를 제공한다는 이유로 어떤 사상의 자연스러운 흐름을 방해해서는 안 될 것이다. 우리가 존경해 마지않는 사람들이 심령 연구에 깊이 빠져들고 있는바, 그들은 일반적으로 용인되는 삶의 법칙으로는 설명할 수 없는 현상들과 접하고 있다는 확신을 갖고 있다.

그건 그렇다고 치자. 그들은 어쩌면 감각 너머의 세상에서 새로운 발견을 하려는 시점에 와 있는지도 모르겠다. 하지만 나는 이런 종류의 것들에 도무지 흥미를 느끼지 못할 뿐 아니라, 강한 혐오감마저 느끼면서 외면하게 된다. 심령협회에서 검토한 경이로운 이야기들을 그것들이 진실임을 보여주는 반박 불가한 증거와 함께 내 앞에서 늘어놓는다고 해도 나는 어떤 심경—편견이라고 해두자—의 변화도 겪지 않을 것이다. 또 다른 놀라운 이야기들을 들려준다고 해도, 난 여전히 하품을 할 것이며, 역겨움을 느끼면서 이렇게 말할 것이다. "선한 약제사여, 내게 영묘향(靈猫香)을 조금만 다오!"** 내가 왜 이러는지는 나도 잘 모르겠다. 나는 전기를 기계에 응용한 최신 사례에 대해 무관심한 것만큼이나 심령론과 관련된 사실이나 공상에도 무관심하다. 에디슨과 마르코니가 놀라운 새로운 발명으로 세상 사람들을 열광시킬 수도 있고, 나 또한 다른 사람들처럼 감탄하기는 한다. 하지만 난 금세 그 놀라움을 잊고는 모든 면에서 다시 예전의 나로 돌아간다. 이런 일은 조금도 내 관심사가 되지 못하며, 오늘 발표된 새로운 발견이 내일 신문기자의 오보나 날조된 이야기로 밝혀진다 해도 나는 전혀 개의치 않을 것이다.

** 셰익스피어, 《리어 왕》 4막 6장. 원문은 다음과 같다. "Give me an ounce of civet, good apothecary, to sweeten my imagination(선한 약제사여, 네게 영묘향을 조금만 다오, 내 상상력을 진정시킬 수 있도록)."

혹시 내가 융통성 없는 유물론자인 것은 아닐까? 내가 아는 나는 그런 것과는 거리가 멀다. 언젠가 한번은 G. A.와 대화를 나누면서 불가지론자로서의 그의 입장에 대해 언급한 적이 있다. 그는 내 말을 이렇게 정정했다. "불가지론자는 인간의 앎의 영역을 넘어서는 무언가가 '있을 수 있음'을 인정하지. 하지만 난 그런 것을 인정할 수 없어. '알 수 없는 것'이라고 일컫는 것은 내게는 단지 '존재하지 않는 것'일 뿐이라고. 우리는 있는 것을 보고, 그건 곧 모든 것을 보는 것이지."

　나는 그의 말에 일종의 충격을 받았다. 그처럼 뛰어난 지성의 소유자가 이러한 견해를 고수한다는 게 믿기지 않았다. 누가 나 자신이나 주변 세계에 관해 과학적이거나 또 다른 방법으로 어떤 설명을 해준다고 해도 나는 전혀 만족할 수 없으므로, 내가 우주의 신비 앞에서 경탄하지 않는 날은 단 하루도 없다. 인간 지식의 승리니 뭐니 하며 세상에 대고 떠들어대는 것은 유치하다 못해 어리석어 보이기까지 한다.

　예나 지금이나 우리가 아는 단 한 가지는 우리는 아무것도 모른다는 것이다.* 뭐라고! 길거리에 핀 꽃을 따서 살펴보면서, 그것과 관련된 조직학적, 형태학적 지식들과 그 밖의 것을 모두 익혔다고 해서 그 꽃이 지닌 의미를 모두 깨달았다고 생각해도 된다는 말인가? 이런 지식들은 결국 "말, 말, 말"**이 아니고 무엇이겠는가? 물론 관찰의 측면에서는 흥미로울 수 있다. 그러나 이러한 지식들이 흥미로울수록 더 많은 경탄을 자아내고 해답 없는 물음들을 생겨나게 하는 법이다.

　머리가 빙빙 돌 때까지 바라보며 곰곰 생각하다 보면, 손에 쥔 작은 꽃

---

* 플라톤의 《소크라테스의 변명》에서 나온 말이다.
** 셰익스피어, 《햄릿》 2막 2장.

이 하늘의 태양만큼이나 나를 압도하는 기적처럼 느껴진다. 더 이상 알아야 할 것이 없다고? 꽃은 한낱 꽃일 뿐이며, 단지 그뿐이라고? 인간은 진화 법칙의 산물일 뿐이며, 인간의 감각과 지성은 단지 그가 일부를 이루는 자연의 메커니즘을 이해하는 데 쓸모가 있을 뿐이라고? 이런 생각이 누구에게든 정신적 신념이 될 수 있다는 것을 나로서는 믿기 어렵다. 그보다 나는 이렇게 생각하고 싶다. 풀 수 없는 문제 앞에서 절망하거나, 그 문제를 풀 수 있다고 큰소리치는 사람들을 참아내지 못한다면, 눈에 보이는 것이 아닌 모든 것을 단호히 무시하게 되고, 종국에는 어리석어 보이는 자기기만을 초래하게 될 것이라고.

10

우리가 '알 수 없는 것'이라고 부르는 것들은 영원히 '알려지지 않은 것'으로 남을지도 모른다. 이런 생각에서 형언할 수 없는 비애감이 느껴지지 않는가? 앞으로도 인류는 살다가 죽기를 계속할 것이다. 세상의 여명기에 두려운 마음을 달래기 위해 살아 있는 하느님의 형상을 처음으로 빚었던 최초의 인간으로부터, 말세의 황혼녘에 돌이나 나무로 만든 신의 형상 앞에서 쭈그리고 앉아 있게 될 마지막 인간에 이르기까지, 그 긴 시간 동안 살다가 죽기를 반복하는 동안 사람들은 그 누구도 자신의 존재 이유가 무엇인지를 알지 못한다. 헛되고 무의미하게 고귀한 고통을 겪은 예언가들과 순교자들, 영원하기를 바랐던 사상이 한낱 부질없는 꿈으로 끝나버린 현자들, 살아 있는 하느님의 모습을 떠올리게 하는 삶을 살았던 마음이 청결한 사람들*, 내세에서 위안을 찾을 수밖에 없었던, 고통받고 슬픔에 잠긴 사람들, 지고한 심판자에게 절규하던 불의의 희생

---

* 신약성경 마태복음 5장 8절 참조.

자들. 이들 모두가 침묵 속으로 사라졌는데, 그들이 거쳐 갔던 이 지구는 그 깊이를 알 수 없는 허공에서 죽은 듯 냉랭하게 회전하고 있을 뿐이다.

이러한 비극에서 가장 비극적인 사실은 그 비극이 '생각할 수 없는 것'이 아니라는 점이다. 우리의 영혼은 항거하면서도, 그 항거를 통해 한층 더 고귀한 운명을 보장받을 생각은 감히 하지 못한다. 우리의 삶을 이런 식으로 바라보노라면, 예의 비극이 관객도 없이 공연되고 있다는 생각을 하기가 더 쉽지 않겠는가? 사실 말이지, 거기에 무슨 관객이 있을 수 있겠는가? 지금 살고 있는 모두에게 이름 중의 이름이 한갓 텅 빈 상징으로 전락하여 이성과 믿음에게 배척당할 날이 올지도 모른다. 하지만 비극은 계속 상연될 것이다.

나는 그 비극이 '생각할 수 없는 것'이 아니라고 말하고 있다. 그렇다고 해서 우리의 삶이 인간의 지성에 드러내 보이는 의미 이상의 것을 포함하고 있지 않다는 말은 아니다. 우리의 지성 자체가 그러한 가정을 거부한다. 내 경우에는 그런 가정을 참을 수 없을 뿐 아니라 경멸하기까지 한다. 내가 알게 된 이 세상의 이론 중에서 단 한 순간이나마 나를 납득시킬 만한 것은 없다. 내 마음을 편안하게 해줄 수 있는 설명이 존재할 가능성은 아예 꿈도 꾸지 못한다. 그렇지만 만물을 주재하는 이성이 있으리라는 확신에는 변함이 없다. 나의 오성(悟性)을 넘어서고, 나로서는 그 희미한 빛조차 감히 파악할 수 없는 그 이성이 창조적인 힘을 내포하고 있음이 분명하다. 따라서 그 이성은 나의 사상을 이루는 필수 요소이면서, 동시에 내 사상에 의해 아무것도 아닌 것으로 비판받기도 한다. 이는 시간과 공간의 무한성에 대한 우리의 개념에 영향을 미치는 이율배반과도 같은 것이다.

합리적인 과정이 그 최종 단계에 이르렀다고 누가 단정할 수 있겠는가? 어쩌면 우리가 보기에 넘어설 수 없는 사상의 한계들로 보이는 것도 인간의 역사를 놓고 보면 초기 단계의 조건들에 불과한지도 모른다.

그 조건들 가운데서 '미래 국가'의 존재에 대한 열쇠를 찾고자 하는 이들은 그 미래상으로 이행하는 점진적 단계를 반드시 상정해야만 한다. 야수보다 별반 나을 것도 없는 야만인들도 고도로 발달한 문명을 누리고 있는 사람들과 똑같은 '새 생활'을 하게 될 것인가? 이러한 정신적 모색은 우리의 무지를 입증하는 것이다. 이상한 것은, 누구나 이런 모색을 하다 보면 우리의 무지가 곧 궁극적인 앎이라는 결론에 도달하게 된다는 것이다.

11

그러나 아마도 그것은 다가올 세상의 인간의 정신 상태일 것이다. 인간의 지적 발전이 궁극적인 성취에는 이르지 못하더라도, 어쨌든 궁극적인 것으로 추정되는 자기만족의 상태가 오랜 기간 지속될 터이다. 우리는 "끊임없이 희구하는 영혼"에 대해 이야기하면서, 한 종교가 사라지면 또 다른 종교가 대두하는 것을 당연하게 여긴다. 그러나 머지않아 인간에게 정신적 욕구가 사라진다면 그때는 어떻게 될까? 인간이라는 존재의 이러한 변모가 불가능하다고 볼 수는 없다. 오늘날 우리의 삶의 많은 징후들이 그러한 변모를 지향하고 있는 듯 보이기 때문이다. 만약 물질과학이 선호하는 사고의 습성이 계속 심화되고, 엄청난 재앙이 일어나 물질적 만족을 향한 인간의 전진에 제동을 걸지 않는다면, 진정한 실증주의의 시대가 도래할지도 모른다. 그때는 "사물의 원인을 알아내는 일(rerum cognoscere causas)"*이 보편적 특권이 될 것이다.

---

* 베르길리우스(B.C. 70~B.C. 19)의 《게오르기카》 2장에 다음과 같은 말이 나온다. "사물의 원인을

'초자연적'이라는 말은 아무런 의미도 없게 될 것이며, 미신은 초창기 인류의 어렴풋이 이해되는 특성으로 여겨질 것이다. 그리고 지금 엄청난 수수께끼가 감지되는 곳의 모든 것이 기하학적 증명처럼 차분하고 명쾌하게 밝혀질 것이다. 그처럼 이성이 지배하는 시대는 이 세상이 만날 수 있는 가장 행복한 시대가 될 수도 있다. 하지만 사실은 그렇게 될 수도 있고, 그런 시대가 영영 오지 않을 수도 있다. 고통과 슬픔은 형이상학의 위대한 스승이기 때문이다. 바로 이 점을 기억한다면, 합리주의자들이 말하는 새 천 년에 대단한 기대를 걸기는 어렵지 않을까.

알아낼 수 있는 사람은 행복하다.″

12

스피노자는 "자유인은 무엇보다 죽음에 대해 덜 생각한다"라고 말한 바 있다. 그런 의미에서라면 나는 자유인이 아닐지도 모른다. 나는 죽음에 대한 생각을 아주 자주 하는 편이기 때문이다. 사실 내 마음 한구석에는 언제나 죽음에 대한 생각이 도사리고 있다. 그러나 또 다른 의미에서는 난 분명 자유인이다. 죽음은 내게 아무런 두려움을 불러일으키지 못하기 때문이다. 죽음을 두려워하던 때도 있었다. 하지만 그것은 나의 죽음이 내가 부양해야 할 이들에게 재앙을 의미하기 때문이었다. 내 존재의 단절 자체가 나를 괴롭게 한 적은 단 한 번도 없었다.

나는 고통을 잘 견디는 편이 아니다. 그래서 죽기 전에 오랫동안 병상에 누워 고통스러워해야 할 생각을 하면 두려움이 앞선다. 평생 압박감 속에서 고군분투하는 삶을 살아오는 동안에도 남자다운 의연함으로 운명과 맞서 싸웠던 사람이 죽음이 임박해 한낱 병에 걸렸다는 약점 때문에 불명예를 당한다면 참으로 유감스러운 일이 아닐 수 없다. 하지만 다행히 그런 암울한 예감에 자주 시달리지는 않는다.

나는 언제나 길에서 벗어나 시골 교회의 묘역을 가로질러 산책을 하곤 한다. 도시의 공동묘지가 불쾌한 만큼 시골의 안식처는 나를 매혹한다. 나는 묘석에 새겨진 이름들을 하나하나 읽으면서, 여기 누워 있는 모두에게는 삶에 대한 조바심과 두려움이 모두 끝났거니 생각하며 깊은 위안을 받는다. 나는 조금도 슬픔에 젖지 않으며, 여기 잠든 이가 어린아이건 노인이건 모두가 행복하게 삶을 마무리했음을 느낀다. 그들은 삶의 종말을 맞이했고 그 종말과 더불어 영원한 평화를 누리게 되었으니, 그 종말이 조금 늦게 찾아왔건 조금 일찍 찾아왔건 그런 게 무슨 문제가 되겠는가? '여기 잠들다(Hic jacet)'라는 묘비명보다 더 큰 경하(敬賀)의 말이 있을까?

세상의 그 어떤 존엄함도 죽음의 존엄함에 비길 수는 없다. 이들은 가장 고귀한 인간들이 걸어간 길을 따라간 것이다. 살아 있는 모든 사람들에게 요구되는 최고의 것을 이들이 성취한 것이다. 내가 그들을 위해 슬퍼해줄 수는 없지만, 그들의 사라져버린 삶을 생각하면 따뜻한 형제애가 느껴진다. 잎이 무성한 나무들로 둘러싸인 적막 속에서 죽은 이들이 아직 이 세상에서 머뭇거리고 있는 이들에게 이렇게 속삭이는 듯하다. "그대도 우리처럼 되리라. 그러니 우리가 누리고 있는 이 고요함을 바라보시라!"

13

　나는 사는 게 힘들다고 느낄 때면 종종 스토아학파* 철학자들의 책을 읽곤 했는데, 그 모두가 헛된 것은 아니었다. 마르쿠스 아우렐리우스**는 자주 내 머리맡에 놓여 있던 책 중 하나다. 나는 고통으로 인해 잠을 이룰 수 없었던 밤이나, 다른 책은 도저히 읽을 기분이 아닐 때 그의 책을 읽곤 했다. 그는 내 마음의 짐을 덜어주지 못했고, 세속적인 번민이 헛됨을 입증하고자 하는 그의 말은 내겐 아무런 도움이 되지 못했다. 그러나 그의 사상 속에는 마음을 어루만져주는 조화로움이 깃들어 있어서 부분적으로나마 내 마음을 달래주었다. 그리고 그 고귀한 본보기를 따라 할 수 있었으면 하는 바람(실제로는 결코 그럴 수 없으리라는 것을 알고 있었지만)은 그 자체로 곤궁한 삶에서 비롯되는 천박한 충동에 대한 안전

---

* 기원전 3세기경 제논이 창시한 그리스·로마 철학의 한 유파. 금욕과 극기를 통해 자연에 순종하는 현인(賢人)의 삶을 이상적인 것으로 여겼다.
** 로마 제국의 제16대 황제(재위 161~180)로 오현제(五賢帝)의 마지막 황제이며, 후기 스토아학파의 철학자로서 《명상록》을 남겼다.

장치가 되어주었다. 나는 지금도 그를 읽고 있지만 아무런 감정적 동요도 느끼지 않으며, 그의 철학보다는 그의 인물됨에 대하여 더 많이 생각하면서 그의 이미지를 내 마음속 깊은 곳에 소중하게 간직하고 있다.

물론 그의 사상 체계에는 오늘날의 사상가들이 받아들이기 힘든 지적 가정이 포함되어 있는데, 우리가 절대자에 대한 지식을 갖고 있다는 게 그것이다. 인간이 자신의 이성을 훈련함으로써 세상의 정수(精髓)인 이성적 본질과 교감할 수도 있다는 믿음은 고귀하다. 그러나 우리 안에서 그런 확실하고 틀림없는 인도자를 찾을 수 없다는 이유로 오늘날 우리는 회의주의라는 황량한 운명을 받아들이고 있는 것이다. 그런 것이 아니라면, 우주라는 틀 안에서의 인간의 종속적인 위치와 만물을 지배하는 운명에 대한 스토아학파 철학자의 생각은 우리의 철학적 견해와 맥락을 같이하고 있다. 게다가 인간의 '사교적인' 천성 및 살아 있는 사람들 사이에 존재하는 상호적인 의무와 관련한 그의 이론은 우리 시대의 더 나은 정신과 전적으로 부합한다.

그의 숙명론은 단순한 체념을 의미하는 것이 아니다. 우리는 그게 어떤 것이든 자신의 운명을 불가피한 것으로 받아들여야 할 뿐 아니라, 기뻐하고 찬양하며 받아들여야 한다는 것이다. 우리는 왜 이 세상에 존재하는가? 이 세상에 말(馬)이나 포도나무를 생겨나게 한 것과 똑같은 이유로, 우리는 자연에게서 할당받은 역할을 수행하기 위해 존재한다. 사물의 이치를 이해할 수 있는 힘이 우리 안에 있는 것처럼, 그 이치에 따라 스스로를 인도하는 힘 또한 우리 안에 있다. 인간의 의지가 환경을 변화시키지는 못하지만 영혼의 습성을 자유로이 결정지을 수는 있다. 인간의 첫 번째 의무는 자기 훈련이며, 그것과 상응하는 첫 번째 특전은 태어날 때부터 삶의 법칙들을 알고 있다는 것이다.

그러나 우리가 마주하고 있는 이는 어떤 선험적 가정이 아무리 고귀한 특성을 지니고 아무리 유익한 경향을 띠고 있어도 그것을 받아들이지 않으며 집요한 질문을 던지는 철학자다. 이 스토아학파 철학자가 말하는 이성이 세상의 법칙과 조화를 이루고 있다는 것을 어떻게 알 수 있을까? 어쩌면 나는 삶을 아주 다른 관점에서 바라보고 있는 건지도 모르겠다. 나의 이성은 내게 극기가 아닌 탐닉을 명하고 있을지도 모른다. 나는 열정의 거침없는 발산 속에서 천성의 명령이라고 생각하는 것에 훨씬 더 부합하는 삶을 찾고 있는지도 모른다.

내가 자존심이 강한 사람이라면, 그것은 천성이 나를 그렇게 만들어 놓았기 때문이다. 그러니 그 사실을 정당화하도록 나의 자존심을 확고히 하도록 하자. 내가 강한 사람이라면, 내 힘을 내세우도록 하자. 내 앞에 굴복하는 것은 약한 자의 운명인 것이다. 반면에, 내가 약한 사람이고 그래서 고통을 겪는다고 치자. 이처럼 짓밟힌 운명을 담담하게 기꺼이 받아들이기 위해 "운명은 공정하다"라고 주장하는 게 무슨 소용이 있겠는가? 아무 소용도 없다. 내 영혼 속에는 내가 알지 못하는 부정(不正)한 힘에 항거하고 항변하게 하는 무언가가 있기 때문이다. 내 의지와는 상관없이 나에게 이래라저래라 할 것을 강제하는 만물의 섭리가 있음을 인정한다고 하더라도, 어떻게 묵종(黙從) 속에 지혜나 도덕적 의무가 있다고 확신할 수 있을까? 그래서 끊임없이 질문을 던지는 이가 나오게 되지만, 그는 아무런 응답을 받지 못한다. 우리 시대의 철학은 이제 어떤 지고한 권능도 보지 못하며, 더 이상 우주의 화음을 들을 수 없기 때문이다.

"부정(不正)한 사람은 경건하지도 못하다. 우주의 섭리는 모든 이성적 창조물들이 서로에게 선을 행하도록, 사람과 경우에 따라 조금씩 다르긴 하지만, 어떤 경우에라도 서로를 해치지 않도록 만들어놓았기 때문이다. 이러한 의지를 거스르는 사람은 제신(諸神) 중에서도 가장 오래되고 존경받는 신에 대한 불경죄를 저지르고 있음이 분명하다."* 나도 이 말을 기꺼이 믿고 싶다! 부정은 곧 불경이며, 최악의 불경이라는 것을. 그리고 이 믿음을 죽을 때까지 간직하고 싶다. 그러나 이러한 논리로 내 믿음을 지탱하려 한다면, 그것은 고귀한 감정을 가장하는 것에 불과할 것이다.

나는 정의가 우주의 법칙이라는 것을 입증하는 설득력 있는 증거를 한 번도 본 적이 없다. 오히려 그 반대의 사실을 입증하는 듯한 무수한 암시들을 보아왔다. 그래서 인간은 그의 전성기에, 우리에게 알려진 세계 전체를 지배하는 원리와 암암리에 충돌하는 **모종의 원리**를 어떤 불가해한 방식으로 대변하는 게 아닌가 하는 생각을 하지 않을 수 없다. 만약 정의로운 사람이 실은 가장 오래된 신을 섬기는 사람이라고 한다면, 그는 자신이 숭배하는 대상이 어느 몰락한 왕조에 속한다고 추정하거나, 오래전부터 그의 핑계였던 것처럼 그의 안에서 타고 있는 성스러운 불길이 "보지 못하는 것들의 증거"**라고 생각해야 할 것이다. 그런데 내가 이 두 가지 가정 중 그 어느 것도 받아들이지 못한다면 어떻게 될까? 그 때는 희망을 잃은 대의명분의 존엄성이 남게 될 것이다. "카토는 패자들 편이다(sed victa Catoni)."*** 이런 경우에 찬양의 노래까지 부를 수는 없지 않겠는가?

"만물을 지배하는 보편적 섭리가 각자에게 보내는 것이 각자를 위한

---

* 《명상록》 9권 1장. 여기서는 《명상록》의 대목들이 조금씩 변형되어 인용되고 있다.
** 신약성경 히브리서 11장 1절 참조. "믿음은 바라는 것들의 실상이요, 보지 못하는 것들의 증거니."
*** 고대 로마의 시인 마르쿠스 루카누스(39~65)의 《내란기》에서 빌린 구절이다. 루카누스는 공화정 시대 말기 로마의 정치가 소(小)카토가 기원전 46년, 폼페이우스가 카이사르에게 패전하였다는 보고를 받고 스스로 목숨을 끊은 일화를 빗대어 "신(神)들은 승자들 편이고, 카토는 패자들 편이다"라고 적고 있다.

최선의 것이며, 그것을 보내는 순간이 최고의 순간이다."**** 이는 필연성에 대한 낙관론이자, 어쩌면 인간이 도달할 수 있는 최고의 지혜일지도 모른다. "기꺼이 자유롭게 순종하는 것은 오직 이성적인 창조물에게만 허용된 것임을 기억하라." 이 고귀한 테마가 얼마나 강한 설득력을 지녔는지를 나보다 더 잘 아는 사람은 없을 것이다. 구절 속의 말들이 내게 노래를 불러주고, 저기 떨어지는 가을의 석양처럼 부드러운 광휘로 삶을 비춘다. "인간의 삶이 얼마나 짧은 순간 동안만 지속되는지를 생각하라. 그리고 온유하고 흡족한 마음으로 세상을 떠나라. 잘 익은 올리브 열매가 떨어지면서 자신을 품어준 대지를 찬양하고, 자신을 맺게 해준 나무에게 감사하듯." 마지막 순간이 오면 나 또한 기꺼이 그렇게 생각하리라. 그러기 위해서는 치열한 노력이 필요하겠지만, 그럼으로써 평온한 기분을 느끼게 될 것이다. 그런 상태는 애써 표방하는 조용한 무심함—인간에게 이런 것이 가능한지 모르겠지만—보다 낫고, 내세의 환희에 빠져들며 현세의 힘든 삶을 경멸하는 데서 느끼는 황홀경보다 낫다. 하지만 그런 상태는 인간의 노력만으로는 도달할 수 없는 경지다. 그것은 미지의 힘들로부터 전해 오는 것이거나, 저녁 이슬처럼 인간의 영혼 위에 내려앉는 평화로움이다.

**** 이하 인용문들은 모두 《명상록》에 나오는 구절들이다.

14

가끔씩 그러는 것처럼 최근에도 지독한 두통에 시달렸다. 나는 하루 밤낮을 걷잡을 수 없는 고통 속에서 지내야 했다. 이제는 스토아학파의 처방으로 두통을 이겨내 보는 건 어떨까! 육체의 질병은 악이라고 할 수 없다. 마음을 다잡고, 그것을 자연적인 과정의 자연스러운 결과라고 여길 수만 있다면 육체의 고통쯤은 얼마든지 견딜 수 있다. 한 가지 위안이라면, 영원성을 띤 영혼에까지 고통이 영향을 미칠 수는 없다는 것을 기억하는 것이다. 우리의 몸은 "마음이 입고 있는 옷이요, 마음이 기거하는 오두막"*일 뿐이다. 몸이 아무리 고통스럽더라도 나는, 진정한 나는 멀찌감치 떨어져 나 자신의 주인으로 남아 있고자 한다.

그렇지만 나의 기억과 이성, 그리고 모든 지적 능력은 진창 같은 망각 속에 파묻히고 만다. 영혼은 마음과는 별개인 것일까? 만약 그렇다면 나는 영혼의 존재를 까맣게 잊고 있는 셈이다. 내게는 마음과 영혼은 하나

* 《명상록》 12권 2장.

228

이며, 지금 이 순간 너무나 절감하는 것처럼 내 존재 요소는 머리가 지끈 거리고 고통스러운 '여기', 내 육신 속에 있다. 이런 고통이 조금만 더 지속된다면 나는 더 이상 내가 아닐 터였다. 나를 대표하는 육신이 몸짓을 하고 소리를 질러대도 난 그 동기와 변덕에 대해 아무것도 알지 못하는 것이다.

나의 육체적 요소들 사이에 일정한 균형 상태 — 우리가 건강이라고 부르는 것 — 를 유지해야만 진정한 나 자신으로 존재할 수 있음은 너무나 자명한 이치다. 두통이 처음 시작되었을 때부터 난 이미 나 자신이 아니었다. 내 생각은 정상적인 과정을 따라가지 않았고, 나는 무언가 비정상이라는 것을 느끼고 있었다. 몇 시간 뒤 나는 걸어 다니는 병마(病魔)에 불과했다. 내 마음 — 마음이라는 말을 써도 되는지 모르겠지만 — 은 마치 손풍금**처럼 부질없는 음악의 한두 소절을 끊임없이 반복해 연주하는 듯했다.

나를 이런 식으로 대하는 영혼을 얼마만큼 신뢰할 수 있을 것인가? 나의 오감(五感)을 신뢰하는 것만큼, 딱 그만큼이라고 말할 수 있을 듯하다. 나는 오감을 통해 내가 살고 있는 세상에 대해 알 수 있는 모든 것을 알게 되며, 내가 아는 한 오감은 어쩌면 그것을 검증할 수 있는 특정한 경우보다 그것을 일상적으로 사용하는 경우에 더 혹독하게 나를 속일지도 모른다. 마음과 영혼은 단지 육체의 미묘한 기능에 불과하다는 내 결론이 맞는다면, 나는 내 오감을 신뢰하는 만큼만, 딱 그만큼만 내 영혼을 신뢰할 수 있다고 말할 것이다.

만약 나의 신체적 메커니즘의 어느 부분에 문제가 생기면 난 그 즉시

** 배럴오르간이라고도 불리며, 과거에 거리의 악사들이 손잡이를 돌려 연주하던 악기이다.

정신이 흐려지며, 내 안에 있는 '영원성을 띤' 그 무엇이 나를 부추겨 무한한 지혜라고는 조금도 느껴지지 않는 엉뚱한 짓을 저지르게 만드는 것을 보게 된다. 정상적인 상태―정상적인 상태를 규정할 수 있는지 모르겠지만―일 때조차도 내 마음은 사소한 우연의 노예임이 분명하다. 만약 내 입맛에 맞지 않는 무언가를 먹게 되면 갑자기 세상 전체가 달라 보이게 된다. 그러면 이 충동은 힘을 잃게 되고, 그때까지 한 번도 생각해본 적이 없던 또 다른 충동이 나를 온통 지배하게 된다. 요컨대, 나는 영원한 본질에 대해 아는 것이 없는 만큼 나 자신에 대해서도 아는 것이 거의 없는 것이다. 그리하여 어쩌면 나란 존재는 나를 부리고 속이는 어떤 힘에 내 모든 생각과 행동이 좌우되는 한낱 자동인형으로 전락해버린 것은 아닐까 하는 의혹에 시달리게 된다.

어째서 나는 하루 이틀 전에 그랬던 것처럼 나 자신과 주변 세계와 평화로운 관계를 유지하면서 자연인으로서의 삶을 즐기는 대신 이런 생각들을 하고 있는 것일까? 이는 분명 내 건강이 일시적인 난조를 겪고 있기 때문일 것이다. 어려운 순간은 지나갔고, 그로 인해 나는 평소에 생각할 수 없었던 것에 대해 충분히 생각해볼 수 있었다. 나는 평온이 내게 되돌아오는 것을 느낄 수 있다. 다시 건강해진 것이 나의 공(功) 때문일까? 내가 의지를 가지고 어떤 노력이라도 했더라면 이런 함정에 빠지는 것을 피할 수 있었을까?

$\mathcal{15}$

산울타리에 풍성하게 달려 있는 블랙베리를 보니 오래전에 있었던 일이 생각난다. 그날 나는 어쩌다 보니 시골에 와 있었고, 한참을 걷던 중에 정오경에 시장기가 느껴졌다. 길가에 있는 블랙베리에 열매가 맺혀 있었다. 나는 열매를 따서 먹고 또 먹었다. 그러다 점심을 먹을 수 있을 만한 주막이 눈에 들어왔다. 하지만 난 이미 시장기가 가신 터였다. 나는 더 이상 아무것도 먹을 필요가 없었고, 그런 생각을 하자 기이한 놀라움과 일종의 당혹감이 나를 엄습했다. 세상에! '돈 한 푼 내지 않고' 이렇게 먹어도, 그것도 이렇게 배불리 먹어도 되는 건가? 그것은 내게 아주 별난 일처럼 느껴졌다. 그 시절 나는 연명에 필요한 돈을 어떻게 마련하는가 하는 걱정으로 한시도 마음 편할 날이 없었다. 내게 남은 얼마 안 되는 돈을 차마 쓸 수 없어서 배고픔을 견뎌야 했던 날도 많았다. 내가 사먹을 수 있었던 음식은 언제나 부실했고 매번 똑같았다. 그런데 그날 자연은 내게 아주 맛있어 보이는 잔칫상을 차려주었고, 나는 실컷 배불리 먹을 수 있었다. 그 경이로움은 오랫동안 나를 사로잡았고, 나는 지금까지도 그 일을 떠올릴 때마다 그때 느꼈던 경이로움을 이해할 수 있다.

대도시에서 가난하게 산다는 게 어떤 것인지를 이보다 더 잘 보여주는 사례는 없을 것이다. 나는 그런 시절을 거쳐왔음을 다행으로 생각한다. 그렇게 가난했던 시절이 있었기에 지금 이만큼의 만족을 누릴 수 있는 것이다. 단순히 그때와 지금을 비교해서가 아니라, 우리의 일상을 좌우하는 사실들에 대해 내가 대부분의 사람들보다 더 잘 배울 수 있었기 때문에 그렇다는 말이다.

교육받은 보통 사람이 어떻게 먹고 입을 것인가 하는 단순한 걱정을 하지 않고 사는 것은 당연한 일이다. 그런 사람에게 물어본다면, 그는 그런 걱정을 하지 않아도 되는 것이 기분 좋은 일임을 인정할 것이다. 그러나 그런 사실이 그에게는 의식적인 기쁨을 느낄 이유는 되지 못한다. 아주 튼튼한 사람이 육신의 건강을 특별히 의식하지 않는 것과 같은 이치다. 나라면 앞으로 50년을 더 산다고 하더라도, 이런 의식주의 보장이 매일매일 유쾌한 놀라움으로 새롭게 다가왔을 것이다.

나 같은 체험을 해본 사람만이 알 수 있는 것처럼, 생계 수단이 있다는 것이 무엇을 의미하는지 난 아주 잘 알고 있다. 교육을 받은 보통 사람이, 가진 것이라곤 몸에 걸친 옷밖에 없는 처지로, 자신이 죽건 말건 아무 상관하지 않는 세상을 상대로 다음번 끼니를 얻어내야 하는 문제와 마주한 채 외롭게, 철저히 외롭게 있어본 적은 일찍이 없다. 정치경제학을 배우는 데 이보다 더 좋은 학교가 있을까? 이런 인생 수업을 거치노라면, 이 유감스러운 학문의 기본적인 용어들이 뜻하는 바에 대해 혼동하는 일은 다시는 없을 것이다.

내가 다른 사람들의 노동에 빚지고 있음을 난 그 누구보다 잘 알고 있다. 내가 매 분기마다 한 번씩 은행에서 '인출하는' 돈은 어떤 의미에서는 하늘에서 떨어진 것이라 할 수 있다. 그러나 내가 쓰는 돈 한 푼 한 푼이 누군가가 흘린 땀에서 생겨난 것임을 난 잘 알고 있다. 다행히도 더없이 야비한 자본주의의 공공연한 횡포에서 비롯된 돈은 아니다. 나는 다만 이 돈이 인간 노동의 산물이라고 말하는 것뿐이다. 어쩌면 건전한 노동일지는 모르지만, 그렇더라도 강제적인 것은 사실이다. 좀 더 너른 안목으로 보면, 이 돈은 우리 삶의 복잡한 구조들을 지탱하는 가장 낮은 계층의 사람이 구슬땀을 흘리며 육체노동을 했음을 의미한다. 내가 그 사람을 이렇게 생각하는 걸 보면, 민중은 나의 감사를 받아 마땅하다. 다만 멀리서 감사를 보낼 수밖에 없다는 사실, 과거에 그랬듯이 앞으로도 결코 민주적 열정을 느낄 일이 없을 거라는 사실은 내 마음의 특성을 드러내는 것인데, 나는 오래전에 이러한 특성을 확고한 것으로 받아들인 터였다.

나도 한때 부유한 계층이 누리는 특권에 대해 반발심을 느낀 적이 있다. 런던 곳곳에서 부유한 사람들이 지나가는 것을 지켜보면서 참담한 내 처지에 분노했던 기억을 어떻게 잊을 수 있겠는가? 그런데도 난 런던의 가난한 토박이들과 섞여 사는 동안 그들과 일체감을 느낀 적이 단 한 번도 없었다. 그 이유는 아주 단순했다. 내가 그들을 너무도 잘 알기 때문이었다. 은혜롭고 안락한 삶 속에서 열정을 키워온 사람이라면 일생 동안 자신보다 낮은 계층의 세상에 대한 환상을 품어왔을지도 모르고, 그 때문에 더 나은 사람이 될 수도 있음을 부인하지는 않겠다.

하지만 나로서는 그런 환상을 품는 것이 불가능했다. 나는 가난한 사람들을 잘 알고 있었고, 그들의 목표가 내 목표가 될 수 없다는 것도 잘 알고 있었다. 내가 이상적인 삶에 부족함이 없는 것으로 받아들였을 그런 종류의 삶(더없이 소박한 삶!)은 그들에게는ㅡ설령 그들이 그런 것을 이해할 수 있었다고 하더라도—지긋지긋하고 경멸적인 삶으로 보였을 것이다. 그들과 한편이 되어 '상류사회'에 맞서는 것은 내게는 단지 부정직하거나 절망적인 짓거리에 지나지 않았을 것이다. 그들이 마음속으로 갈망하는 삶은 내게는 아무런 의미가 없는 것이었고, 내가 열망하는 삶은 그들에게는 영영 이해될 수 없는 것이었다.

그렇다고 해서 내가 목표하는 삶이 모두에게 최선인 이상적인 삶이라고 주장하고 싶은 생각은 추호도 없다. 그럴 수도 있고 그렇지 않을 수도 있기 때문이다. 나는 개인적인 선호를 근거로 개혁을 옹호하는 것이 얼마나 부질없는 짓인지 익히 알고 있다. 따라서 나로서는 세상을 위한 새로운 경제체제를 고안해낼 궁리를 하는 대신 나 자신의 생각들을 정리하는 것으로 충분하다. 하지만 자신의 관점에서 세상을 분명히 바라보는 것은 매우 중요하며, 바로 그 점에서 내가 소중히 여겨온 불행했던 시절이 내게는 커다란 도움이 된다. 만약 나의 앎이 단지 주관적인 것에 불과하다고 해도 그것은 오직 나하고만 상관있을 뿐이다. 나는 그 누구에게도 설교할 마음이 없다. 나와 비슷한 출신에 나와 비슷한 교육을 받은 또 다른 사람이 나와 비슷한 고생을 하는 것은 완전히 다른 결과를 낳을 수도 있다. 그는 가난한 이들에게 연대감을 느끼며 더없이 고귀한 인도주의로 생애 마지막 날까지 자신을 불태울 수도 있을 것이다. 하지만 나는 그가 나와는 다른 관점을 갖고 있다고 말할 뿐 더 이상 어떤 비판도 하지 않을 것이다. 어쩌면 그의 비전이 내가 가진 비전보다 더 폭넓고 더 정당할 수도 있다. 그러나 한 가지 면에서는 그도 나를 닮았을지도 모른다. 혹시 그런 사람을 보게 된다면 그에게 물어보라. 그도 언젠가 나처럼 블랙베리 열매로 끼니를 때운 뒤 거기에 대해 곰곰 생각해본 적이 있음을 알게 될 테니.

16

　오늘은 한창 추수를 하는 농부들을 지켜보던 중에 문득 엉뚱한 부러
움에 사로잡혔다. 나도 저들처럼 목덜미가 갈색으로 그을린 건장한 사내
가 되어 동틀 녘부터 해가 질 때까지 열심히 일한 다음, 한 군데도 아픈
데 없이 집으로 돌아와 푹 자고 다음 날 상쾌한 기분으로 다시 일을 나
갈 수 있다면 얼마나 좋을까! 나는 다른 사람들처럼 멀쩡한 사지에 아무
런 중병에 걸리지도 않은 중년 남자이지만 저런 들일 중에서 가장 쉬운
일을 단 30분이라도 감당해낼 수 있을지 의문이 든다. 이런데도 과연 사
람이라고 할 수 있을까? 저 건장한 농부들 중 하나가 나를 향해 악의 없
는 경멸의 표정을 짓는다고 해서 내가 놀랄 수 있을까? 그는 내가 자신
을 부러워하고 있으리라고는 상상조차 하지 못할 것이다. 하지만 어쩌면
그는 나 같은 사람은 스스로를 농장에서 기르는 한 필의 말보다도 못한
존재로 여길 거라고 생각할지도 모른다.

　여기서 오래된 허황된 꿈 하나가 떠오른다. 정신과 신체의 균형, 즉 충
만한 지적 활력과 결합된 완벽한 육체적 건강에 대한 꿈이다. 농사일이

그토록 좋아 보인다면 어째서 수확하는 들판에서 일하면서 동시에 사색하는 삶을 살지 못하는 것일까? 수많은 이론가들은 그러는 게 가능하다고 주장하면서, 지금보다 나은 시대가 오면 그리할 수 있으리라 기대하고 있다. 그게 사실이라면 그 전에 두 가지 변화가 반드시 선행되어야 한다. 문학이라는 직업이 사라지고, 국보급이라고 널리 인정받은 몇몇 책들을 제외한 모든 책들이 폐기되어야 할 것이다. 그리하여, 그렇게 할 때만이 정신과 육체의 균형이 가능해질 것이다.

우리에게 '그리스인들'을 예로 들어 이야기하는 것은 부질없는 일이다. 우리가 그리스인이라고 부르는 사람들은 지극히 예외적인 기질을 타고나 매우 특별한 상황 속에서 살아가던 소수의 작은 공동체들을 가리킨다. 우리가 지나치게 습관적으로, 빛나고 안정적인 것으로 여겨왔던 그리스 문명은 실상은 에게 해 연안에서 지중해 서쪽 연안에 이르기까지 여기저기에서 아주 짧은 기간 동안 찬란하게 빛을 발했던 일련의 산발적인 문명에 불과하다.

우리가 물려받은 그리스 문학과 예술이라는 유산은 그 가치를 매길 수 없을 만큼 소중하다. 그러나 그리스인들의 삶이 보여주는 사례는 우리에게 일말의 가치도 없다. 그리스인들에게는 연구할 외래문화는커녕 외국어나 사어(死語)조차도 없었다. 그들은 거의 읽지도 않았으며 남의 말을 듣는 것을 더 좋아했다. 또한 노예를 소유한 민족으로 사교적인 향락에 탐닉했으며, 우리가 근면이라고 부르는 것을 거의 알지 못했다. 그들의 무지는 광대했으며, 그들의 지혜는 제신(諸神)이 내린 은총이었다. 그들은 돋보이는 지성과 더불어 심각한 도덕적 결함을 지니고 있었다. 만약 우리에게 페리클레스 시대의 보통 시민인 아테네인을 만나 그와 이야기할 기회가 주어진다면, 그는 적잖은 실망감을 안겨주게 될 것이다. 우리는 그에게서 예상했던 것보다 훨씬 더 많은 야만성과 퇴폐성을 발견하게 될 것이다. 게다가 그의 체격마저도 우리를 실망시킬 가능성이 높다. 그러니 그 고대 세계에 그를 그대로 남겨두도록 하자. 그 세계는 몇몇 사람들의 상상력을 위해서는 소중할 수 있지만, 현대를 사는 다수 사람들의 일과 정서에는 멤피스나 바빌론만큼이나 무의미할 뿐이다.

우리가 알고 있는 사상가의 대부분은 거의 필연적으로 건강에 결함이 많은 사람들이다. 드물게 예외적인 경우는, 아마도 뛰어난 지성을 지녔음에도 그의 집안사람들 모두가 학구적이거나 명상적인 삶보다는 활동적인 삶을 추구하는 혈통에 속한 사람일 터이다. 하지만 그처럼 운 좋은 사상가들의 경우에도 그 자녀들은 결국에는 활동적인 삶으로 되돌아가거나, 주위에서 흔히 볼 수 있는, 정신을 위한 육신의 희생을 보여주게될 것이다. "건전한 신체에 건전한 마음(mens sana in corpore sano)"*이깃든다는 가능성을 부인하려는 것은 아니지만 그건 또 다른 문제다. 명민하고 책을 좋아하면서도 건강한 사람들이 다행히 아직 많이 있긴 하지만 그들에 대해서도 말하지 않겠다.

내가 염두에 두는 사람은 정신적인 것들을 열정적으로 추구하고, 자신의 신성한 시간을 갉아먹는 하찮은 이해관계나 걱정거리를 참지 못하고 외면하며, 사상과 학문의 무한성에 사로잡혀 있고, 자신의 정신적 활력을 지탱해주는 물질적 조건들을 서글프게 인식하면서도 시시각각 그것들을 무시하고픈 유혹에 시달리는 사람이다. 이러한 타고난 특징들 말고도, 이런 사람은 자신이 이룬 지적 성과를 상품화해야만 하고, 빈곤의 끊임없는 위협 아래 힘들게 일해야만 한다는 빈번한 사실을 고려해야 할

---

* 고대 로마의 시인 유베날리스(50?~130?)의 《풍자시집》 '풍자시 10'.

것이다. 그런데도 그의 피가 정상적인 리듬으로 몸속을 흐르고, 그의 신경이 자연 법칙에 따라 작용하며, 그의 근육이 과도한 업무의 긴장을 버텨낼 수 있으리라는 기대를 가질 수 있을까? 이런 사람은 "뙤약볕 아래에서 땀 흘리는"* 사람들을 부러운 눈으로 바라볼지 모르지만 자신에게는 아무런 선택의 여지가 없었음을 잘 알고 있다. 만약 지금까지의 삶이 그에게 자주 조용히 학문에 전념할 수 있는 시간을 허락할 정도로 호의적이었다면, 그가 수확하는 농부들과 황금빛 들판을 바라보며 감사하는 마음으로 살아가게 하자.

* 셰익스피어, 《헨리 5세》 4막 1장.

17

들에서 일하는 농부가 그와 함께 일하는 가축과 같은 수준으로 살아야 한다는 것은 바람직하지도 필요하지도 않다. 그런데도 그는 실제로 그렇게 살고 있다. 그리고 사람들은 미련해빠진 사람이 아니고서는 오늘날 소농의 삶을 살려 하지 않을 거라고들 한다. 신문을 읽을 수 있을 만큼 교육을 받은 그의 자녀들은 서둘러 약속의 땅, 신문이 만들어지는 도시로 떠나려고 한다. 여기에서 무언가가 아주 잘못되었음을 알기 위해서는 전도사의 설교까지 들을 필요도 없다. 지금까지 어떤 선지자도 이에 대한 해결책을 제시한 적이 없다. 우리 시대에 농사를 과장되게 미화하는 찬사는 대부분 허황된 것으로, 농군의 삶이 그 자체로 온화한 감정들과 감미로운 사색과 모든 인간적인 덕성들의 함양에 유리하다는 거짓을 사실인 양 입증하고자 애쓴다. 농사는 가장 진을 빼는 형태의 노동 중 하나이며, 그 자체로는 정신적인 발전에 조금도 도움이 되지 않는다. 세계 역사를 살펴볼 때 문명화 과정에서 농사가 한몫을 담당했다면, 그것은 단지 부를 창출함으로써 일부 사람들을 쟁기질의 노역에서 해방했다는 사실에 기인할 뿐이다. 어떤 열성적인 이들은 스스로 농부가 되어보는 실험을 시도하기도 했다. 그중 한 사람은 주목할 만한 말로 자신의 경험에 관해 다음과 같이 이야기했다.

"오, 노동은 세상의 저주요. 누구라도 노동에 관여하는 사람은 그 정도에 비례하여 짐승 같은 처지로 전락하지 않을 수 없소. 소와 말을 먹이는데 내 금쪽같은 다섯 달을 보낸 것이 칭찬받을 만한 일일까? 결코 그렇지 않아요."*

너새니얼 호손은 브룩 농장에서의 체험에 대해 이렇게 말한 바 있다. 쓸쓸한 환멸을 느낀 나머지 그의 말에는 과장이 담겨 있다. 노동은 증오할 만하고 인간의 품격을 떨어뜨리는 일일지도 모르고, 종종 그렇기도 하지만, 분명한 사실은 노동이 세상의 저주는 아니라는 것이다. 아니, 노동은 세상의 지고한 축복이다. 호손은 어리석은 짓을 저질렀고, 정신적 균형의 상실로 그 대가를 치렀다. 소와 말을 먹이는 것은 그에게 적합한 일이 아니었음이 분명하다. 그러나 많은 사람들이 그런 일의 보다 고귀한 측면을 인식할 수 있을 것이다. 말할 것도 없이 농사는 인류에게 식량을 공급해주기 때문이다. 호손의 글이 흥미로운 것은, 호손처럼 지적인 사람이 농촌 생활에 반발하다가 자신도 의식하지 못하는 새에 오늘날의 농군들과 같은 정신 상태로 전락하고 말았음을 보여준다는 데 있다. 그의 지성이 정지했을 뿐 아니라, 그의 정서마저 참된 길잡이 노릇을 하지 못했던 것이다.

오늘날 농촌 사람들의 가장 심각한 문제는 그들의 무지나 천박함이 아니라 반발심 가득한 불만이다. 다른 모든 문제들이 그렇듯, 이 또한 상

---

* 너새니얼 호손이 약혼녀에게 보내는 1841년 8월 12일 자 편지에서 인용한 것이다.

황으로 인해 불가피하게 발생한 결과이다. 우리는 그 사실을 너무도 잘 알고 있다. 농민들은 자신들의 처지를 '개선하기'를 원한다. 그들은 소와 말을 먹이는 데 진저리를 내면서, 런던의 보도 위에서는 좀 더 사내답게 활보할 수 있을 거라고 생각한다.

아르카디아**를 머릿속에 그려보는 것은 아무런 도움이 되지 않는다. 하지만 분명한 것은 과거에는 소농들도 삶이 지금보다 견딜 만하다고 여겼고, 지금도 여전히 쟁기를 잡고 있는 우리 시대의 농사꾼들보다는 더 이지적이었다. 그들은 지금은 완전히 잊힌 그들만의 민요를 갖고 있었다. 그들에게는 민간 설화와 요정 이야기도 있었지만, 그들의 후손은 테오크리토스*** 목가(牧歌)의 진가를 알지 못하는 것만큼이나 그것들의 가치를 알지 못했다. 아, 하지만 그들에게는 '가정(家庭)'이 있었다는 사실만큼은 기억하도록 하자. '가정'이라는 말은 많은 것을 시사한다.

만약 농부가 자신에게 양식을 제공하는 논밭을 사랑한다면 그곳에서 일하는 것이 힘들다고 생각하지 않을 것이다. 그의 노역은 더 이상 가축의 노역과 같지 않을 것이며, 더 높은 곳을 지향하면서 눈에 보이는 하늘이 아닌 다른 곳에서 비치는 빛으로 물들게 될 것이다.

농촌 생활의 고되고 단조로운 면모들을 애써 외면하는 것은 바람직하지 않다. 오히려 그런 점들이 부각되도록 하자. 그래야 땅을 소유하고 거기서 이득을 얻는 사람들이 그 땅을 풍요롭게 하는 사람들의 삶에 인간적인 관심을 지속적으로 가질 수 있을 테니까.

그러한 관심은 이 시대의 불안한 경향에 대처하는 데 어느 정도 도움

** 그리스 펠로폰네소스 반도에 있는 고원지대. 문학작품과 회화 속에, 거대한 산들로 둘러싸이고 양들의 방목지가 있는 천혜의 자연 환경 속에서 이상적인 전원생활을 실현하는 곳으로 자주 등장한다.
*** 고대 그리스의 시인으로 시칠리아 풍경을 노래한 전원시와 목가시로 유명하다.

이 될 수 있을 것이다. 쾌적한 집에 사는 사람은 누추한 오두막에 사는 사람보다는 농촌을 떠나고 싶다는 생각을 덜 하게 되는 법이다. 선의를 가진 사람들은 체계적인 교육으로 농촌에 대한 사랑을 다시 일깨우고자 하는 의지를 피력하곤 한다. 하지만 그런 식으로 나아지리라는 희망을 가질 수 있을까? 그러는 것이 꽃들의 옛날 영어 이름들이 농촌 사람들— 사실상 그 이름들을 처음 지어 불렀던—의 입에 자주 오르내리던 시절로의 회귀를 약속할 수 있을까? 꽃들과 새들의 이름이 민요와 요정 이야기와 더불어 거의 잊혔다는 사실은 농촌이 얼마나 심각하게 퇴보했는지를 잘 보여준다. 과거의 사회적 덕성들을 되살리려는 희망을 품는 것은 어리석은 짓이 되기 십상이다.

장래에는 엔진을 다루며 좋은 보수를 받는 기계공이 지금의 농사꾼을 대체할 것이라고 추측해본다. 그는 일을 하면서 뮤직홀에서 들었던 노래의 마지막 후렴구를 흥얼거릴 것이다. 그리고 자주 돌아오는 휴일에는 인근 대도시에서 시간을 보내게 될 것이다. '시골에서 흔히 볼 수 있는 것들'에 관한 듣기 좋은 말들은 그에게 아무런 흥미를 불러일으키지 못할 것이다. 아마 꽃들도, 적어도 경작지와 목초지의 꽃들은 환경을 개선한다는 명목으로 모두 제거되고 없을 것이다. 그리고 '가정'이라는 말에는 십중팔구 노령연금으로 살아가는 은퇴한 농부들의 공동 거주지라는 특정한 의미만 남아 있게 될 것이다.

18

오늘 하루에 대해 뭐라도 간단하게 적지 않고서는 도무지 잠을 청할 수가 없다. 하지만 아, 바보같이 이토록 어휘력이 달리다니! 해가 뜰 무렵 밖을 내다보았다. 어디에도 "사람 손만 한 작은 구름"* 한 조각도 보이지 않았다. 잎새들은 이슬 위에서 영롱하게 빛나는 신성한 아침에 기쁨에 겨운 듯 가만히 떨고 있었다.

해 질 무렵에는 우리 집 위쪽에 있는 초원에 서서 자줏빛 안개 속으로 붉은 태양이 저무는 것을 지켜보았다. 그러는 동안 등 뒤에 펼쳐진 보랏빛 하늘에 완벽하게 둥근 달이 떠올랐다. 해와 달이 차례로 떠오르는 사이, 해시계의 그림자가 부드럽게 원을 그리는 동안에는 형언할 수 없는 아름다움과 정적만이 세상을 지배했다. 지금까지 가을이 느릅나무와 너도밤나무를 이토록 화려하게 옷 입힌 적은 없었던 듯하다. 우리 집 담장을 뒤덮은 잎들이 이토록 장엄한 진홍색으로 불타오른 적도 없었다. 오

---

* 구약성경 열왕기상 18장 44절.

늘 같은 날은 여기저기 돌아다닐 필요가 없다. 파란 하늘이나 황금빛 하늘 아래 어디를 둘러봐도 아름답지 않은 것이 없는 이런 날에는 꿈결 같은 휴식을 취하면서 자연과 일체감을 느끼는 것만으로도 충분하다.

수확이 끝나고 그루터기만 남아 있는 들판에서 까마귀들이 깍깍 우는 소리가 한참 동안 들려왔다. 졸음에 겨운 듯한 수탉 한 마리가 때때로 가까운 곳에 농장이 있음을 알려주었다. 우리 집 비둘기들은 자기들 둥지 속에서 구구거리고 있다. 반짝이는 정원에서 눈에 보이지 않는 공기의 떨림에 떠밀리듯 이리저리 날아다니는 노랑나비 한 마리를 지켜본 지 5분이 지났을까, 한 시간이 지났을까?

해마다 가을이면 이처럼 완벽한 날이 하루쯤은 있게 마련이다. 지금까지 그 어떤 날도 오늘만큼 기쁘게 하루를 맞이하기에 적절한 기분을 느끼게 한 적이 없고, 일찍이 오늘만큼 평온함의 약속이 충만하게 지켜진 적도 없다.

19

  오솔길을 따라 발길 닿는 대로 걷고 있는데 참으로 기이하게도 멀리 떨어진 어딘가에서 한 시골 사람이 부르는 노랫소리가 들려왔다. 불분명한 가락이 한순간 음악적 슬픔을 띤 채 내 귓전에 와 닿았다. 그러자 느닷없이 고통인지 기쁨인지 분간이 가지 않을 만큼 예리한 어떤 기억이 내 가슴을 쳤다. 그 소리가 파에스툼*의 폐허 가운데 앉아서 들었던 한 농부의 노랫소리처럼 들렸기 때문이다. 내 앞에 펼쳐져 있던 영국의 풍경은 점차 희미해졌다. 대신 꿀처럼 황금빛이 나는 석회화(石灰華)로 이루어진 커다란 도리아식 기둥들이 눈앞에 나타났다. 한쪽으로 바라보니 기둥들 사이로 깊숙이 이어진 바다 한 자락이 보였다. 고개를 돌리자 아펜니노산맥**의 자줏빛 협곡이 눈에 들어왔다. 내가 외로이 앉아 있던 신전 주위로는 정적이 감돌며 죽음과 같은 황량함이 지배하는 가운데 구

---

* 이탈리아 남부에 있는 그리스·로마 시대의 고대 도시로 도리스식 신전들과 벽화가 그려진 고대 무덤 등으로 유명하다.
** 이탈리아 반도의 남북에 걸쳐 있는 산맥. 대리석 산지로 유명하다.

슬픈 곡조만이 길게 이어지고 있었다.

이런 일이 가능하리라고는 상상조차 하지 못했다. 사랑하는 내 집에서 회한이나 욕망이라고는 알지 못한 채 살아가던 중에 먼 곳에서의 일에 대한 기억으로 이토록 혼란스러운 감정에 휩싸이다니! 고개를 숙인 채 집으로 돌아오는 길에도 그 노랫소리는 계속 내 기억 속을 맴돌았다. 이탈리아 여행에서 맛보았던 모든 기쁨이 내 마음속에서 또다시 뜨겁게 타올랐다. 그 오래된 마력은 여전히 그 힘을 잃지 않고 있었다. 그렇다고 해서 그 때문에 내가 또다시 영국에서 멀리 떨어진 곳으로 떠나는 일은 결코 없을 것이다. 그러나 내 상상 속에서 남국의 태양이 빛이 바래는 일도 절대 없을 것이다. 고대 유적의 폐허 위로 내리쬐는 태양을 꿈꾸다 보니 예전에 나를 고통스럽게 했던 말없는 욕망이 내 안에서 되살아난다.

괴테는《이탈리아 기행》에서 삶의 어느 순간에 이탈리아에 대한 동경이 견디기 힘든 고통이 되었노라고 말하고 있다. 그는 이탈리아에 관한 것은 듣지도 보지도 못하는 지경에 이르렀고, 라틴어로 된 책을 보는 것조차도 너무나 고통스러워서 그것을 외면하게 되었다. 그러다가 동경으로 인한 병을 이겨내지 못하고 마침내 어느 날, 모든 어려움을 무릅쓰고 몰래 남쪽으로 떠났다.

문제의 구절을 처음 보았을 때 그것이 내 심경을 정확히 표현하고 있다는 생각이 들었다. 이탈리아를 생각하면, 말 그대로 때로 나를 아프게 했던 그리움 때문에 고통스러웠다. 나 역시 내가 가진 라틴어책들을 다른 데로 치워버려야만 했다. 그것들이 불러일으키는 상상으로 인한 고통을 견디기가 힘들었기 때문이다. 나는 언젠가는 나의 갈망을 충족할 수 있으리라는 희망을 사실상 포기한 상태였다. 아니, 몇 년이 지나도록 일말의 합리적인 희망도 품을 수 없었다. 나는 독학으로 이탈리아어를 읽는 법을 배웠는데, 그건 정말 대단한 것이었다. 썩 내키진 않았지만 상용 회화집도 공부했다. 그러나 나의 깊은 그리움은 나를 절망으로 이끌 뿐이었다.

그러던 어느 날, 내가 쓴 책 덕분에 얼마간의 돈(정말 형편없이 적은 돈이었다)이 수중에 들어왔다. 초가을의 일이었다. 그때 우연히 누군가가 나폴리에 대해 이야기하는 것을 들었고, 죽음만이 그곳으로 떠나는 나를 막을 수 있었을 터였다.

20

정말이지 내가 늙는가 보다. 포도주를 마셔도 예전처럼 즐겁지가 않다. 사실 이탈리아 포도주 말고는 딱히 좋아했던 포도주도 없다. 영국에서는 포도주를 마시는 습관도 따지고 보면 이국적인 취향을 가지고 노는 흉내 내기에 불과하다. 테니슨은 포르토*를 즐겨 마셨는데, 이는 오래된 고상한 전통에 따른 것이다. 셰리 포도주는 좀 더 귀족적인 시대에 속한다. 이런 포도주들은 우리에게는 어울리지 않는다. 모호한 맛의 보르도나 부르고뉴 포도주를 마셔보고 싶은 사람은 마셔도 좋겠다.

영혼이 풍요로워지도록 포도주의 맛을 제대로 음미하려면 나이가 서른 안짝은 되어야 한다. 포도주가 절망의 구렁텅이에서 나를 건져내준 적도 한두 번 있다. 통에 담겨 있든 병에 담겨 있든 상관없이 포도주라는 위대한 이름으로 불리는 것이면 무엇이든 나쁘게 말하지는 않겠다. 하지만 이 모두가 내게는 지나간 일일 뿐이다. 난 이제 "장미꽃이 지배하고,

---

* 발효 중에 브랜디를 첨가해 단맛이 나며 식후에 즐겨 마시는 포르투갈산 적포도주.

머리카락이 향기에 젖어드는(cum regnat rosa, cum madent capilli)**** 감미로운 시절로 다시는 되돌아갈 수 없을 것이다. 그런데도 그 시절은 내 기억 속에 어찌나 생생하게 살아 있는지!

"이 포도주 이름이 무엇이오?" 파에스톰의 신전지기가 내 갈증을 달래 주기 위해 포도주를 따라줄 때 그에게 물었다. "칼라브리아 포도주입니다(Vino di Calabria)"라고 그는 대답했다. 아, 이 얼마나 빛나는 이름인가! 그곳에서 나는 포세이돈 신전의 기둥에 기대앉아 포도주를 마셨다. 거기서 나는 아칸서스*** 위에 발을 올려놓고 포도주를 마셨다. 그렇게 휴식을 취하는 동안 바다와 산을 둘러보거나, 신성한 돌의 부서진 표면에 끼어 있는 조그만 조개껍데기들을 유심히 들여다보았다. 가을날이 저물고 있었다. 인적이 없는 바닷가에 저녁 바람이 살랑살랑 불어왔다. 저 멀리 보이는 산꼭대기 위에는 기다란 구름이 고즈넉이 걸려 있었는데, 그 색조가 내가 마시던 칼라브리아 포도주의 빛깔과 똑같았다.

이런저런 생각들을 할 때마다 그런 순간들이 얼마나 자주 기억 속에 되살아나는지 모른다! 도시의 샛길에 있는 작고 초라한 '식당들(trattorie)', 후미진 골짜기나 산허리 혹은 조수 간만이 없는 바닷가에 있는, 햇살의 내음을 풍기는 여관들이 생각난다. 그런 곳들에서 포도는 내게 그 피를 나누어주고 삶의 황홀을 선사해주었다. 광적인 금주주의자가 아니라면 그 누가 내게 이토록 근사하게 보상받는 소중한 시간들을 거부할 수 있겠는가?

보랏빛 하늘 아래 오래된 무덤들 사이에서 마신 한 모금의 포도주치

**   고대 로마의 시인 마르쿠스 마르티알리스(40?~104?)의《에피그램》10권 '에피그램 19'.
***   아칸서스 잎 모양은 고대 그리스 이래 고전주의 미술의 주요한 장식 모티프가 되었고, 특히 건축에서는 코린트식 기둥머리 장식에 자주 사용되었다.

고 잠시라도 나를 더 나은 사람, 의식이 더 깬 사람, 더 용기 있고 더 다정한 사람이 되게 하지 않은 포도주는 없었다. 이런 종류의 희열에는 회한이 뒤따르는 법이 없다. 이탈리아의 포도나무 그늘에서 내게 생겨났던 사념(思念)들과 느낌들 속에서 영원히 살아갈 수 있다면 얼마나 좋을까! 그 그늘 속에서 나는 성스러운 시인들의 목소리에 귀 기울였고, 옛 현인들과 함께 거닐었으며, 신들은 그들의 영원한 정밀(靜謐)의 비밀을 내게 알려주었다. 투박한 유리잔 속으로 붉은색 포도주가 실개울처럼 흘러내리던 소리가 지금도 귀에 들리는 듯하다. 자주색 빛이 언덕 위를 비추던 광경도 눈에 선하다. 내 잔을 다시 채워다오, 로마인의 얼굴에 로마인과 비슷한 말투를 쓰는 그대여! 저기 길게 빛나며 뻗어 있는 저 길은 아피아 가도가 아닌가? 불멸의 노래를 옛날 가락으로 불러보자.

> 대사제가 침묵하는 성처녀와
> 카피톨리움 언덕을 함께 오르는 한[*]

그렇다, 참으로 오랜 세월 동안 대사제와 성처녀는 영원한 침묵 속에 잠들어 있다. 철(鐵)의 신들을 섬기는 노예가 마음대로 떠들어대게 내버려두자. 그를 위해서는 누군가가 팔레르노 포도주[**]를 따라주는 일도, 뮤즈들이 미소를 짓거나 노래를 불러주는 일도 없을 것이다. 해가 져서 어둠이 우리를 덮치기 전에 잔을 다시 채워주기를!

---

[*] 호라티우스, 《서정시집》 3권 '서정시 30'.
[**] 로마 시대에 캄파니아 지방에서 생산되던, 명주(名酒)로 알려진 포도주.

21

요즘도 그런 사람이 있을까? 스무 살쯤 된 청년 중에서 교육은 그런대로 잘 받았지만 물려받은 재산도 없고, 아무런 도움도 기대할 수 없으며, 가진 거라곤 영리한 머리와 마음속의 지칠 줄 모르는 용기밖에 없으면서 런던의 허름한 다락방에서 소중한 삶을 위해 글을 쓰고 있을 누군가가? 어딘가에 분명 있을 거라고 생각한다. 하지만 최근 몇 년간 젊은 작가들에 대해 내가 들은 이야기는 그들을 아주 다른 각도에서 바라보게 한다. 작금의 소설가들과 저널리스트들은 더 이상 다락방에서 살지 않으며, 세상에 이름을 떨칠 날만을 고대하고 있다. 그들은 근사한 레스토랑에서 식사를 하며, 자신들의 작품을 논하는 비평가들을 대접하기도 한다. 또한 극장에서도 비싼 좌석에서 감상하고, 걸핏하면 삽화 위주의 신문에 사진이 실리는 우아한 아파트에 거주한다. 최악의 경우라 하더라도 유명한 클럽의 회원으로, 가든파티나 격식을 차리지 않는 '야회'에서 불쾌한 주목을 끌지 않고도 참석할 수 있을 만큼의 품위 있는 옷차림을 하고 다닌다.

나는 최근 10년간, 요즘 인기 있는 유행어를 빌려 말하자면, 소위 '붐'을 일으킨 책들을 펴낸 젊은 남녀들을 개인적으로 소개하는 약전(略傳)을 많이 보아왔다. 그러나 그런 글들 어디에서도 치열한 생존경쟁이나 혹독한 굶주림 그리고 추위로 인해 곱은 손에 관한 암시는 찾아볼 수가 없었다. 그런 걸 보면서 다들 '문학'의 길을 너무 쉽게 생각하는 것은 아닌가 하는 생각이 들었다.

물론 오늘날에는 상위 중산층에 걸맞은 교육을 받은 젊은이가 아무런 뒷받침 없이 문필업에 자신을 온전히 바치기로 마음먹는 일은 극히 드물 것이다. 이것이 바로 문제의 핵심이다. 글쓰기는 이제 성직이나 법률 관련 직업처럼 판에 박히다시피 한 하나의 전문직으로 인식되기에 이르렀다. 젊은이들은 이제 부모의 전적인 동의하에, 친척들의 적극적인 지원을 받으면서까지 문필업에 뛰어들 수 있게 되었다.

얼마 전에는 한 유명 변호사가 자기 아들이 소설 작법—그렇다, 소설 작법 말이다—교습을 받을 수 있도록 그 방면에서 별로 뛰어나지도 않은 전문가에게 1년에 200파운드가량의 수업료를 지불했다는 이야기를 들었다. 생각할수록 대단히 놀라운 이러한 사실은 우리에게 많은 것을 시사해준다. 물론 굶주림의 고통이 반드시 훌륭한 문학작품을 만들어내는 것은 아니다. 그러나 이처럼 고생이라곤 모르는 작가들에 대해 불편한 마음이 드는 것 또한 어쩔 수 없다.

어느 정도의 양심과 비전을 지닌 두세 명의 젊은이들에게 내가 바랄 수 있는 최선의 것은, 어떤 재앙이 닥쳐 그들이 고립무원의 처지로 거리에 버려지는 것이다. 어쩌면 그들은 그 때문에 죽을지도 모른다. 그러나 그러한 가능성과, 영혼에 기름이 끼어 병에 걸리게 될 현재의 거의 확실한 전망을 대조해볼 때 차라리 그러는 편이 낫지 않겠는가?

어제 장엄한 일몰 광경을 지켜보던 중에 든 생각이었다. 그 광경은 30년 전 가을 런던에서 보았던 일몰들을 떠올리게 했는데, 그때의 광경들은 그 이후에 보았던 그 어떤 일몰보다도 훨씬 더 장관이었던 것 같다. 어느 날 저녁, 난 첼시에 있는 강가에서 단지 배가 고프며, 다음 날 새벽에는 더욱더 배가 고파질 거라는 생각에 빠져 있었다. 그리고 배터시 다리―그 오래된 그림 같은 목조 다리―위를 어슬렁거리다가 그만 서쪽 하늘에 펼쳐진 일몰 광경에 매료되고 말았다. 30분 후 나는 서둘러 집으로 돌아갔다. 그리고 책상에 앉아 내가 본 광경을 글로 써서는 그 즉시 한 석간신문에 보냈다. 그런데 놀랍게도 다음 날 바로 그 글이 신문에 실린 게 아닌가! 「배터시 다리 위에서」라는 글이 그것이다.

그때 난 그 짧은 글도 얼마나 자랑스럽게 여겼는지 모른다! 하지만 그 글을 다시 읽고 싶지는 않다. 당시에는 꽤 잘 썼다고 생각한 터라 지금 다시 보면 마음이 불편해질 게 뻔하기 때문이다. 그래도 내가 그 글을 썼던 것은 배가 고팠던 것만큼이나 글을 쓰는 게 즐거웠기 때문이다. 지금까지 내가 벌었던 그 어떤 돈도 그때 원고료로 받은 2기니*만큼 유쾌한 쨍그랑 소리를 들려준 적은 없었다.

* 기니는 영국의 옛 금화로 1기니는 21실링이었다.

22

앤서니 트롤럽*과 그의 작품이 그가 죽은 직후 사람들에게 외면당하게 된 것은 어느 정도는 그의 자서전 출간에 원인이 있다는 말을 여러 차례 들었는데 그게 사실인지 궁금하다. 나로서는 그 말을 믿고 싶다. 왜냐하면 그런 사실은 어떤 관점에서는 "위대하고 우매한 대중"**이 옳다는 것을 입증해주기 때문이다. 물론 어떤 특정한 관점에서 볼 때만 그렇다는 말이다. 트롤럽 작품의 중요한 가치들은 그 작품이 쓰인 과정을 알게 된다고 해서 달라지진 않는다. 전성기 시절의 그는 평범한 유파에 속한 훌륭한 작가이며, 그의 이름이 잠시 대중의 관심에서 사라졌다고 해서 그가 영영 잊히고 말 거라고 생각해서는 안 된다.

---

* 앤서니 트롤럽(1815~1882). 영국의 소설가. 19세부터 52세까지 체신부 관리로 근무했으며, 매일 출근 전 아침을 먹기 전에 기계와 같은 정확성으로 시간당 1천 단어씩 글을 써나가는 독특한 방법으로 50여 편의 소설을 썼다. 그는 공무를 처리하는 사이사이와 출장 시에 기차나 기선 속에서도 집필하였음을 《자서전》(1883)에서 밝히고 있다.
** 영국의 소설가 윌리엄 새커리가 한 말이다.

대부분의 저명한 소설가들의 경우처럼 그에게도 두 부류의 독자층이 존재한다. 하나는 여기저기에서 그가 보여준 탁월함 때문에 그의 작품을 읽는 독자들이고, 다른 하나는 그의 작품에서 단지 흥밋거리만을 찾는 무분별한 다수의 독자들이다. 한편으로는, "위대하고 우매한 대중"이 그들의 마음을 움직이는 은밀한 경제 논리에 의해, 그의 자서전이 밝힌 기계적인 글쓰기 방식에 몹시 불쾌해할 것을 생각하면 기분이 좋아지기도 한다. 트롤럽의 자서전을 좀 더 이지적으로 읽었던 이들에게는 그러한 방식 때문에 그 책이 기분 나쁘거나 흥미롭게 여겨질 수 있을 터이다. 눈앞에 시계를 놓고 15분마다 일정하게 그렇게 많은 단어를 써 내려가는 인물의 모습을 떠올리다 보면 뮤디스***의 가장 충실한 독자라 할지라도 기분이 언짢아질 수 있으며, 그 사실은 대본점의 판매대에 놓인 트롤럽의 책과 독자 사이의 거리를 벌어지게 할 수도 있을 것이다.

그 놀라운 사실이 아직 아무것도 모르고 있던 독자들 앞에 아주 시니컬하게 불쑥 튀어나온 것이다. 이미 오래전의 얘기 같지만, 그 좋았던 시절에는 일반 독자들이 접하는 문학 소식은 지금처럼 '문학'의 제조 과정과 문학 시장의 부침에 관한 것이 아니라, 대부분 명예로운 의미에서의 문학작품과 관련된 것이었다. 트롤럽 자신도 자신에게 연재소설을 청탁하려는 한 잡지의 편집장에게 소설이 모두 몇 글자를 포함해야 하는지를 물어서 그를 놀라게 한 적이 있다고 밝히고 있다. 정말 좋았던 옛날을 떠올리게 하는 일화가 아닌가. 그 후로는 독자들도 '문학' 창작 방식의

*** 영국의 출판업자인 찰스 뮤디(1818~1890)가 1842년에 시작한 대본점(貸本店)이다. 빅토리아 시대에는 책값이 비싸서 대부분의 중산층은 책을 빌려 보아야 했다. 따라서 뮤디스와 같은 대본점은 출판업자들과 작가들에게 강력한 영향력을 휘두르면서 독자들의 구미에 맞춰 소설을 쓸 것을 주문하는 등 오랫동안 출판 시장을 좌지우지했다.

폭로에 익숙해져서 그런 이야기에는 더 이상 놀라지도 않게 되었다. 심지어 의도적으로 작가와 그와 관련된 모든 것의 품위를 떨어뜨리는 것을 자신들의 임무로 여기는 듯한 일단의 저널리스트 유파까지 등장하기에 이르렀다. 그리고 이 유해한 글쟁이들(좀 더 정확히 말하면 타이피스트들)은 조바심치는 시대의 작가들이 자신들의 상업적인 제안들을 지나치게 잘 수용한다는 것을 알게 되었다.

그렇다, 그렇고말고. 나는 작가와 출판업자 사이의 관계가 개혁될 필요가 있음을 누구보다 잘 알고 있다. 한 대표 작가가 한 대표 출판업자와 맞서게 되는 경우, 과거에도 그랬고 지금도, 그리고 앞으로도 언제나 터무니없이 불리한 상황에 놓이는 사람은 작가라는 것을 나보다 더 잘 아는 사람이 있을까? 사안의 성질이나 예법으로 보더라도 어떤 묘책으로 이런 잘못된 관행을 바로잡지 않을 이유가 없다. 덩치 크고 떠들썩하며 거칠면서도 상냥한 구석이 있었던 트롤럽 같은 사람은 자기 입장을 단단히 견지하면서, 어떤 경우에라도 자신의 작품이 발생시키는 이익에서 수긍할 만한 몫을 챙길 수 있었다.

기민하고 정력적이며 사업가 기질이 있었던 디킨스 같은 인물은 그의 헌신적인 친구였던 한 법률가*의 도움으로 그보다 훨씬 더 잘해낼 수 있었고, 때로는 그의 출판업자보다 더 많이 거두어들이면서 오래된 부당함을 바로잡을 수 있었다. 하지만 샬럿 브론테의 경우는 어떠한가? 그녀의 암울하고 쪼들리던 삶을 생각해보자. 출판업자가 같은 시기에 그녀의 책들로 벌어들인 수입의 3분의 1이라도 받을 수 있었더라면 그녀는 말년에 훨씬 여유로운 삶을 살 수 있었을 것이다.

---

* 《찰스 디킨스의 삶》을 펴낸 존 포스터(1812~1877)를 가리킨다.

나는 이 모든 것에 대해 잘 알고 있다. 아! 그 누구보다 잘 알고 있다. 그런데도 새로운 질서의 결과로 생겨나 우리의 문학적 삶을 고사시키는 갖가지 비열함과 입에 담기 힘든 천박함에 역겨움과 불쾌감을 느끼지 않을 수 없다. 이런 분위기 속에서 위대하고 격조 높은 책들이 어떻게 다시 나올 수 있을지 예측하기가 힘들다. 어쩌면 어떤 이유로든 대중이 또 다시 싫증을 느껴, 일종의 행상인들이 이끌어가는 '문학' 소식 시장이 언젠가는 도태되고 말 거라는 희망을 가져볼 수 있지 않을까?

그렇다면 디킨스는 어떠했을까. 그 역시 창작 방식을 세상에 밝힌 적이 있다. 포스터 같은 이는 디킨스의 작품들이 어떻게 쓰였고, 작품의 출간을 위한 흥정이 어떻게 이루어졌는지를 모든 사람들에게 상세하게 알리지 않았던가? 그리하여 수많은 사람들이 그가 책상에 앉아 있는 모습을 떠올리면서, 그가 책상에 얼마나 오랫동안 앉아 있었고, 어떤 조그만 장식품들을 눈앞에 두지 않고서는 글을 계속 쓸 수 없었으며, 청색 잉크와 깃펜은 글쓰기에 필수품이었다는 것을 알게 되었다. 그런데 이 모든 정보로 인해 단 한 명의 독자의 충성심이라도 식어버린 적이 있었던가? 사실 책상에 앉아 지금 연재 중인 소설의 한 장(章)을 써 내려가는 찰스 디킨스의 모습과, 15분마다 그렇게 많은 단어를 써나가는 덩치 큰 트롤럽의 모습 사이에는 어떤 차이가 있긴 하다.

우리가 알고 있는 대로 트롤럽은 자서전의 어조와 서술 방식 때문에 스스로를 깎아내리고 말았다. 그리고 그 어조와 서술 방식은 정신과 천성의 열등함을 드러내 보여준다. 디킨스는 비록 그가 속한 시대와 계층의 참담한 영향으로 이미 넉넉한 재산을 더 늘리려는 노력(자신을 위해서가 아닌)을 하다가 죽긴 했지만, 트롤럽 같은 인물은 상상조차 할 수 없을 만큼의 예술적 순수함과 열의로 글을 써 내려갔다. 물론 트롤럽 역시 체계적으로 창작을 했다. 긴 산문 작품치고 체계적인 노력을 들이지 않고 완성된 것은 없다. 그러나 디킨스가 시간당 얼마만큼의 단어를 써내려가는 식으로 글을 쓰지 않았음은 분명하다. 그의 편지들 속에서 엿볼 수 있는 집필 모습은 문학사에서 우리에게 가장 자극을 주면서 영감을 고취하는 광경 중 하나일 것이다. 그런 모습은 디킨스로 하여금 오래도록 이해력을 갖춘 독자들의 사랑과 존경을 받게 하는 데 커다란 역할을 했고, 앞으로도 언제나 그러할 것이다.

$\mathscr{23}$

　오늘은 황금빛 햇살을 받으며 산책을 했다. 가을이 저물어가는 따사롭고 고요한 날이었다. 그런데 문득 어떤 생각이 떠올라 걸음을 멈추었고, 난 잠시 혼란스러운 생각에 휩싸였다. 나는 "내 인생은 끝났어"라고 혼잣말을 했다. 물론 이런 단순한 사실을 진작 깨달았어야 했다. 이런 생각은 분명 내 사색의 일부이면서 종종 내 기분을 좌우하기도 했을 것이다. 하지만 언제라도 말로 표현될 수 있도록 명확한 형태를 갖춘 적은 한 번도 없었다. "내 인생은 끝났다." 나는 그 말이 사실인지 내 귀가 확인할 수 있도록 두어 번 반복해 중얼거렸다. 낯설게 들리긴 해도 그것은 부인할 수 없는 사실이었다. 지난번 생일의 내 나이 개수만큼 부인할 수 없는 사실이었다.

　내 나이라고 했나? 살다가 이 나이쯤 되면 많은 사람들은 새로운 노력을 하기 위해 각오를 다지고, 앞으로 10~20년간 무언가를 추구하고 성취하려는 계획을 세운다. 나도 아직 몇 년 정도는 더 살지도 모른다. 그러나 나는 더 이상 해야 할 일도, 무언가를 하고자 하는 야심도 없다. 내게도 한때 그럴 수 있는 기회가 있었지만, 내가 그 기회를 어떻게 했는지 난 잘 알고 있다.

그런 생각을 하니 잠시 무섭기까지 했다. 뭐라고! 불과 얼마 전까지만 해도 삶을 끝없이 이어지는 대로쯤으로 여기며 계획을 세우고 희망과 기대를 가졌던 내가, 삶을 만만히 보면서 정력적으로 살아왔던 내가 어느덧 과거나 회고하는 마지막 지점에 도달해 있다는 말인가? 어떻게 이럴 수가 있는가? 하지만 난 아무것도 이룬 게 없다. 그럴 시간도 없었다. 난 단지 나 자신을 준비해왔을 뿐이다, 삶을 배워가는 한낱 견습생처럼. 내 머리는 지금 장난을 치고 있다. 나는 일시적인 망상에 시달리고 있는 것이다. 다시 정신을 차리고 상식적인 삶으로 돌아가야겠다. 내 계획들과 활동들 그리고 열렬히 추구하는 즐거움들로.

그럼에도 불구하고 내 인생은 끝났다.

이 얼마나 보잘것없는 삶인가! 나는 철학자들이 어떤 말들을 했는지 잘 알고 있었다. 그들이 들려준 인간의 일생에 관한 듣기 좋은 문구들을 입에 달고 살다시피 했다. 하지만 지금까지 그 말들을 믿은 적은 단 한 번도 없었다. 그런데 이게 다란 말인가? 인간의 삶이 이렇게 짧고 이토록 허무할 수 있단 말인가? 진정한 의미에서의 삶은 이제 시작일 뿐이며, 등골 빠지게 일하며 두려움으로 전전긍긍하던 시절은 결코 사는 게 아니었으며, 이제부터 가치 있는 삶을 사는 것은 오로지 내 의지에 달렸다고 스스로를 납득시키는 것은 모두 부질없는 짓일 터이다. 그러는 것이 하나의 위안이 될 수는 있겠지만, 이제 더 이상 삶이 제공하는 가능성과 약속이 결코 내 것이 될 수 없다는 진실을 숨길 수는 없기 때문이다. 나는 '은퇴'를 한 셈이고, 은퇴한 상인과 마찬가지로 내 인생도 끝난 것이다. 이제 나는 종착역에 이른 인생 여정을 되돌아볼 수 있다. 이 얼마나 보잘것없는 삶인가! 나는 큰 소리로 웃어젖히고 싶은 마음을 억누르고 애써 미소 짓는 것으로 그치려 한다.

이제 내가 할 수 있는 최선은, 지나친 자기 연민을 느끼지 않으면서 삶을 향해 경멸이 아닌 관대함을 드러내는 미소를 짓는 것이다. 어쨌거나 인생이 끝났다는 사실이 결코 진정으로 나를 위축되게 한 적은 없다. 나는 별다른 노력 없이 그런 생각을 떨쳐버릴 수 있었다. 인생이 끝났다. 그래서 뭐가 어쨌다는 말인가? 결과적으로 내 인생이 고통스러운 것이었는지 즐거운 것이었는지는 지금도 자신 있게 말할 수 없다. 그리고 그 사실은 나로 하여금 상실감을 지나치게 심각하지 않게 받아들이게 해준다. 대체 뭐가 문제란 말인가? 나는 얼굴을 드러내지 않는 운명의 여신이 정해놓은 대로 세상에 와서 작은 역할을 수행한 다음 다시 침묵으로 돌아가는 것뿐이다. 그런데 나에게 그 운명을 받아들이거나 거스를 수 있는 선택권이 있었을까?

아아! 참으로 안타깝게도 많은 사람들이 살면서 겪어야 했던 끔찍한 육체적, 정신적 고통이나 견디기 힘든 부당한 일들을 전혀 겪지 않을 수 있었던 것만으로도 운명에 감사해야겠다. 인생이라는 여정의 대부분을 그토록 수월하게 완주할 수 있었다는 것만으로도 대단한 일 아닌가? 내가 만약 인생이 이토록 짧고 무의미한 것에 놀란다면 그건 전적으로 내 잘못이다. 나보다 앞서간 이들이 그 사실을 이미 충분히 경고해주지 않았던가. 언젠가 심신이 노쇠해졌을 때 놀라고 두려워하면서 어리석게 운명에 항변하기보다는 지금 진실을 직시하는 편이 나을 것이다. 나는 슬퍼하기보다는 기꺼워할 것이며, 이제 더 이상 이런 생각을 하지 않을 것이다.

24

이른 새벽에 잠을 깨는 것은 내가 가장 두려워하던 것들 중의 하나였다. 다음 날 다시 일을 할 수 있게 해주는 밤은 휴식 뒤에 마땅히 따라와야 할 평온함을 가져다주지 못했다. 나는 가장 끔찍한 고통을 겪는 환영에 시달리다 잠에서 깨어나 동이 틀 때까지 너무 자주 극심한 두려움에 사로잡힌 채 누워 있곤 했다. 그러나 이제 그런 시절은 지나갔다. 때로는 정신이 채 들기도 전 비몽사몽간에 머릿속에서 어떤 악령과 싸우는 느낌이 들 때도 있다. 그러다가 우리 집 창문에 비치는 빛과 벽에 걸린 그림들이 내게 다시 행복감을 안겨주는데, 끔찍했던 꿈 때문에 그 행복감이 더 크게 느껴진다. 이제는 자리에 누워 생각에 잠겨 있을 때 나를 가장 괴롭히는 것은 인간의 평범한 삶에 관한 의문이다. 내가 생각하는 인간의 일생은 너무도 믿기 힘든 것이어서 마치 강박적인 망상처럼 내 마음을 짓누르곤 한다. 인간은 진정 그토록 하찮은 것들 때문에 평생을 조바심치고 미쳐 날뛰며 서로를 죽이기까지 하는 것일까? 그래서 성인이나 철학자와는 거리가 먼 나 같은 사람까지도 그런 생각을 하면서 새삼 놀라게 되는 것일까? 홀로 평화롭게 살아가면서, 일상 세계를 실재하는 것이 아닌, 어떤 비정상적인 순간에 자신의 공상이 만들어낸 것으로 여기게 된 사람도 있을 수 있을 것이다. 그러나 아무리 어떤 미치광이가 냉정한 이성과 동떨어진 것들을 꿈꾼다 한들 소위 건전하다는 인간의 모든 공동체에서 매 순간 생각되고 행해지는 것들만 할까?

하지만 나는 되도록 빨리 이런 생각을 떨쳐버리고자 한다. 그러지 않으면 공연히 마음만 어지러워지기 때문이다. 그리고 집 주위에서 들려오는 소리들에 귀를 기울인다. 언제나 부드럽게 마음을 달래주는 그 소리들은 조용한 사색으로 나를 이끈다. 가끔은 아무 소리도 들리지 않을 때도 있다. 나뭇잎이 바스락거리는 소리나 파리가 윙윙거리며 날아가는 소리조차 들리지 않을 때면 완벽한 정적만큼 좋은 게 없다는 생각이 든다.

오늘 아침 나는 지속적으로 들려오는 소리에 잠이 깼다. 그리고 이내 그것이 많은 새들이 모여 요란하게 지저귀는 소리라는 것을 알게 되었다. 나는 그 소리가 무엇을 의미하는지 알고 있다. 최근 며칠 동안 제비들이 모여들더니 이젠 우리 집 지붕 위에 나란히 줄지어 앉아 있는 게 아닌가. 어쩌면 먼 여행을 떠나기 전에 마지막으로 회의를 하는 중인지도 모르겠다. 나는 동물의 본능을 들먹이면서, 동정하듯 그들의 본능이 인간의 이성과 닮았다며 놀라는 짓 따위는 하고 싶지 않다. 나는 이 새들이 인간 무리의 삶보다 훨씬 더 합리적이고 무한히 더 아름다운 삶을 우리에게 보여주고 있다고 생각한다. 그들은 지금 대화를 하고 있고, 그들의 대화 속에는 악의나 우매함이 깃들어 있지 않다. 새들이 길고도 위험한 비행을 위한 계획을 세우고 있을 대화를 해석할 수 있다면, 그래서 그 말들을 지금 이 순간에도 남쪽 지방에서 겨울을 보낼 계획을 세우고 있을 수많은 존경할 만한 사람들의 말들과 비교해볼 수 있다면 정말 재미있을 텐데!

25

어제는 아름다운 고가(古家)로 통하는 느릅나무 길을 지나갔다. 양쪽으로 나무들이 늘어선 길은 사방이 온통 낙엽으로 뒤덮여 있어 마치 엷은 금빛 카펫을 깔아놓은 듯했다. 조금 더 가자 대부분이 낙엽송으로 이루어진 조림지가 나왔다. 그 일대가 더없이 화려한 금빛으로 빛나는 가운데, 가을의 영광을 만끽하고 있는 어린 너도밤나무가 여기저기에 핏빛 물감을 뿌려놓은 듯 보였다.

갈색 털로 뒤덮인 오리나무와, 사랑스럽고 다채로운 색조로 물든, 끝이 뭉툭한 나뭇잎들을 바라보았다. 부근에는 마로니에 한 그루가 있었는데, 가지 끝에는 짙은 오렌지색을 띤 몇몇 잎들만이 매달려 있었다. 보리수나무들은 벌써 헐벗었다.

오늘 밤에는 바람이 요란하게 불고 빗줄기가 세차게 창문을 두드린다. 내일 아침에 잠에서 깨면 겨울 하늘을 보게 되리라.

겨울

등불을 끄고 문간에 이르면 나는 언제나 멈춰 서서 뒤를 돌아보곤 한다. 마지막으로 이글거리며 타고 있는 석탄의 불빛에 비친 내 방이 너무나도 아늑하게 유혹적이어서 나는 쉽사리 그곳을 떠날 수가 없다. 반들거리는 목재, 의자, 책상, 책장 그리고 몇몇 호화 장정본의 금박 제목에까지 따뜻한 불빛이 반사된다. 그 불빛은 이쪽 그림을 비추거나, 저쪽 그림에 내려앉은 어둠을 반쯤 흩어놓기도 한다. 마치 동화 속에서처럼 책들이 자기들끼리 이야기를 하려고 내가 떠나기를 기다리고 있을지도 모른다는 생각이 든다. 꺼져가는 불 속에서 혓바닥처럼 가느다란 불길이 불쑥 튀어 오른다. 그림자들은 천장에서 벽으로 옮겨 다닌다. 나는 더없는 만족감에 가늘게 한숨을 쉬고는 밖으로 나가 가만히 문을 닫는다.

1

영국해협으로부터 비를 머금은 거센 바람이 불어오고 거품 같은 안개가 언덕 위로 번져나가는 바람에 하루 종일 집 안에 머물러 있어야 했다. 하지만 나는 단 한 순간도 빈둥거리거나 멍하니 있지 않았다. 그리고 석탄불이 꺼져가는 지금은, 내가 누리는 안락함과 평온함이 내게 너무도 큰 기쁨을 안겨주므로 잠자리에 들기 전에 무슨 말인가를 꼭 해야만 할 것 같은 생각이 든다.

물론 우리는 오늘 같은 날씨와 맞설 수 있어야 하며, 날씨와 싸우는 데서 즐거움을 찾아야 할 것이다. 몸이 건강하고 마음이 평온한 사람에게는 악천후라는 것은 없다. 모든 하늘은 저마다의 아름다움을 지니고 있으며, 우리의 피를 채찍질하는 폭풍우는 피를 더욱더 힘차게 뛰게 할 뿐이다.

거센 비바람이 내리치는 길을 따라 씩씩하게 사방을 누비고 다닐 수도 있었을 시절이 생각난다. 이젠 그런 경험을 하려면 아마도 내 목숨으로 대가를 치러야 할 것이다. 그래서 나를 보호해주는 이 든든한 벽들과,

몰아치는 비바람을 막아주는 문과 창문을 만들어준 정직한 솜씨의 건축술이 그만큼 더 소중하게 느껴진다. 안락의 땅이라고 불리는 영국 전역을 통틀어 지금 내가 거처하는 방보다 더 안락한 방은 없을 것이다. 오래된 좋은 의미에서의 안락은 신체에는 편안함을, 정신에는 위안을 선사해준다. 그리고 겨울밤이 되면 이곳이 더없이 아늑하고 소중한 피난처이자 안식처임을 그 어느 때보다 절실히 느끼게 된다.

이곳에서 첫 번째 겨울을 보내게 되었을 때 나는 벽난로를 손질하여 장작불을 지피고자 했다. 그러나 그것은 나의 오산이었다. 조그만 방에서는 통나무에 제대로 불을 지필 수가 없다. 알맞은 수준으로 불을 유지하려면 끊임없이 신경을 써야 하고, 불이 활활 타오르면 방이 너무 더워진다.

난롯불은 우리를 즐겁게 해주며, 때로는 동반자가 되어주고 영감을 불러일으키기도 한다. 만약 온수관이나 더운 공기를 사용하는 것 같은 볼썽사나운 현대적인 장치로 내 방을 덥힌다면, 앉아서 바라볼 때 경이로운 세계로 다가오며 아름답게 불타는 화심(火心)이 느끼게 하는 것과 같은 감상에 젖을 수 있을까? 하늘로부터 버림받고 아파트나 호텔에서 살아가는 사람들이 과학의 힘을 빌려 되도록 효율적이고 경제적으로 난방을 하고자 한다면 그렇게 하게 놔두자.

만약 내게 선택권이 주어진다면, 난 차라리 어느 이탈리아인이 그랬듯이 망토를 두르고 앉아 화로에 피운 숯불의 은회색 표면을 열쇠로 살살 휘젓는 편을 택할 것이다. 사람들은 우리가 석탄을 모두 태워 없애며, 그것도 터무니없이 낭비하고 있다고들 한다. 그게 사실이라면 유감이지만, 그렇다고 해서 어쩌면 내 인생의 마지막이 될지도 모를 겨울을 우울하게 보낼 수는 없지 않겠는가. 가정의 난로에서도 석탄이 낭비될 수 있겠지만 정말로 지독하게 낭비되고 있는 곳은 따로 있으며, 너무도 뻔해서 굳이 어디라고 밝힐 필요조차 없다.

그러니 벽난로의 화덕을 만들 때는 무슨 일이 있어도 상식을 따르도록 하자. 그 고마운 석탄에서 나오는 열기의 반 이상이 굴뚝으로 날아가 버리는 것을 바라는 사람은 아무도 없다. 하지만 영국에서 가장 좋은 것이면 무엇이든 보존해야 하는 것처럼 벽난로에 불을 지피는 풍습 또한 보존하도록 하자. 자연의 이치에 따라 벽난로도 언젠가는 과거의 것이 되고 말 거라는―삶을 가치 있게 해주는 대부분의 것들처럼―이유 때문에 그것을 되도록 오래도록 즐기지 말란 법은 없지 않은가. 어쩌면 머지않아 인간은 알약의 형태로 영양분을 섭취하게 될지도 모른다. 그러나 그처럼 편리한 경제적 삶의 예견 때문에 식탁에 앉아 구운 고기를 먹는 내가 가책을 느낄 필요는 없지 않겠는가.

난롯불과 갓을 씌운 등잔이 서로 얼마나 정답게 어울리는지를 보라. 이 둘은 방을 환히 밝히고 덥히는 데에 서로 비슷한 몫을 해낸다. 난롯불이 글그렁거리다가 부드럽게 탁탁 소리를 내면, 등불은 기름이 심지로 빨려 올라가면서 이따금씩 조그맣게 꼬르륵 소리를 낸다. 이렇게 반복되는 풍경은 내게 즐거움을 안겨준다. 이 두 가지와 뒤섞이는 또 다른 소리는 시계가 조용히 째깍거리는 소리다. 나는 조그만 시계들이 열에 들뜬 맥박처럼 부산스럽게 째깍대는 소리를 견딜 수가 없다. 그런 소리는 주식중매인의 사무실에나 어울릴 터이다. 내 방의 시계는 아주 느릿하게 웅얼거리는 소리를 낸다. 마치 나만큼이나 1분 1초를 음미하는 듯 보인다. 그러다 시각을 알리는 종을 칠 때면, 마치 은방울이 굴러가는 듯하면서 슬픔이 느껴지지는 않는 나직한 목소리로 삶의 또 한 시간이, 더없이 소중한 한 시간이 또다시 지나갔음을 말해준다.

(우리의 나날들은) 사라져서 우리의 몫으로 셈해질 것이니(Quae
nobis pereunt et imputantur).[*]

등불을 끄고 문간에 이르면 나는 언제나 멈춰 서서 뒤를 돌아보곤 한다. 마지막으로 이글거리며 타고 있는 석탄의 불빛에 비친 내 방이 너무나도 아늑하게 유혹적이어서 나는 쉽사리 그곳을 떠날 수가 없다. 반들거리는 목재, 의자, 책상, 책장 그리고 몇몇 호화 장정본의 금박 제목에까지 따뜻한 불빛이 반사된다. 그 불빛은 이쪽 그림을 비추거나, 저쪽 그림에 내려앉은 어둠을 반쯤 흩어놓기도 한다. 마치 동화 속에서처럼 책들이 자기들끼리 이야기를 하려고 내가 떠나기를 기다리고 있을지도 모른다는 생각이 든다. 꺼져가는 불 속에서 혓바닥처럼 가느다란 불길이 불쑥 튀어 오른다. 그림자들은 천장에서 벽으로 옮겨 다닌다. 나는 더없는 만족감에 가늘게 한숨을 쉬고는 밖으로 나가 가만히 문을 닫는다.

* 마르티알리스,《에피그램》5권 '에피그램 20'.

2

　오늘은 땅거미가 내릴 무렵 집으로 돌아왔다. 산책 끝에 피곤하기도 하고 한기도 약간 느껴져서 일단 난롯불 앞에 쪼그리고 앉았다가 난로 앞 깔개 위에 털썩 주저앉아 빈둥거렸다. 마침 내 손에 책이 한 권 들려 있어서 난롯불에 비추어 읽기 시작했다. 얼마 후 자리에서 일어났는데 그때도 여전히 희미한 석양빛으로 책을 읽을 수 있음을 깨달았다. 이 갑작스러운 빛의 변화는 내게 아주 뜻밖의 기이한 효과를 불러일으켰다. 나는 아직 어둠이 내리지 않았다는 사실을 잊고 있었던 것이다. 그리고 나는 이 묘한 사소한 경험 속에서 하나의 지적 상징을 보았다. 내가 읽고 있던 책은 시집이었다. 난롯불에서 나오는 따뜻한 불빛은 그 빛처럼 따뜻한 마음과 풍부한 상상력을 가진 사람들에게 보이듯 페이지를 비춰주는 반면, 창문에서 들어오는 차갑고 우중충한 빛은 시 속에서 글자 그대로의 빈약한 뜻만을 찾거나 아무 의미도 발견하지 못하는 사람들의 눈에 비치듯 페이지를 비춰주는 게 아닐까?

3

나 자신을 위해 무언가를 하고 싶다는 욕구가 강하게 밀려올 때 아무 것도 겁낼 필요 없이 조금이라도 돈을 쓸 수 있다는 것은 아주 즐거운 일이다. 하지만 누군가에게 돈을 나눠줄 수 있다면 얼마나 더 즐거울 것 인가! 나는 경이로운 새 삶이 선사하는 안락함을 마음껏 누리고 있긴 하 지만, 곤궁한 누군가를 도와주는 데서 느끼는 기쁨만 한 즐거움을 느껴 보지는 못했다. 늘 쪼들리며 사는 사람은 오직 자기 자신만을 위해 살 수 있을 뿐이다. 도덕적인 선을 행하는 것에 대해 이야기하는 것은 아주 좋 은 일이다. 그러나 실제로는, 물질적으로 궁핍한 처지에서는 선을 베풀 수 있는 여지나 희망이 거의 없다.

오늘 나는 S에게 50파운드짜리 수표를 보냈다. 그것은 그에게는 하늘 이 보낸 선물처럼 여겨질 것이고, 분명 받는 사람뿐만 아니라 주는 사람 에게도 축복이 될 것이다. 부유한 바보는 보잘것없는 액수인 50파운드 를 부질없거나 천박하고 허황된 짓거리에 허비하면서도 조금도 아깝게 생각하지 않을 수 있다. 그러나 S에게 그 돈은 생명과 빛을 의미할 것이다. 그리고 나로서는 이처럼 은혜를 베풀 수 있는 능력이 아주 새로운 것이라서 수표에 서명을 할 때 손이 떨려왔다. 나는 몹시 기뻤고 그런 나 자신이 자랑스러웠다. 예전에도 가끔씩 누군가에게 돈을 준 적이 있는데, 그때는 다른 이유로 손을 떨었다. 어두컴컴하고 안개가 낀 어느 날 새벽, 나는 지독한 궁핍 때문에 구걸을 나서야 할 수도 있기 때문이었다. 그것이 바로 가난 때문에 겪는 쓰라린 저주 중 하나다. 가난은 관대해질 수 있는 권리를 허락하지 않는다.

나는 더없이 행복한 자유로움을 느끼며 내가 가진 재물—언제나 부유하게 사는 사람들이 보기에는 겨우 굶어 죽지 않을 정도겠지만—중에서 일부를 떼어줄 수 있다. 그러면 나 자신이 몸을 웅크린 채 환경이라는 채찍에 등을 내미는 노예가 아닌 진정한 인간임을 느끼게 될 것이다. 내가 알기로는 "제신(諸神)에게 잘못 감사를 드리는"* 사람들이 있는데, 이런 일은 대부분 재물과 관련되어 일어난다. 하지만 아, 욕망은 줄이고, 필요한 것보다 조금 더 많이 가질 수 있다면 얼마나 좋을까!

* 밀턴, 《코머스》 1장.

4

이삼일간 잔뜩 찌푸린 하늘에 비는 오지 않고 겨울답지 않게 따뜻한 날씨가 계속되면서 기분을 우울하게 했는데, 오늘 아침에 일어나니 대지가 온통 짙은 안개로 뒤덮여 있었다. 동이 트지도 않았고, 날 밝을 시간이 한참 지났는데도 창문에는 희미하고 음울한 빛이 비치고 있었을 뿐이다. 한낮이 된 지금에서야 앙상한 나무들의 모습이 어렴풋이 보이기 시작했고, 정원의 대지 위로 계속해서 뚝뚝 떨어지는 물방울은 공기 속의 수증기가 응결되기 시작했으며 곧 비로 바뀔 것이라는 사실을 말해 주고 있다. 이런 날 난롯불마저 없었다면 분명 더 우울한 기분에 빠져들었을 것이다. 불꽃은 노래하고 튀어 오르며, 그 아름다운 붉은색은 유리창에 반사된다. 도무지 생각을 집중해서 책을 읽을 수가 없다. 아무것도 하지 않고 이대로 앉아 있다 보면 우울한 마음으로 집착하듯 뭔지도 잘 모르는 것을 곱씹게 된다. 차라리 오랜 습관대로 기계적으로 펜이라도 움직여봐야겠다. 그러다 보면 시간을 낭비하고 있다는 느낌을 속일 수 있을 테니까.

런던의 안개가 생각난다. 칙칙한 노란색이나 온통 검기만 한 안개가. 그런 안개가 끼는 날이면 나는 종종 아무것도 하지 못하고 소화불량에 걸린 부엉이처럼 맥없이 눈을 껌뻑거리며 빈둥거려야 했다. 언젠가 이렇게 안개가 끼었던 어느 날의 기억이 떠오른다. 석탄과 등유가 똑 떨어졌는데 내게는 그것들을 살 수 있는 돈이 한 푼도 없었다. 내가 할 수 있는 것이라고는 침대에 누운 채 하늘이 다시 맑아질 때까지 마냥 기다리는 것뿐이었다. 그러나 그다음 날에도 안개는 그 어느 때보다 짙게 남아 있었다.

나는 어둠 속에서 자리에서 일어났다. 다락방 창가에 서서 보니 마치 밤중처럼 거리가 환히 밝혀 있었다. 가로등과 상점의 쇼윈도도 또렷이 보였고, 사람들은 볼일을 보러 어디론가 분주하게 가고 있었다. 그사이 어느 정도 안개가 걷히긴 했지만 여전히 지붕 위에 걸려 있어 하늘에서 오는 어떤 빛도 지상에 가닿을 수 없었다. 나는 더 이상 외로움을 참지 못하고 밖으로 나가 몇 시간 동안 거리를 쏘다녔다. 집으로 돌아왔을 때 내 손에는 따뜻함과 빛을 살 수 있게 해줄 동전 몇 닢이 들려 있었다. 내가 아끼던 책을 중고 서적상에게 팔고 받은 것이었다. 나는 내 주머니에 든 돈만큼 더 가난해졌다.

그 일이 있고 몇 년 뒤 그때처럼 어두웠던 또 다른 아침이 생각난다. 그런 날씨에는 으레 그랬듯이 당시 난 지독한 감기를 앓고 있었다. 밤새 잠을 못 이룬 탓에 무기력 상태에 빠져 한두 시간 동안 비몽사몽 중에 누워 있었다. 그러다 끔찍한 외침에 잠에서 깨어났다. 어둠 속에서 일어나 앉으니 거리를 달려가는 사람들이 조금 전에 거행된 교수형에 관한 소식을 외치는 소리가 들려왔다. "모모 부인의 사형이 집행되었습니다." 그 여자 살인자의 이름은 기억나지 않는다. "교수형 장면이 실렸습니다!"

9시가 조금 지났을 뿐인데 상업성을 추구하는 신문이 재빨리 교수형 특집판을 내보낸 것이다. 섬뜩한 안개의 장막 아래 지붕과 거리가 검댕투성이의 눈으로 뒤덮인 한겨울의 어느 날 아침, 내가 침대에 누워 있는 동안 그 여인은 끌려 나가 교수형을 당한 것이다. 하필이면 교수형을. 문득 머리 위로는 "더럽고 악취 나는 수증기의 응집체"*가 있을 뿐인, 황량한 빌판을 연상시키는 집들이 모여 있는 이곳에서 병들어 죽을지도 모른다는 생각에 몸서리가 쳐졌다. 나는 겁에 질린 채 자리를 박차고 일어나 뭐라도 하고자 했다. 블라인드를 걷고 등잔불을 켠 다음 활활 타오르는 난롯불 곁에서 마치 아늑한 밤중인 양 믿으려고 애썼다.

* 《햄릿》 2막 2장.

276

5

어둠이 내린 후 길을 따라 걷고 있는데 갑자기 런던의 거리가 떠올랐다. 그리고 무슨 마음의 조화인지 그곳에 다시 가고 싶다는 생각이 들었다. 번쩍거리는 상점들의 쇼윈도, 비에 젖은 포도(鋪道)에 노랗게 반사되는 빛, 분주하게 오가는 사람들, 삯마차와 승합마차 등 모든 게 눈에 선하게 떠오르면서 그곳에서 그런 것들을 다시 느껴보고 싶어졌다.

이런 게 모두 젊은 시절로 되돌아가고 싶다는 마음이 아니라면 무엇이겠는가? 런던의 어떤 거리가 문득문득 떠오르는 일이 드물지 않은 걸 보면, 비록 더없이 음울하고 흉하게 생긴 거리라 할지라도 한순간 내게 향수를 불러일으키기 때문일 것이다. 바로 그런 곳 중의 하나인 이즐링턴의 하이스트리트가 종종 떠오르는 식으로 말이다.

나는 적어도 사반세기 동안 그곳에 다시 가보지 못했다. 아마도 런던 거리를 통틀어 그곳만큼 상상하기에 매력이 없는 곳도 찾기 힘들 것이다. 그러나 나는 지금 그곳 거리를 걷고 있는 나 자신을 떠올리고 있다. 나는 젊은이답게 빠르고 경쾌한 걸음으로 걷고 있으며, 물론 매력은 그

점에 있다.

종일 외롭게 글을 쓰며 긴긴 하루를 보낸 후 하숙집을 나서는 나 자신을 그려본다. 나는 날씨 따위에는 조금도 신경 쓰지 않는다. 비가 오든 바람이 불든 안개가 끼든 무슨 상관이란 말인가! 신선한 공기가 나의 폐를 가득 채우고, 나의 피는 온몸을 빠르게 순환한다. 나는 근육이 탄탄함을 느끼고, 발을 딛는 포석의 딱딱함에서도 즐거움을 찾는다. 아마도 주머니에는 돈이 들었을 것이다. 지금은 극장에 가는 길이고, 그런 다음에는 맛있는 저녁을 먹으리라. 소시지와 으깬 감자 그리고 거품 이는 맥주 1파인트면 족할 것이다. 나는 이 모든 즐거움 하나하나를 달콤하게 만끽할 기대에 잔뜩 부풀어 있다! 극장에서는 아래층 좌석 입구에서 사람들에게 이리저리 떠밀리겠지만 그마저도 즐겁게 느껴질 것이다. 그 어느 것도 나를 지치게 하지 못한다. 나는 밤이 늦어서야 이즐링턴으로 돌아갈 것이고, 십중팔구는 걸어가는 동안 노래를 부를 것이다. 내가 행복하기 때문이 아니다. 아니, 난 절대로 행복하지 않다. 하지만 나는 아직 스물몇 살밖에 되지 않았고, 그래서 힘이 넘치고 건강한 것이다.

오늘처럼 차갑고 축축한 밤에 나를 다시 런던 거리로 데려다놓는다면, 나는 필시 황량한 풍경 속에서 불편해하며 길을 잃고 말 것이다. 그러나 내 기억이 틀리지 않는다면, 예전의 나는 날씨가 불순한 계절을 더 좋아하는 편이었다. 이제 와 생각해보면, 다른 곳이었다면 진저리를 치며 불평했을 악천후에서도 분주한 삶의 화려함과 소란스러움을 즐기고, 인위적인 환경이 자연적인 조건보다 우세한 것을 반기는 진정한 도시인의 본능이 내겐 있었다.

그런 날씨에는 극장이 두 배로 더 따뜻하고 환하게 느껴지는 법이다. 상점들은 아늑한 안식처가 된다. 상점의 계산대 뒤에 아주 편안한 자세로 서 있는 종업원들은 손님들의 시중을 들면서 담소를 나눌 준비가 되어 있다. 카페레스토랑들은 휘황하게 밝힌 가스등 아래 유혹적인 광경을 연출하고 있다. 술집에는 주머니에 돈이 두둑한 사람들이 가득 들어차 있다. 그때 손풍금 소리가 요란하게 터져 나온다. 이보다 흥겨운 일이 또 있을까!

솔직히 그 당시 내가 정말로 그렇게 느꼈으리라고는 믿기 힘들다. 하지만 삶이 그런대로 견딜 만하지 않았더라면 지금까지 내가 그 많은 세월을 어떻게 살아올 수 있었겠는가? 인간에게는 필요에 적응해나가는 놀라운 능력이 내재되어 있다. 만약 지금 내게 런던의 불결한 환경 속으로 다시 내던져져 그곳에 살면서 일을 하는 수밖에 다른 선택이 없다고 한다면, 그렇게 하지 않을 것인가? 약방 출입이 잦아지긴 하겠지만 그래야만 할 것이다.

6

하루 중 내가 가장 좋아하는 시간은, 오후 산책에서 다소 피곤한 상태로 돌아와 부츠를 슬리퍼로 바꿔 신고, 외출용 외투는 낡았지만 편하고 익숙한 웃옷으로 갈아입은 후 팔꿈치를 부드럽게 받쳐주는 푹신한 소파에 앉아 차 쟁반을 기다리는 순간이다. 어쩌면 한가로운 느낌을 가장 만끽하는 시간도 차를 마실 때가 아닌가 싶다. 예전에는 종종 해야 할 일에 대한 부담에 시달리면서 서둘러 음료를 꿀꺽꿀꺽 마셔야 했다. 그러면서 내가 마시는 것의 향기나 풍미에는 무감각할 때가 많았다. 하지만 이젠 찻주전자가 나타나자마자 내 서재에 퍼지면서 코에 스며드는 부드러운 향기가 얼마나 감미롭게 느껴지는지 모른다! 첫 잔에서 느껴지는 위안과, 다음 잔을 천천히 마실 때의 그 여유로움은 또 어떠한가! 쌀쌀한 빗속에서 산책을 마치고 돌아온 후 마시는 차는 온몸을 따뜻하게 덥혀준다!

차를 마시는 동안 나는 내 책들과 그림들을 둘러보면서 그것들을 평화롭게 소유할 수 있다는 데서 오는 행복감을 맛본다. 그리고 내 파이프로 시선을 돌린다. 아마도 나는 생각에 잠긴 얼굴로 파이프에 담배를 잴 것이다. 차는 그 자체로도 차분하게 영감을 불러일으키지만, 단언컨대 차를 마신 후에 피우는 담배만큼 마음을 어루만져주고 인간적인 생각들을 떠오르게 하는 것도 없을 것이다.

오후의 티타임은 축제라고 불러도 손색이 없을 풍습이거니와, 그때만큼 가정적인 삶을 위한 영국인의 천재성이 두드러지게 발휘되는 적도 없다. 소박한 가정집에서도 차를 마시는 시간은 그 자체로 신성한 무언가를 포함하고 있다. 그 시간은 집안일과 걱정거리가 끝나고, 편안하게 사람들과 어울릴 수 있는 저녁이 시작됨을 의미한다. 찻잔과 접시가 서로 부딪히면서 나는 쟁그랑 소리만으로도 우리의 마음은 휴식이 선사하는 행복감에 젖게 된다.

나는 오후 5시에 현대식 응접실에서 열리는 다과회 같은 것에는 아무런 관심이 없다. 그런 것은 그들이 참여하는 다른 온갖 모임들과 마찬가지로 쓸모없고 지루할 뿐이다. 나는 지금 세속적인 의미와는 전혀 다른 의미에서, 그야말로 편안한 티타임을 이야기하고 있는 것이다. 차를 마시는 식탁에 낯선 사람을 받아들이는 것은 신성모독이다. 다른 한편으로는, 영국인의 손님 접대가 가장 정겨운 면모를 드러내는 것도 바로 차를 마실 때다. 한잔의 차를 마시기 위해 들르는 친구는 그 어느 때보다 따뜻한 환영을 받는다. 영국인들은 오후의 티타임 이후 9시에 저녁을 먹을 때까지 아무것도 먹지 않기 때문에, 차는 진정한 의미에서 하루 중 가장 '편안하게 즐기는' 식사인 셈이다. 수 세기 동안 차를 마셔온 중국인들이 고작 100여 년 전부터 차를 즐겨온 영국인들이 차로 인해 느끼는 즐거움이나 행복의 100만분의 1이라도 맛보았을 거라고 생각할 수 있을까?

나는 쟁반에 차를 받쳐 들고 오는 우리 집 가정부를 즐거운 마음으로 바라본다. 그녀는 마치 축제라도 가는 것 같은 표정을 짓고 있다. 그러나 그녀의 미소에는 그녀를 명예롭게 하는 어떤 임무라도 수행하는 듯한 엄숙함이 깃들어 있다. 그녀는 저녁 시간을 위한 옷차림을 하고 있다. 그 말은 즉, 일할 때 입는 깨끗하고 단정한 옷을 벗고 난롯가에서 휴식을 취하기에 알맞은 옷으로 갈아입었다는 뜻이다. 뺨이 상기된 것은 방금 전에 향기로운 토스트를 구웠기 때문이리라. 그녀는 재빨리 내 방을 둘러본다. 그리고 모든 것이 잘 정돈되어 있음을 확인하고는 흐뭇한 표정을 짓는다. 하루 중 이 시간에 해야 할 중요한 일이 아직 남아 있다는 것은 생각조차 할 수 없다.

그녀는 벽난로의 불이 비치는 곳으로 조그만 탁자를 옮겨다 놓는다. 내가 편안한 자세를 고치지 않고도 차를 마실 수 있게 하기 위해서다. 그녀는 한두 마디 유쾌한 말을 할 때 외에는 일절 입을 열지 않는다. 행여 중요한 할 말이 있는 경우라도 언제나 내가 차를 다 마실 때까지 기다리며 그 전에는 결코 말하는 법이 없다. 그녀는 이런 것들을 본능적으로 알고 있다. 그녀는 내가 없는 동안 대신 불을 돌보는데, 몸을 숙여 그사이 떨어진 재를 다시 안으로 쓸어 넣기도 한다. 그 일은 재빨리 조용히 행해진다. 그런 다음 그녀는 여전히 입가에 미소를 머금은 채 조용히 물러난다. 나는 그녀가 따뜻하고 아늑하며 달콤한 냄새를 풍기는 부엌으로 돌아가 자신을 위한 차와 토스트를 즐기리라는 것을 알고 있다.

7

우리는 영국식 요리법에 대해 비난하는 말들을 종종 들어왔다. 영국의 전형적인 요리사는 거칠고 상상력이 부족해서 기껏해야 굽거나 끓이는 것밖에는 할 줄 모른다고들 한다. 영국인의 식탁은 육식동물처럼 날고기도 개의치 않는 사람들을 제외하고는 모두가 지겨워하거나 역겨워할 정도라고 떠들어댄다. 우리가 먹는 빵은 유럽에서 최악이며 소화도 되지 않는 반죽 덩어리에 불과하고, 우리 채소는 섬세한 미각을 가진 사람보다는 배고픈 동물에게나 어울릴 음식이라고도 한다. 또한 커피와 차라고 불리는 더운 음료는 무식하게 아무렇게나 만들어 다른 나라들에서 알려진 음료의 기본적인 장점조차 지니고 있지 않다는 비난을 받아왔다. 물론 이러한 비난들이 근거가 있음을 보여주는 증거들이 없는 것은 아니다. 우리에게 하인들을 제공해주는 계층이 투박하고 둔한 게 사실이다 보니 그들이 하는 다양한 종류의 일들이 그 출신을 그대로 드러내는 경우가 허다하다. 그러나 이 모든 것에도 불구하고 영국의 음식은 세계 최고의 질을 자랑하며, 영국식 요리법은 온대 지방의 그 어떤 요리법보다 건강에 좋고 구미를 당긴다.

　우리가 지닌 다른 많은 장점들과 마찬가지로 우리는 이런 요리법을 무의식적으로 터득해나갔다. 아마도 요리를 하는 평범한 영국 여인은 제대로 씹을 수 있는 음식을 만들어야겠다는 것 외에는 다른 생각은 하지 않을 것이다. 하지만 결과를 놓고 보면, 그 음식이 잘 만들어졌을 경우 하나의 요리 원칙이 탄생한다. 이 원칙보다 단순하면서도 한편으로는 이보다 더 옳고 합리적인 것도 없을 것이다.

　영국식 요리의 목표는 건강한 미각을 충족하기 위해 영양가 있는 날것의 재료에서 본연의 즙과 풍미를 이끌어내는 것이다. 그리고 이 점에 있어서, 요리사가 타고났거나 획득된 어떤 기술을 갖고 있을 때는 우린 놀랄 만한 성과를 거둔다. 우리가 먹는 소고기는 진짜 소고기다. 잘 조리된 소고기는 세상 어디에서도 맛볼 수 없을 만큼 기막힌 맛을 자랑한다. 우리 양고기 요리는 그 순수한 본연의 맛이 그대로 살아 있다. 사우스다운산(産) 양고기의 어깨 부위를 카빙나이프로 자를 때 처음 흘러나오는 육즙을 떠올려보라! 또한 우리가 먹는 채소는 각각 특징적인 향미를 풍긴다. 우리는 음식의 진정한 맛을 위장하려는 생각 같은 것은 결코 하지 않는다. 만약 그런 과정이 필요하다면, 그것은 음식의 재료 자체에 문제가 있기 때문이다. 요리에 대해 뭘 좀 안다고 자처하는 누군가가 우리가 한 가지 소스만을 사용한다며 비아냥거린 적도 있다. 하지만 사실 우리에게는 고기 종류만큼 다양한 소스가 있다. 각각의 고기에서는 조리 과정에서 그 본연의 즙이 나오며, 그것이야말로 우리가 생각할 수 있는 모든 소스 중에서 최상의 소스인 것이다. 오직 영국인들만이 '육즙'이 무엇을 의미하는지 알고 있다. 따라서 영국인들만이 소스 문제를 논할 자격이 있는 것이다.

물론 이러한 요리 원칙은 최고 품질의 음식 재료를 전제로 한다. 만약 소고기와 양고기의 맛이 서로 잘 구분되지 않고, 소고기와 양고기가 송아지고기로 오인될 정도라면 우리는 완전히 다른 방식으로 조리를 하게 될 것이다. 그럴 경우 요리의 목표는 위장하고 위조하며 낯선 맛을 첨가하는 게 될 것이다. 한마디로, 고기 본연의 질을 강조하는 것만 '빼고' 무엇이든 해야 하는 것이다. 다행히 영국인들은 이러한 편법들을 사용하는 지경에 이른 적은 결코 없다. 짐승이건 가금류건 물고기건 모든 종류의 고기는 그 본연의 맛을 분명히 드러내면서 당당하게 식탁에 올라오므로 서로 혼동될 가능성이 전혀 없다.

평범한 영국 여인에게 대구 한 토막을 주고 마음대로 조리하게 해보라. 그 선한 여인은 그것을 조심스럽게 삶는 것으로 조리를 끝낼 것이다. 다른 어떤 요리법을 사용한다 해도 하늘이 대구에게 부여한 특별한 풍미를 더 두드러지고 더 감칠맛 나게 하지는 못할 것이다.

우리 앞에 놓인 일련의 고깃덩어리들을 생각해보라. 각각의 고기는 저마다의 당당함을 지니고 있으며, 다른 고기들과는 완전히 다르다. 삶은 양의 다리를 생각해보자. 그것은 물론 양고기이고, 최고의 양고기이다. 자연이 인간에게 이보다 더 맛있는 고기를 선사한 적이 있을까 싶을 정도다. 그런데 구운 양고기 역시 같은 양고기이면서도 그 둘의 맛은 가히 환상적으로 다르다! 중요한 것은 그 차이점이 자연적인 것이라는 사실이다. 우리는 그 차이를 이끌어내기 위해 인간의 어떤 변덕이 아닌 사물의 영원한 법칙을 따랐을 뿐이다. 여기서 인위적인 풍미는 불필요할 뿐만 아니라 모욕적이기까지 하다.

송아지고기의 경우에는 '스터핑'이 요구되기도 한다. 사실 송아지고기가 다소 맛이 없는 편이다 보니, 우리가 경험을 통해 그 고유의 장점을 부각해줄 최상의 방법을 찾아낸 것이다. 스터핑은 위장을 하지도 위장을 하려고 들지도 않으며, 식품 본연의 맛을 강조할 뿐이다. 훌륭한 송아지 고기 스터핑 ─생각해보라! ─은 그 자체로 요리 본능의 승리다. 스터핑의 맛은 부드럽지만 소화액의 분비에 강력하게 작용한다.

내가 송아지고기를 맛이 없다고 했던가? 그렇다면 영국의 소고기 및 양고기와 비교했을 때만 그렇다는 얘기임을 덧붙여야겠다. 근사한 송아지고기 토막의 표면이 '노릇하게' 잘 익은 것을 떠올리기만 해도 입안에 절로 군침이 돌지 않는가 말이다!

8

　영국적인 것을 찬양하고자 할 때 종종 그렇듯이 씁쓸한 뒷맛이 내 마음을 불편하게 한다. 내가 이미 지나가버린 시절을 찬양하고 있구나 하는 생각 때문이다. 지금 얘기하고 있는 영국의 육류 문제도 그런 경우다. 어떤 신문은 영국 소고기라는 것은 아예 없다고 말한다. 그런 이름으로 불리는 최고 품질의 소고기도 알고 보면 도살되기 전 얼마간 영국에서 사육된 소의 고기에 불과하다는 것이다. 그렇다고 해도 어쨌거나 우리는 우리가 먹는 소고기의 질이 여전히 아주 좋다는 사실에 감사할 뿐이다. 나는 진짜 영국 양고기는 아직 존재한다고 생각한다. 내가 어제 먹은 양의 어깨 부위 같은 고기는 그 어떤 나라에서도 결코 생산해내지 못할 것이다.

　하지만 누가 장담할 수 있겠는가? 어쩌면 우리가 자랑하는 요리법도 이미 전성기가 지났을지도 모른다. 오늘날에는 대부분의 영국인이 제대로 로스트된 고기를 맛보지 못한다는 것은 참으로 유감스러운 일이다. 요즘은 로스트된 고기라고 해봤자 오븐에서 구워낸 것을 가리킬 뿐이다.

물론 제대로 구워낸 것에 비해서만 맛이 떨어지는 것이지만, 어쨌거나 이 둘은 서로 완전히 다르다.

아, 오래전에 맛보았던 설로인이 생각난다. 내 기억으로는 제대로 된 설로인을 먹어본 지가 벌써 30~40년쯤 된 것 같다! 그야말로 나무랄 데 없는 영국 소고기였고, 문명의 역사를 통틀어 인류의 식탁에 그에 필적할 만한 음식이 올라온 적은 일찍이 없을 것이다. 그런 고기 토막을 김이 나는 오븐에 집어넣는 것은 신들과 인간에게 용서받을 수 없는 죄악을 저지르는 것과 다를 바 없다. 쇠꼬챙이에 끼운 소고기가 빙글빙글 돌아가며 구워지는 광경을 내 두 눈으로 지켜보던 시절이 있지 않았던가? 그 고기에서 풍기는 냄새만으로도 소화불량이 치유될 정도였다.

삶은 소고기를 먹어본 지도 무척 오래되었다. 이제 삶은 소고기는 구경조차 하기 힘들다. 우리 집 같은 가정에서 '우둔살' 같은 고기를 조리하는 것은 실용적이지 않다. 우리가 필요로 하는 것에 비해 그 덩어리가 너무 클 수밖에 없기 때문이다. 하지만 내 마음속에는 더없이 맛있었던 그 고기 토막에 대한 감미로운 기억이 여전히 간직되어 있다! 그 둥근 덩어리 고기 색깔만 보더라도 얼마나 풍성하면서도 섬세하고, 얼마나 오묘한 다채로움을 지녔는가 말이다! 삶은 소고기가 풍기는 냄새는 구운 소고기 냄새와는 확연히 다르지만 그것 또한 소고기임에는 틀림없다. 뜨거운 삶은 고기에 물론 당근을 곁들인다면 왕을 위한 요리로도 손색이 없다. 하지만 차갑게 먹으면 더욱 깊은 맛이 난다. 아, 넓적하고 얇게 썬 고기의 표면에 기름이 단단하게 엉겨 붙은 것을 떠올리기만 해도 군침이 돌지 않는가!

우리는 양념을 아끼는 편이지만, 우리가 사용하는 양념은 인간이 발명해낸 것 중에서도 최고에 속하는 것들이다. 그리고 우린 그 양념들을 어떻게 사용하는지 잘 알고 있다. 언젠가 어떤 성급한 혁신가가 겨자에 관한 영국인의 법칙을 비웃으면서, 어째서 자연의 이치에 비추어 겨자를 양고기와 함께 먹으면 안 되는지를 따져 물은 적이 있다. 대답은 아주 간단하다. 이 법칙은 완벽한 영국인의 미각에 따라 만들어졌기 때문이다. 나는 영국인의 미각이 완벽하다고 주장한다! 교육받은 영국인은 식탁과 관련된 모든 문제에 있어서 틀림없는 안내자가 되어줄 수 있다. 테니슨은 삶은 소고기와 햇감자에 대한 그의 사랑을 정당화하듯 이런 말을 한 바 있다. "탁월한 지성을 지닌 사람은 어떤 음식이 먹기 좋은지 잘 알고 있다." 나는 이 말이 우리 나라의 교양인들 모두에게 해당될 수 있다고 생각한다. 우리를 만족시킬 수 있는 것은 가장 뛰어난 맛과, 음식들의 제대로 된 조합뿐이다. 우리의 부와 복된 자연환경은 우리에게 타고난 재능에 걸맞은 미각 교육을 허락해주었다. 한 예로 방금 언급한 햇감자에 대해 생각해보자. 우리 요리사는 햇감자를 조리할 때 냄비에 민트 한 줄기를 함께 넣는다. 정말 기막힌 생각이 아닌가! 그러지 않았다면 감자의 풍미가 그처럼 완벽하고 섬세하게 두드러지지는 않았을 것이다. 민트의 향이 배어 있고 우리는 그 사실을 알고 있지만, 우리의 미각은 오직 햇감자의 맛만을 느끼는 것이다.

9

　내가 보기에 채식주의에 관한 문헌들 속에는 기이한 비애감이 서려 있는 듯하다. 굶주림과 가난에 복받쳐 관련 잡지들과 소책자들을 읽으면서 고기는 죄다 불필요하며 역겹기까지 한 음식임을 어떻게든 스스로에게 설득시키려고 애쓰던 때가 생각난다. 만약 지금 그런 글들을 다시 접하게 된다면, 스스로의 의지가 아닌 필요에 의해 식습관에 대한 화학적 견해에 동의하는 이들에게 연민 어린 미소를 지어 보일 것 같다.

　그 시절 자주 다니던 채식 전문 식당 몇 군데가 생각난다. 그런 식당들에서 나는 최소한의 식비로 음식을 열망하는 나의 배를 충족하는 척하곤 했다. '맛 좋은 커틀릿', '야채 스테이크'를 비롯해 터무니없이 적은 양에 그럴듯한 이름을 붙여놓은 음식들을 삼키다시피 하면서. 지금도 기억나는 어떤 식당에서는 6펜스만 내고도 충분히 배부른 한 끼 식사를 할 수 있었다. 그때 먹은 메뉴가 뭐였는지는 다시 떠올리고 싶지 않지만, 그곳에서 식사를 하던 사람들의 얼굴은 지금도 눈에 선하다. 가난한 사무원들과 사환들, 핏기 없는 얼굴을 한 다양한 부류의 처녀들과 여인네들 모두가 이렇게 저렇게 조리한 렌틸콩 수프와 강낭콩에서 어떤 맛을 찾으려고 애쓰고 있었다. 참으로 기막히면서도 가슴 아픈 광경이었다.

　나는 렌틸콩과 강낭콩이라는 이름으로 불리는 것들을 지독히도 싫어한다. 그것들은 허울뿐인 겉모습으로 식욕을 기만하며, 도표로 눈속임을 하는 사기꾼이자 인간적인 먹거리를 자처하는 공인된 무미한 식품이 아닌가 말이다! 그런 콩 1온스가 최상의 우둔살 스테이크 몇 파운드와 맞먹는다는 이야기를 들은 적이 있다. 그 사실을 증명하려 하거나 믿는 사람의 머릿속에는 양식이라고는 눈곱만큼도 없는 게 분명하다. 어떤 나라에서는 이런 것들을 선택적으로 먹지만, 영국에서는 오직 절실한 필요에 의해 소비될 뿐이다. 렌틸콩과 강낭콩은 단지 맛이 없을 뿐만 아니라, 이런 것들을 자주 먹다 보면 심지어 구역질이 날 때도 있다. 아무리 좋다면서 설교를 늘어놓고 도표를 들이밀어도 지고한 심판관인 영국인의 미각은 전분질의 대용품을 거부하게 마련이다. 그건 마치 당연히 따라오는 고기가 빠진 야채와, 점심 대신 먹는 오트밀과 핫케이크, 그리고 맛 좋은 맥주 대용품으로 제공되는 레모네이드와 진저에일을 거부하는 것과 같다.

　대체 어떤 지성과 정신을 가진 사람들이기에 음식의 화학적 성분이 자연적으로 느끼는 맛과 같을 수 있다고 진정으로 믿는 것일까? 나는 최고 품질의 렌틸콩 50파운드에서보다, 1인치의 맛난 케임브리지 소시지나 2온스의 질 좋은 양(胖)에서 더 많은 영양을 섭취할 것이다.

10

    채소 이야기가 나온 김에 하는 말이지만, 이 지구 상에서 알맞게 찐 영국 감자에 견줄 만한 채소가 있을까? 그런 감자를 언제나 혹은 자주 우리 식탁에서 볼 수 있다고 말하려는 것은 아니다. 감자를 찌는 일은 우리의 요리법이 거둔 대단한 성과 중 하나이기 때문이다. 그러나 찐 감자가 우리 앞에 놓이면 우리의 몸과 마음이 얼마나 기뻐하는가! 소박한 입맛이라면 점잖은 가정집에서 매일 내놓는 찐 감자에서도 단순한 위안 이상의 것을 느낄 것이다. 햇감자든 묵은 감자든 찐 감자의 기막힌 맛은 그 무엇과도 비교될 수 없다.

    이런 음식이 있다는 것을 알지도 못하거나, 주위들은 이야기에 근거해 감자를 경멸하듯 말하는 문명국가의 사람들을 생각해보라! 본인들은 잘 모르겠지만 그들은 생전에 제대로 된 감자 맛을 본 적이 없는 사람들이다. 그들이 감자라고 생각하고 삼킨 것은 실은 감자의 특징인 감칠맛을 떨어뜨리거나 아예 없애버린 채소에 지나지 않았던 것이다. 과거의 주부들이 '밀가루 공'이라고 부르던 찐 감자가 더없이 부드럽고 미묘한 향내를 풍기면서 건드리기만 하면 바스러질 듯, 거의 녹아버릴 것처럼 접시에 놓여 있는 모습을 상상해보라. 뜨겁거나 차가운 고깃덩어리의 맛과 완벽하게 어우러진 찐 감자의 맛과 그 뒷맛을 떠올려보라. 그리고 똑같은 감자를 다른 어떤 방식으로 조리한 것을 생각하다 보면 왠지 모를 서글픔이 밀려올 것이다!

11

　식료품점 앞을 지나다가 진열창에 놓인 수입 버터를 보면 화가 난다. 이런 것을 보면 영국의 미래에 대해 우울한 생각을 하게 되기 때문이다. 영국산 버터의 품질 저하는 우리 민족의 정신 상태를 보여주는 최악의 징후들 중 하나다. 당연하게도 이런 식품은 그것을 제조하는 사람들의 도덕성이 타락했음을 그 즉시 알게 해준다. 버터는 낙농업자의 정직한 자부심의 대상이 되어야만 한다. 그렇지 않으면 그 품질에 대한 기대를 갖기 힘들다. 노동력을 아끼려 들거나 부당한 이득을 얻으려 하고, 자신의 일에 대해 혐오감이나 경멸을 느끼는 순간 버터 제조기는 이 모든 악덕들을 고스란히 드러내게 된다. 게다가 그런 악덕들이 이미 만연해 있는 게 분명하다. 웬만큼 허용될 만한 영국산 버터를 먹는 것이 점점 힘들어지는 걸 보면. 어찌 이런 일이 있을 수 있단 말인가! 우리 영국이 프랑스와 덴마크, 미국의 낙농품에 의존해야 하다니! 우리에게 국민의 진정한 지도자인 참된 정치가가 한 명이라도 있었더라면, 영국의 지주들과 농부들은 그들의 어리석음을 증명하는 이러한 사실들을 외치는 정치가의 목소리를 귀가 따갑도록 듣게 될지도 모른다.

하지만 이런 일에는 아무도 관심을 두지 않는다. 우리의 파멸을 재촉하는 과시와 허세 말고는 다른 것에 누가 신경을 쓰겠는가? 얼마 전까지만 해도 세상에서 최고로 인정받던 영국산 식품은 그 질이 저하되고 있으며, 심지어 요리에 대한 우리의 민족적 재능마저도 쇠퇴하고 있는 실정이다. 영국을 잘 알고 있는 사람에게는 이러한 사실들이 매우 중요한 의미를 띤다. 어리석은 사람들은 '우리 섬나라 요리'에 대해 이러쿵저러쿵하면서 대륙의 본보기에 따라 개혁을 해야 한다는 주장을 펼쳤으며, 그런 그들의 말에 솔깃해하는 사람들 또한 지나치게 많았다. 그 결과로 머지않아 우리의 우수한 요리법은 잊히게 될 것이며, 변변찮은 요리법들이 그것들에 적합한 그저 그런 식품들과 함께 보편적으로 도입될 것이다. 그러나 만약 어떤 일반론에 조금이라도 진실이 포함되어 있다면, 가장 넓은 의미에서의 영국적인 덕성과 영국식 식이법(食餌法)이 불가분적으로 한데 얽혀 있음은 명백한 사실이다.

식탁 문제와 관련한 우리의 우월성은 생각의 산물이 아니다. 우리가 지금 해야 할 일은, 예전에 본능적으로 행해졌던 것들에 대해 곰곰 생각해보고, 우리가 지닌 우월성의 이유들을 찾아내어 그 우월성을 재정립하는 작업에 착수하는 것이다.

물론 왕국에서 가장 저열한 요리법의 사례는 런던에서 발견된다. 사실 온 나라에 병폐가 널리 퍼진 것도 런던이 지나치게 성장했기 때문이 아닌가? 런던은 가정생활의 이상과는 정반대되는 곳이다. 사회개혁가는 그쪽 방면으로는 눈길조차 돌리지 않고 소도시와 시골 마을에만 모든 열정을 쏟으려 할 것이다. 그리하여 그런 곳들에서 사회적 폐단이 뿌리 뽑힐 수 있다면, 언젠가는 재구축된 국민 생활이 부패의 거대한 온상에 영향을 미칠 수도 있을 것이다.

나는 영국 전역에 일반 학교보다 더 많은 요리 학교가 가득 들어차는 것을 보고 싶다. 그렇게 된다면 미래에 대한 전망이 훨씬 더 밝을 것이다. 어린 소녀들에게는 글 읽기보다 요리와 빵 굽는 법을 더 열심히 가르쳐야만 한다. 그러나 음식은 그 고유의 특징적인 맛을 최대한 살릴 수 있을 때 비로소 올바로 요리된 것이라는 위대한 영국적 원칙을 항상 염두에 두어야 할 것이다. 육즙으로 된 천연 소스를 제외하고는 잡다한 소스들을 철저히 금지하도록 하자. 후식의 경우도 마찬가지다. 파이라고도 부르는 구운 타르트와 끓여 만든 푸딩에 대한 영국인들의 더할 나위 없이 높은 이상도 염두에 두도록 하자. 이 후식들은 더없이 건전한 식품일 뿐만 아니라, 지금까지 발명된 달콤한 진미들 중에서 가장 감미로운 것들이다. 중요한 것은 그 재료들을 잘 반죽해서 굽는 것뿐이다.

다시 빵 이야기로 돌아가보자. 우리는 잘못 구워진 질 낮은 빵을 먹는 데 점차 익숙해지고 있다. 그러나 예전에 어느 마을에서나 구할 수 있던 것처럼 더없이 잘 구워진 영국식 빵은 나무랄 데 없는 생명의 젖줄과도 같은 식품이다.

사회적 계층의 고하를 막론하고 모든 처녀들이 완벽한 빵을 구워내는 능력을 증명하지 않고서는 결혼을 할 수 없다는 법이 제정된다면, 곤경에 빠진 영국에 명예로운 혁명이 일어날 수 있지 않을까.

12

　사람 좋은 S가 내게 다정한 편지를 보내왔다. 그는 내가 혼자 외롭게 지낸다는 생각에 마음이 아프다고 했다. 그러면서 여름철이라면 그런 곳에서 살기로 마음먹는 것을 이해할 수도 있지만, 겨울에는 도회지로 와서 지내는 게 훨씬 낫지 않겠냐고 했다. 어떻게 그런 곳에서 음산한 날들과 긴긴 밤들을 보낼 수 있느냐면서 말이다.

　나는 S가 나를 염려하는 것을 보면서 미소를 지었다. 살기 좋은 이곳 데번에서는 스산한 날이 드물 뿐만 아니라, 그런 날조차도 내게 지루함을 안겨준 적은 한 번도 없다. 북부의 길고도 혹독한 겨울이라면 내게 정신적 시련을 안겨주었겠지만, 이곳의 겨울은 가을 뒤에 찾아오는 안식의 계절이며, 자연이 1년에 한차례씩 수면을 취하는 시간일 뿐이다. 그리고 나 또한 겨울이 느끼게 하는 휴식에 동참한다. 한 시간 동안 난롯가에서 졸기만 할 때도 종종 있다. 책을 내려놓고 차분히 생각에 잠기는 것만으로도 충분히 좋을 때도 많다. 이곳의 겨울은 햇빛이 비칠 때가 많으며, 그 부드러운 빛은 자연이 꿈꾸면서 짓는 미소와도 같다.

밖으로 나가 먼 데까지 이리저리 돌아다닐 때도 있다. 잎들이 떨어지고 난 뒤 풍경의 변화를 지켜보는 것만큼 즐거운 일도 없다. 그럴 때면 여름 동안 가려져 있던 개울이며 연못이 눈에 들어온다. 내가 즐겨 걷던 오솔길들은 낯선 모습을 드러내고, 나는 그 모두와 조금씩 친해지는 법을 배워간다. 헐벗은 나뭇가지에는 희귀한 아름다움이 깃들어 있다. 나뭇가지들 위에 눈이나 서리가 내려앉아 수수한 하늘을 배경으로 은빛 장식무늬를 연출하면 아무리 보아도 싫증 나지 않는 경이로운 풍경이 된다.

나는 매일매일 보리수나무의 산호색 싹들을 관찰한다. 싹들이 개화하기 시작하면 기쁨과 더불어 어떤 아쉬움이 느껴질 것 같다.

내 인생에서 최악의 시기였던 중년에는 밤에 나를 잠에서 깨우곤 하는 겨울 폭풍우 소리를 무서워했다. 거세게 집을 때리던 바람과 비는 구차스러운 기억들과 두려움으로 나를 가득 채웠다. 나는 잠자리에 누운 채 인간들끼리의 야만적인 투쟁에 대해 생각했고, 나를 기다리는 것은 삶이라는 진창 속에서 짓밟히고 말 운명뿐이라고 믿을 때가 많았다. 바람이 울부짖는 소리는 고뇌하는 세상이 나를 향해 외치는 목소리이며, 줄기차게 내리는 비는 약자들과 억압받는 사람들이 흘리는 눈물 같았다. 하지만 이제 난 밤에 잠자리에 누워 휘몰아치는 폭풍우 소리를 들으면서도 견디기 힘든 생각 같은 것은 조금도 하지 않는다. 최악의 경우에라도, 한때 사랑했지만 지금은 다시 볼 수 없는 사람들을 떠올리며 애틋한 슬픔에 잠길 뿐이다.

이제 난 포효하는 어둠 속에서도 안락함을 느낀다. 나를 둘러싸고 있는 단단한 벽이 든든하게 나를 지켜주고, 고생스러운 시절 내내 나를 따라다녔던 군색한 위기에서 벗어나 안전한 삶을 영위하고 있기 때문이다.

"불어라, 불어라, 그대 겨울바람이여!"* 나를 안전하게 지켜주는 얼마 안 되는 재산까지 그대가 날려버리지는 못할 것이니. "지붕 위에 떨어지는 비"**도 나의 영혼이 의문을 품게 하지는 못하리라. 삶은 내가 바랐던 모든 것을, 아니 내가 희망했던 것보다 훨씬 더 많은 것을 내게 주었고, 내 마음속 어디에도 죽음에 대한 비굴한 두려움이 웅크리고 있지 않기 때문이다.

---

* 셰익스피어, 《뜻대로 하세요》 2막 7장.
** 테니슨의 시 '록슬리 홀'에서 인용한 것이다.

13

만약 낯선 외국인이 내게 영국에서 가장 볼만한 것이 뭐냐고 묻는다면, 난 먼저 그의 지적 수준부터 고려해야 할 것이다. 그가 만약 보통 수준의 사람이라면 나는 그의 놀라움과 감탄을 자아내기 위해 그레이터런던*과 블랙컨트리**, 랭커셔 남부 및 치열한 경쟁에도 불구하고 여전히 추한 것을 만들어내는 데서 현대적인 우위를 점하고 있는 우리 문명의 또 다른 특징들을 알려줄 것이다.

그러나 그가 지적 수준이 높은 사람이라면 나는 중부나 서부에 있는 오래된 마을들 중 한 곳으로 기꺼이 그를 데려갈 것이다. 기차역에서 어느 정도 떨어져 있고, 겉모습이 아직 이 시대의 천박한 세태들에 물들지 않은 그런 마을로 말이다. 그리고 그 여행객에게 그곳에서야말로 오직 영국만이 보여줄 수 있는 것을 볼 수 있다고 말해줄 것이다. 건축물들이

---

* 런던 시(시티)와 이너런던 및 아우터런던을 포함하는 대도시주(州)를 가리킨다.
** 영국 잉글랜드 중앙부의 버밍엄을 중심으로 하는 공업 지대.

순박한 아름다움을 지니고 있고, 주변의 자연 환경과 완벽한 조화를 이루며, 격식을 갖추지 않고서도 모든 것이 깔끔하며, 대체적으로 깨끗하고 보수가 잘되어 있다는 점, 시골집 정원들의 우아함과, 바라보는 사람의 마음속에 절로 음악이 생겨나게 하는 평온함과 안정감—영국의 가치와 힘을 제대로 알고 싶은 사람이라면 바로 이런 것들을 보고 느껴야만 하는 것이다.

이렇게 집을 꾸미고 사는 사람들이 그렇지 않은 사람들과 구별되는 것은, 무엇보다 질서에 대한 사랑이 지극하다는 점이다. 영국인들은 다른 나라 사람들과는 달리 "질서가 하늘의 첫 번째 법칙"***이라는 진리를 일찌감치 깨달았다. 질서가 있는 곳에서는 자연스럽게 안정감이 생기고, 가정생활에서 볼 수 있듯이 질서와 안정의 결합은 영국 특유의 산물을 낳게 된다. 우리가 그것에 붙인 이름인 '안락'—비록 그 실체의 희미한 반영에 불과하지만—이라는 말은 다른 여러 나라에서 차용되고 있다.

'안락'에 대한 영국인의 필요는 가장 중요한 민족적 특성 중 하나다. 그런데 영국인이 이 점에서 변할 수도 있고, 육체적이고 정신적인 평온함을 추구하던 과거의 이상에 무관심해질 수도 있다는 것은 오늘날 우리에게 닥친 가장 심각하고도 명백한 위험이다. '안락'은 단지 육체적인 데에만 국한되지 않는다는 것을 명심해야 한다. 영국인 가정이 보여주는 아름다움과 정연함의 가치, 더 나아가 그것들의 존재 자체는 영국인의 삶 전체를 이끄는 정신에서 비롯되는 것이다.

마을에서 걸어 나와 귀족의 저택으로 가보라. 그것 역시 그 부류에서는 완벽하다는 것을 알 수 있다. 저택은 오랜 세월로 인한 위엄을 간직하

*** 알렉산더 포프, 《인간론》 '서간시 4'.

고 있고, 벽들은 아름다우며, 주위의 정원과 공원은 오직 영국에서만 볼 수 있는 것들로 비할 데 없이 아름답다. 그리고 이 모든 것은 영국의 시골집에서 느낄 수 있는 것 같은 정신적 특성들을 나타내지만, 귀족의 저택은 소박한 시골집보다 더 많은 활동과 의무를 포함하고 있다는 차이점이 있다.

만약 귀족이 그런 저택에 사는 것에 싫증을 느껴 그것을 천박한 백만장자에게 세놓고 호텔에 머물거나 별장을 빌려 살게 된다면, 시골 사람이 자신이 사는 시골집의 지붕에 신물이 나서 쇼어디치*의 '공동주택' 7층에 세를 얻어 살게 된다면, 두 사람 모두 안락이라는 오래된 영국적 감각을 상실했으며, 그와 더불어 인간으로서나 시민으로서 삶의 질이 저하되었다고 생각지 않을 수 없다. 그것은 단지 안락의 형태를 교환하는 문제로 그치지 않는다.

위의 두 경우 모두 영국인의 특성을 이루는 본능이 사라져버렸다고 볼 수 있다. 어쩌면 그 본능은 새로운 사회적, 정치적 조건들에 의해 말살되어 우리들 가운데서 완전히 사라지고 있는 중인지도 모른다. 새로운 형태의 마을들과 도시 노동자 계층 거주 지역, 부촌에서 날로 솟아오르는 '아파트'를 바라보면 누구라도 그런 생각을 하지 않을 수 없을 것이다. 어쩌면 '안락'이라는 단어가 많은 언어들에서 계속 쓰인다 하더라도 이 말이 의미하는 것을 어디에서도 찾아볼 수 없는 날이 머지않아 닥칠지도 모른다.

---

* 전통적으로 노동자들이 많이 모여 살던 런던 동부 지역(이스트엔드)의 해크니 자치구에 속한 지역.

14

만약 식견이 있는 외국인이 공업지대인 랭커셔의 어떤 마을에 간다면 그는 다른 인상을 받게 될 것이다. 여기서 그는 영국이 지닌 힘에 대해 조금은 알 수 있겠지만, 영국이 추구하는 가치에 대해서는 아무것도 알 수 없을 것이다. 몹시도 볼썽사나운 광경이 사방에서 그의 눈을 피곤하게 할 것이며, 그는 그곳 사람들의 얼굴과 목소리가 주변 환경과 아주 닮았다고 생각할 것이다. 어떤 문명국가에서도 앞서 말한 영국의 농촌 마을과 랭커셔의 마을, 그리고 그곳 주민들 사이에서 볼 수 있는 것처럼 뚜렷한 차이를 드러내는 곳들을 찾기 힘들 것이다.

그러나 랭커셔 역시 영국의 일부다. 그곳의 수많은 굴뚝 가운데서, 지저분하고 좁아터진 거리에서 살고 있는 사람들도 가정생활에 대한 생각만큼은 그곳보다 더 살기 좋은 남부 지방 사람들의 생각과 별반 다르지 않다. 하지만 그러한 여건에서 '안락'과 그것이 내포하는 덕성들이 어떻게 존재할 수 있는지 이해하려면 집 안의 난롯가까지 깊숙이 들어가봐야 한다. 문은 닫히고 커튼도 꼭꼭 쳐져 있어야만 한다. 이곳에서의 '가정'은 문지방 너머로 확장되지 않는다. 어쨌든 세상 그 무엇보다 흉측하고 누추한 집들이 죽 늘어서 있는 광경이 나무들과 초원에 둘러싸인 아름다운 마을 풍경보다 오늘날의 영국을 더 잘 대변하고 있는 것이다.

100년도 더 지난 과거에 주도권은 영국의 남부에서 북부로 옮겨 갔다. 트렌트 강 반대편에 살던 활기찬 사람들은 기계시대가 시작되었을 때에야 비로소 기회를 얻을 수 있었다. 오랫동안 지체되었던 그들의 문명은 몇몇 명백한 점에서 역사가 더 오래된 영국의 다른 곳들의 문명과는 다른 양상을 보인다.

서식스나 서머싯의 전형적인 주민이 아무리 우둔하고 촌스러울지라도 그는 분명 과거의 체제에 속하면서 태곳적부터 전해 내려온 종속(從屬)을 대표하고 있다.

남부 사람들과 비교할 때 북부의 거친 사람들은 이제 막 야만 상태에서 벗어난 셈이며, 어떤 상황에서든 남부의 주민들보다 덜 세련된 모습을 보여줄 것이다. 대단히 불운하게도 그들은 현대 세계가 경험한 가장 가혹한 지배인 과학적 산업주의의 지배를 받게 되었으며, 그들의 활기찬 자질들은 모두 가혹하고 추하고 더러운 것에 바탕을 둔 생활 체계에 종속되어버렸다. 그들의 인종적 유산 또한 그들을 눈에 띄게 했다.

농부, 목동 가릴 것 없이 북부 사람들은 남부의 삼림지대나 구릉지대에서 같은 일을 하는 사람들과는 현저하게 다르다. 그런데 외적인 모든 면에서 엿보이는 노골적인 투박함은 문명화의 과정에서 완화되기는커녕 더욱더 두드러졌다. 따라서 그들을 존중할 만큼 충분히 알지 못하는 사람들에게는 그들이 150년 전쯤에 지녔던 인종 고유의 야만성을 상당 부분 간직하고 있는 것처럼 보일 수 있다. 그들의 지독한 수줍음이나 오만한 자존심 등은 그들이 여전히 원시 상태에 머물러 있음을 보여준다.

당연히 그들은 남부 사람들처럼 주거 생활을 제대로 익힌 적이 없다. 사회적 여건뿐만 아니라 기후마저도 그들이 안락한 삶을 누리는 데 불리하게 작용했기 때문이다.

이제 우리는 그 힘과 덕성이 지금과는 아주 다르게 발현되었던 오래된 영국, 진정한 영국이 북부 사람들의 지배에 잠식당하는 것을 그저 지켜볼 뿐이다. 이렇게 사랑스러운 마을들이 있는 아름답고 너른 땅이 이젠 골동품 수집가나 시인, 화가를 제외한 다른 사람들에게는 별다른 의미를 지니지 못하게 된 것이다.

사실 눈총기가 좋은 외국인에게 영국의 아름다움과 평화로움을 보여 주려고 아무리 애쓴다 한들 헛수고일 것이다. 그는 엷은 미소를 지어 보일 뿐, 길을 따라 다가오고 있는 견인기관차를 흘끗 바라봄으로써 그의 생각이 다른 곳으로 향하고 있음을 알게 할 것이다.

15

호메로스의 전 작품을 통틀어 오디세우스의 침상(寢牀)을 묘사하는 구절만큼 나를 즐겁게 하는 것은 없다. 그 구절을 다음과 같이 옮겨보았다.

여기 우리 집 안뜰에 잘 자란 아름다운 올리브나무 한 그루,

한창때의 고귀한 잎들은 무성했고

그 둥치는 조각된 기둥처럼 솟았다.

나는 나무 주위로 침실 벽을 두르고,

커다란 돌들을 쌓고 지붕을 잘 덮었다.

입구에는 아름다운 문을 세워

튼튼한 돌쩌귀를 다니 문이 꽉 닫혔다.

잎이 무성한 올리브나무의 우듬지는 도끼로 잘라내고

줄기는 네모반듯하게 깎아 공예가의 솜씨를 발휘해

매끄럽게 다듬고 홈을 파고 구멍을 뚫었다.

뿌리박힌 둥치는 제자리에서 침상의 한쪽 귀퉁이가 되게 했다.

나는 더욱 공들여 침대 틀을 만들고, 금과 은과 상아로 된

빛나는 장식들로 나무를 장식했다.

그리고 마지막으로 곧추선 기둥들 사이로

자줏빛으로 물들인 튼튼한 쇠가죽 끈을 펼쳐 매달았다.

《오디세이아》 23권 190~201행.

일찍이 이처럼 감탄스러운 전례를 모방한 누군가가 있었던가? 내가 젊고 땅을 소유하고 있었다면 분명 그렇게 했을 것이다. 반듯하게 자라난 멋진 나무를 하나 골라 우듬지와 가지들을 잘라내고 깨끗한 둥치만 남겨서는 그 주위로 집을 짓는 것이다. 뿌리박힌 둥치의 윗부분이 침실 바닥 위로 2피트쯤 솟아오르게 하면서. 집의 아래쪽에 둥치가 뚜렷하게 보일 필요는 없지만 나라면 그렇게 되게 했을 것이다. 나는 나무 숭배자다. 나무는 가정을 지키는 수호신의 가시적인 실재(實在)가 되어야 한다. 가정의 신성함을 이보다 더 고귀하게 상징할 수 있는 게 있을까? 영속성의 느낌을 주지 못하는 가정은 있을 수 없고, 가정이 없이는 문명이 존재할 수 없다. 국민 대부분이 아파트에 거주하는 유목민이 되고 나서야 영국은 이 사실을 깨닫게 될 것이다.

어떤 이상적인 나라에서는 오디세우스의 침상이 평범한 가구에 속할 수도 있으며, 시골집 주인이든 군주든(어쩌겠는가, 나라에는 지배자가 있어야 하니!) 한 가정의 가장은, 그의 선조들이 그랬던 것처럼 그 같은 나무의 방에 누워 휴식을 취할 수 있을 터이다. 이는 잠시 거쳐 가는 호텔방보다 더 좋은 신방(新房)이 되었을 거라는 생각이 든다.

자기가 살 집을 짓는 오디세우스는 최고로 경건한 행위를 행하는 사람이다. 자신의 집을 짓는 모습은 모든 시대를 통틀어 깊은 의미를 지니

고 있을 터이다. 그가 선택한 나무가 아테나 여신에게 바쳐진 평화의 상징, 올리브나무라는 사실을 주목하자. 오디세우스와 지혜의 여신이 만나 함께 구혼자들을 파멸시킬 계획을 세울 때 그들은 "신성한 올리브나무의 둥치 곁에"* 앉아 있었다. 물론 그들의 대화는 살육에 관한 것이었다. 그러나 그것은 가정의 신성함을 짓밟은 이들을 벌하고, 정화의 과정을 거쳐 가정의 평화와 안정을 되찾기 위한 것이었다. 자연적인 상징이 거의 사라져버린 사실은 현대적인 삶이 보여주는 삭막한 모습 중의 하나다.

우리에게는 신성한 나무가 없다. 떡갈나무가 영국인들의 마음속에 한 자리를 차지했던 시절도 있었지만 지금 누가 그것을 숭배하겠는가? 우리의 믿음은 이제 철로 만든 신들에게로 향하고 있다. 크리스마스 시즌에는 호랑가시나무와 겨우살이를 팔아 돈벌이를 할 수 있겠지만, 더 이상 초록색 나뭇가지들을 살 수 없게 된다 해도 장사꾼들 말고는 누가 아쉬워하기나 하겠는가 말이다. 실제로 하나의 상징, 둥그렇게 주조된 금속이 다른 모든 것들을 무색하게 만들지 않았는가. 돈이 최초로 권세의 상징이 된 이래로 많은 세월이 흘렀지만, 특히 우리 시대는 돈을 소유한 대부분의 사람에게 가장 보잘것없는 보답이 돌아가는 시대라고 이야기 해도 과히 틀린 말이 아닐 것이다.

* 《오디세이아》 13권.

308

16

살아가는 동안 알고 싶은 것은 아주 많은 데 비해 실제로 배우기를 희망할 수 있는 것은 매우 적다는 생각에 사로잡혀 오늘은 종일 우울해 있었다. 그동안 지식의 범위는 실로 방대해졌다. 나는 모든 물리학적 탐구는 거의 제쳐두었다. 그것은 내겐 아무런 의미가 없거나, 때때로 한가로운 호기심의 대상이 될 뿐이기 때문이다. 이 분야를 제외하면 내가 탐구해야 할 지식의 영역이 상당히 줄어들 것처럼 생각된다. 하지만 실제로는 여전히 무한한 영역이 남아 있다. 내가 가장 좋아하는 주제들, 지금까지 살아오는 동안 비교적 열심히 파고들었고, 내 마음속에서 하나의 취미처럼 여겨지는 공부들로만 만든 목록을 훑어보는 것은 지적인 절망감으로 가득한 전망을 펼쳐 보이는 것과 다를 바 없다.

오래된 노트에 '내가 알고 싶고, 그것도 잘 알고 싶은 것들'에 대한 목록을 적어 내려가던 시절이 있었다. 그때 난 스물네 살이었다. 그때 적어 놓은 것들을 쉰네 살 먹은 사람의 눈으로 다시 읽는데 어찌 웃음이 나오지 않겠는가. '종교개혁에 이르기까지 기독교 교회의 역사', '모든 그리

스 시', '중세 모험담', '레싱에서 하이네에 이르는 독일 문학' 그리고 '단
테'라니! 나는 이 중 어느 하나도 '알게 되거나, 잘 알게 되지' 못할 것이
다. 어느 하나라도 말이다. 그런데도 나는 끝없는 새로운 유혹의 길로 나
를 이끄는 책들을 여전히 사들이고 있다. 내가 대체 이집트와 무슨 상관
이란 말인가? 그런데도 난 지금 플린더스 페트리*와 마스페로**에 푹 빠
져 있다. 어떻게 내가 감히 소아시아의 고대 지리에 대해 이러쿵저러쿵
할 수 있겠는가? 그런데도 난 램지 교수***의 놀라운 책을 샀고, 혼란스러
운 즐거움을 느끼며 상당 부분을 읽기까지 했다. 혼란스럽다고 말하는
이유는, 잠시만 생각해보더라도 진지한 지적 노력을 할 시기가 지나버린
지금에는 이 모든 것들이 단지 지성의 헛된 노력에 불과하다는 것을 알
수 있기 때문이다.

물론 이 모든 것은, 내게 주어진 기회가 부족했고, 어쩌면 그보다는 방
법론과 끈기가 부족했던 탓에 내 안에 있던 가능성이 허비되고 상실되
었음을 의미한다. 내 삶은 언제나 시도에 그쳤고, 잘못된 출발과 희망 없
는 새로운 시작으로 점철된 과정일 뿐이었다. 만약 그 시절처럼 행동하
는 것이 내게 허용된다면, 나는 내게 두 번째 기회를 허락하지 않는 운명
에 항거할지도 모른다. "아! 유피테르가 내게 지나간 세월을 되돌려줄 수
있다면(O mihi praeteritos referat si Jupiter annos)!"**** 그 시절에 얻은 경
험만으로 다시 출발할 수 있다면! 지적인 삶을 새롭게 시작할 수만 있다

---

* 윌리엄 플린더스 페트리(1853~1942). 영국의 이집트 고고학자.
** 가스통 샤를 마스페로(1846~1916). 프랑스의 이집트 학자.
*** 윌리엄 미첼 램지(1851~1939).《소아시아의 역사적 지리》(1890)라는 책을 펴낸 스코틀랜드의
고고학자.
**** 베르길리우스,《아이네이스》8권.

면! 그럴 수만 있다면, 아! 다른 것은 아무것도 바라지 않을 텐데! 가난 속에서조차도 나는 예전보다 훨씬 더 잘할 수 있을 텐데. 언제나 어떤 구체적이고 성취 가능한 선(善)을 염두에 두고, 비현실적이고 힘을 낭비하게 만드는 것들을 단호하게 배제하면서.

그러느라 어쩌면 난 올빼미 눈을 한 현학자*****가 되었을지도 모르고, 지금 만년에 누리고 있는 이런 즐거움을 영영 알지 못했을지도 모른다. 하지만 혹시 모르지 않는가? 나로 하여금 행복을 느끼는 정신과 마음의 상태에 이를 수 있게 한 유일한 조건이 다름 아닌 내가 이처럼 유감스럽게 여기고 있는 실수와 실패인지도.

***** 토머스 칼라일이 쓴 《과거와 현재》(1843)의 "Valiant Wisdom escorted by owl-eyed Pedantry"라는 구절에서 빌려온 듯하다.

17

어째서 나는 역사를 읽는 데 이토록 많은 시간을 할애하는 것일까? 이 독서가 어떤 의미로든 내게 유익하긴 할까? 역사가 인간의 본성에 대해 어떤 새로운 조명을 해주기를 기대할 수 있을까? 앞으로 내게 남아 있을 몇 년간 내 삶이 나아갈 방향에 대해 역사가 어떤 새로운 길잡이가 되어줄 수 있을까? 사실 내가 이 두꺼운 책들을 읽는 것은 그런 목적 때문이 아니다. 이 책들은 단지 내 호기심을 충족해주거나, 충족하는 듯 보일 뿐이다. 그리고 책을 덮는 즉시 내가 읽은 내용의 대부분은 잊히고 만다.

부디 내가 읽은 역사를 모두 기억하는 일은 없기를! 인간의 삶에 대한 무서운 기록을 덮고 영영 밀쳐놓고는 모두 잊어버려야겠다고 생각한 적도 여러 번 있었다. 어떤 이들은 역사가 악에 대한 선의 승리의 발현이라고 주장하기도 한다. 물론 때로는 선이 이기기도 한다. 그러나 선의 승리는 얼마나 국소적이고 일시적인가. 만약 역사책에 목소리가 있다면 고통에서 우러나온 긴 신음소리처럼 들릴 것이다. 과거를 죽 돌이켜 생각해보면, 오직 상상력이 결여된 사람만이 그 과거를 껴안고 살아갈 수 있음을 누구라도 알 수 있다.

역사는 끔찍한 일들로 가득한 악몽이다. 그런데도 우리가 역사를 즐기는 것은, 역사가 보여주는 이미지들을 사랑하기 때문에, 한편으로는 인간이 겪은 모든 고통은 인간에게 넘치는 흥밋거리를 제공해주기 때문이다. 그러나 역사책 속의 피로 물든 페이지들이 보여주는 장면들을 머릿속에 떠올려보라. 탐욕스러운 정복자나 야만스러운 독재자 앞이나, 지하 감옥과 고문실의 돌바닥 위에 서 있는 모습을 상상하거나, 화형대의 뜨거운 열기를 마음속으로 느껴보거나, 모든 나라, 모든 시대에 걸쳐 재난과 박해, 수많은 형태로 저질러진 포악한 불의의 희생자였던 무수한 사람들의 비명 소리가 귓가에 들린다고 상상해보라. 그런데도 역사를 읽는 데서 무슨 기쁨을 얻을 수 있겠는가? 이러한 역사를 이해하고 그 속에서 즐거움을 느끼려면 우리는 악마가 되어야 할 것이다.

불의는 세상에 대한 기억을 저주하게 만드는 역겨운 범죄다. 주인의 변덕 때문에 고문을 당해 죽을 운명에 처한 비운의 노예가 있다고 치자. 우리는 그것을 끔찍하고 용납하기 힘든 일로 여길 테지만, 사실 그런 경우는 모든 문명의 단계에서 수없이 저질러지고 감내되어온 불의를 대략적으로 제시한 것에 불과하다. 아, 아무도 들으려 하지 않는 부당함의 희생자가 되어 고통받고 죽어가는 이들의 마지막 생각은 어떤 것이었을까! 비탄에 잠긴 결백한 이들은 무정하게 침묵하는 하늘을 향해 어떤 호소를 했을까! 모든 역사를 통틀어 이런 경우가 단 하나밖에 없다고 해도 그것만으로도 과거를 혐오하며 잊어버리고 싶게 하기에 충분할 것이다. 그러나 극도로 야비하고 더없이 잔인한 불의의 사례들이 씨줄과 날줄처럼 역사의 구성 요소와 불가분의 관계에 있다. 만약 누군가가 더 이상 그런 잔인무도한 범죄들이 일어나지 않을 것이며, 인류는 이제 그런 끔찍한 짓을 저지르지 않을 만큼 발전했다고 생각하면서 스스로를 달랜다면 그는 인간의 본성보다는 책 속의 이야기에 더 정통한 사람일 터이다.

이제는 아무런 씁쓸한 뒷맛을 남기지 않는 책들이나 읽으면서 내게 남은 시간을 보내는 것이 더 현명할지도 모른다. 이를테면, 내가 사랑하는 위대한 시인들이나 사상가들, 마음을 달래주고 편안하게 해주는 따뜻한 작가들이 쓴 책 같은 것 말이다.

책꽂이에 꽂힌 많은 책들이 나를 원망하듯 바라보고 있다. 이제 그 책들을 다시 꺼내 드는 일은 영영 없을지도 모른다. 그러나 그 책들 속에 쓰인 말들은 황금처럼 귀하며, 나는 그 말들을 내 마음속 깊은 곳에 보물처럼 소중하게 간직할 것이다. 어쩌면 나는 끊임없이 지식을 추구하도록 충동질하는 마음의 습성을 영영 고치지 못할지도 모른다. 어제만 해도 끝까지 다 읽지도 못하면서 결국 소중한 시간들만 낭비하게 할 두툼하고 어려운 책을 주문할 뻔하지 않았던가?

내가 지금 해야 할 일은 삶을 '즐기는 것'뿐이라는 사실을 솔직히 인정하지 못하는 것은, 아마도 청교도적인 기질이 내 핏속에 흐르고 있기 때문일 것이다. 삶을 즐길 줄 아는 것이 현명한 삶의 자세이다. 지식의 획득을 위한 시절은 지나갔다. 나는 이제 와서 새로운 언어를 배우겠다고 덤빌 만큼 어리석지 않다. 뭣 때문에 과거의 쓸모없는 지식으로 내 머릿속을 채우려고 애쓰겠는가?

그러니 죽기 전에 《돈키호테》나 한 번 더 읽을까 한다.

18

누군가가 연설을 했는데 신문에 그 내용이 두어 단(段)의 기사로 실렸다. 지면 낭비에 불과한 그 기사를 훑어보던 중에 단어 하나가 거듭 내 눈길을 끌었다. 기사는 온통 '과학'에 대한 이야기를 하고 있었고, 따라서 내게 아무런 흥미를 불러일으키지 못했다.

'과학'에 대해 나처럼 느끼는 사람이 많은지 궁금하다. 이런 느낌은 하나의 편견 그 이상의 것으로, 두려움이나 공포에 가까운 형태를 띨 때가 종종 있다. 심지어 동식물이나 하늘의 별처럼 내가 흥미를 느끼는 것들과 관련 있는 과학의 분야조차도 어떤 불안감이나 반감을 갖고 바라보게 된다. 아무리 새로운 발견, 새로운 이론이 나의 지성을 사로잡아도 나는 금세 지루함을 느끼고 때로는 우울해지기도 한다. 다른 종류의 과학, 이를테면 요란하고 어디서나 볼 수 있으며 사람들을 백만장자로 만들어주기도 하는 과학의 분야는 나로 하여금 성난 적대감이나 불만스러운 우려를 느끼게 한다.

이는 타고난 성향 때문인 게 분명하다. 나의 이런 반응을 내가 겪었던 어떤 상황이나 정신적 성장의 어떤 특정한 순간 탓으로 돌릴 수는 없다. 소년 시절에 칼라일을 즐겨 읽었던 경험이 타고난 기질을 강화한 것이 분명하지만, 칼라일을 읽는 데서 그토록 기쁨을 느꼈던 것도 알고 보면 이미 내 안에 잠재돼 있던 성향 때문이 아니었을까? 청년 시절에는 복잡하게 생긴 기계류를 볼 때마다 왠지 모를 불안한 마음에 움츠러들곤 했다. 시험을 볼 때면 마음의 동요와 경멸을 동시에 느끼면서 '과학 답안지'를 아무렇게나 써내곤 했다.

그때 느꼈던 알 수 없는 두려움이 이젠 충분히 이해가 된다. 내 반감의 근거가 명확해진 것이다. 내가 '과학'을 몹시 싫어하고 두려워하는 것은 나의 신념 때문이다. 영원히 그러지는 않더라도 앞으로 오랫동안 과학이 인류의 가차 없는 적이 될 것이라는 확신 말이다. 나는 과학이 삶의 순박함과 감미로움, 세상의 모든 아름다움을 파괴하는 것을 본다. 나는 과학이 문명의 가면을 쓰고 야만성을 복원하는 것을 본다. 나는 과학이 인간의 정신을 어둡게 하고, 인간의 마음을 굳어지게 하는 것을 본다. 나는 과학이 '과거의 수많은 전쟁들'을 무색하게 만들고, 십중팔구 인류가 공들여 이룬 발전을 피비린내 나는 혼돈 속에 빠뜨리고 말 광범위한 분쟁들을 초래하는 것을 본다.

그러나 과학을 비난하는 것은 자연의 또 다른 힘에서 논쟁거리를 찾는 것만큼이나 부질없는 일이다. 나로서는 멀찌감치 떨어져서 혐오스럽게 여기는 것들을 되도록 보지 않고 지낼 뿐이다. 하지만 내게 소중한 사람들을 떠올리면서, 그들이 앞으로 삭막하고 치열한 새 시대를 살아갈 생각을 하면 마음이 착잡해진다. 지난여름 요란하게 치러졌던 '주빌리'*

---

* 1897년에 있었던 빅토리아 여왕 재위 60주년 기념 행사를 가리킨다. 〈여름〉 편 20장 참조.

는 내게는 슬픔을 안겨준 행사였다. 그것은 과거의 많은 것들, 선하고 고귀한 수많은 것들이 끝나버렸고 영영 자취를 감추었음을 뜻하기 때문이다. 세상 사람들은 그와 유사한 것들을 다시는 볼 수 없을 것이며, 새로운 시대가 빤히 보이는 위험들을 내포한 채 우리에게로 돌진하고 있음을 의미하는 것이다.

아, 40년 전에 품었던 원대한 희망과 열망은 모두 어디로 사라졌는가! 그 시절에는 과학이 구원자로 여겨졌다. 오직 소수의 사람들만이 과학의 포악성을 예언하면서, 과학이 오래된 악들을 되살아나게 해 애초의 전망(展望)들을 짓밟을 것임을 예견했다. 세상 이치가 본래 그런 것이다. 우리는 그 사실을 받아들여야만 한다. 그러나 나로서는, 보잘것없는 인간에 불과한 내가 과학이라는 폭군을 왕좌에 오르게 하는 데 아무런 기여를 하지 않았다는 사실에서 일말의 위안을 받는다.

19

오늘 아침에는 크리스마스 종소리에 이끌려 밖으로 나갔다. 나는 뚜렷한 목적 없이 부드럽고 흐릿한 햇살을 받으며 도심 쪽으로 걸어가다가 대성당 경내로 들어섰다. 그리고 한동안 서성이다가 오르간의 첫 가락을 듣고는 성당 안으로 들어갔다.

크리스마스에 영국 교회에 들어가본 지도 어언 30년이 넘은 것 같다. 그 옛날과 오래된 얼굴들이 기억 속에 되살아났다. 세월의 심연 저 너머에 있는 나 자신의 모습도 보였다. 그때와 지금의 나 사이에 몇몇 유사점이 보이긴 하지만, 그 시절의 나는 지금의 나와는 전혀 다른 사람이다. 그 당시 다른 세상에서 살고 있던 나는 크리스마스 복음을 들으러 교회에 와서는 스스로의 환상에 빠진 채 복음에는 전혀 관심을 두지 않거나, 몸속에 이단(異端)의 피가 흐르는 존재로서만 복음을 듣곤 했다.

그 시절의 나는 오르간이 내는 곡조를 사랑했지만, 당시의 유치한 마음속에서조차 음악과 그것의 편협한 모티브를 명확히 구분해냈다. 뿐만 아니라, 말과 생각으로 이루어진 멜로디와 그 속에 담긴 교의적 의미를 분리하면서, 멜로디는 즐기고 그 의미는 배척할 줄도 알았다. "땅에서는 하느님이 기뻐하신 사람들 중에 평화로다."* 복음서의 이 구절은 이미 나의 지성이 소중히 여기는 것들 속에 포함되어 있었지만, 그것은 다만 내가 그 리듬과 소리의 울림을 사랑했기 때문일 터이다. 내게 삶은 반의식적(半意識的)으로 생각과 표현의 조화로움을 찾아가는 과정이었다. 그런데 정작 나는 첫출발부터 불협화음처럼 소란스러운 환경에서 홀로 고군분투해야 했던 것이다!

그런데 오늘은 음악을 들으면서도 아무런 이단적 충동이 느껴지지 않는다. 오르간 연주곡이든 성악곡이든 상관없이 음악이 그 어느 때보다 소중하게 다가온다. 노랫말의 의미도 내게 아무런 반감을 불러일으키지 않는다. 나는 단지 크리스마스 종소리의 부름에 응했다는 사실이 기뻤을 뿐이다. 나는 커다란 대성당이 아니라, 이곳에서 멀리 떨어진 조그만 교구의 교회에서 열린 망령들의 집회에 참석한 기분이었다. 대성당 밖으로 나섰을 때는, 하늘이 부드럽게 빛나고 발밑의 땅이 축축한 것을 보고 깜짝 놀랐다. 나는 꿈을 꾸는 듯한 기분 속에서, 바람이 쓸고 지나간 차가운 잿빛 하늘과, 새로 내려 대지를 뒤덮은 눈이 반짝이는 광경을 기대했던 것이다.

잠시 세상사를 잊고 망자(亡者)들과 함께 시간을 보내는 것은 경건한 일이다. 그런 것을 진정으로 즐기는 일이라면, 크리스마스를 홀로 보내도 불행하다고 느끼지 않을 사람이 제격이지 않을까? 될 수 있으면 지금 나는 크리스마스를 축하하며 즐기는 무리와 어울리고 싶지 않다. 그보다는 오랫동안 침묵해온 목소리들에 귀 기울이거나, 오직 나만이 기억

* 신약성경 누가복음 2장 14절.

할 수 있는 행복한 것들을 떠올리며 미소 짓는 편이 낫다. 그것을 이해할 만큼 나이를 채 먹기도 전에 나는 난롯가에서 누군가가 '인 메모리엄'[*]의 크리스마스 관련 시구들을 낭송하는 소리를 들은 적이 있다.

오늘 밤 다시 그 책을 꺼내 드니 오래전의 목소리가 그 누구도 흉내 낼 수 없었던 목소리로 다시 내게 그 구절들을 읽어주는 듯했다. 그 목소리는 내게 시를 이해하는 법을 가르쳐주었으며, 선하고 고귀한 것만을 들려주었다. 다른 때 같았으면 몹시 반갑게 들렸을 산 사람들의 목소리가 내 기억 속의 목소리를 압도하는 것을 허용해야 할까? 나는 나 홀로 즐기는 크리스마스의 고독을 누가 방해할세라 경계하며 지키고 있다.

---

[*] 테니슨의 작품으로 절친했던 친구의 죽음을 애도한 조시(弔詩).

20

영국이 위선이라는 악으로 깊이 낙인찍혔다는 것이 사실일까? 이런 비난은 물론 원두당(圓頭黨)**의 시대에서 비롯되었을 것이다. 그 이전에는 국민성 그 어디에서도 위선이라는 것을 찾아볼 수 없었다. 초서 시대의 영국, 셰익스피어 시대의 영국은 분명 위선적이지 않았다. 청교도주의가 가져온 변화는 영국인들의 삶에 새로운 요소를 도입했는데, 그때부터 이 새로운 요소가 관찰자들에게 영국인의 도덕성과 종교에 이중적인 습성이 있음을 뚜렷이 암시해주었다. 찰스 1세 시대의 왕당파가 청교도들에게 보였던 경멸은 쉽게 이해가 된다. 그러한 경멸은 한 전통적인 크롬웰상을 만들어냈고, 칼라일이 등장할 때까지 크롬웰은 세상 사람들에게 영국인들을 대표하는 위선자로 부각되었다.

진정한 청교도주의의 쇠퇴와 함께 펙스니프***로 대변되는 영국 특유의

** 1642~1649년에 일어난 영국 내전(청교도혁명) 당시 의회파에 속하던 사람들을 가리킨다.

*** 찰스 디킨스의 《마틴 처즐윗의 생애와 모험》에 나오는 인물.

경건함과 덕성이 나타났다. 펙스니프는 타르튀프*와는 전혀 다른 인물로 아마도 영국인이 아니면 이해할 수 없을 것이다.

그러나 영국인들을 향해 위선에 대한 비난이 쉴 새 없이 쏟아진 것은 우리 시대에 이르러서다. 해방된 우리의 젊은이들은 위선이라는 말을 입에 달고 다니다시피 한다. 그것은 또한 유럽 대륙에서 발행되는 일간지에서도 흔히 발견되는 상투적인 말이 되었다. 이렇게 된 이유를 멀리서 찾을 필요도 없다. 나폴레옹이 영국을 가리켜 "상점 주인들의 나라"** 라고 했을 때, 사실은 그렇지 않았다. 엄밀히 말해 영국이 실제로 그렇게 된 것은 나폴레옹 시대 이후였다. 사업 방식에서 양심이라곤 조금도 찾아볼 수 없는 한 잘나가는 상인의 예를 들어보자. 그가 사람들을 만날 때마다 자신을 신심(信心)이 강하고 도덕적인 사람으로 여겨달라고 요구하는 광경을 떠올려보라. 이것이 바로 겉으로 보이는 지금의 우리 모습이다. 이것이 바로 우리를 가장 맹렬하게 비난하는 사람들에게 비치는 영국의 모습이다. '위선'이라는 말로 우리를 비난하는 사람들에겐 그럴 만한 이유가 있는 것이다.

하지만 '위선'이라는 말은 잘못 선택되었으며, 그와 관련한 어떤 오해가 있음을 보여주고 있다. 진정한 위선자의 특징은 자신이 갖고 있지도 않고, 갖출 수도 없으며, 스스로 믿지도 않는 덕성을 지닌 척하는 것이다. 위선자는 의식적으로 지키는 삶의 규칙을 갖고 있을 수도 있고—대개 머리가 좋아서 그럴 공산이 크지만—그 규칙이란 것은 그가 속이고자 하는 사람이 지키는 삶의 규칙과는 전혀 다를 수밖에 없다.

---

* 프랑스 극작가 몰리에르(1622~1673)의 동명 희극《타르튀프》의 주인공으로 위선자의 전형이 된 인물.
** 애덤 스미스의《국부론》4편 7장에 나오는 표현.

타르튀프는 이런 위선자의 영원한 화신처럼 여겨지는 인물이다. 타르튀프는 신념에 의한 무신론자이며 호색가다. 그는 자신과 상반되는 관점에서 인생을 바라보는 사람들 모두를 경멸한다. 그럴싸한 미덕들을 입에 달고 다니는 영국의 전형적인 장사꾼에게서 그런 위선자의 모습을 찾는 것은 터무니없는 판단의 오류를 범하는 것이다. 이런 오류는 영국 문화에 대해 아는 것이 거의 없는 평범한 외국인 저널리스트들이 저지르는 것일 터이다. 혹여 좀 더 정통한 비평가들이 '위선'이라는 말을 쓴다면, 그것은 그들이 부주의하기 때문일 것이다. 그들이 좀 더 정확하게 이야기할 때는 영국인을 '바리새인'이라고 부르며, 그것이 더욱 진실에 가까운 표현이다.

영국인이 지닌 악덕은 독선(獨善)이다. 우리는 본질적으로 구약시대의 민족이다. 신약의 기독교 정신은 우리 영혼 속으로 파고든 적이 없다. 우리는 스스로를 선민으로 여기고 있으며, 정신적인 열망을 담은 어떤 노력도 우리를 겸손으로 이끌지 못한다. 이런 점에서는 위선적인 면을 찾아볼 수 없다. 요란한 벼락부자가 교회를 짓느라 돈을 쓰는 것은 단지 사회적으로 존중받기 위해서만은 아니다. 호기심 많은 작은 영혼의 소유자인 그는 자신이 하는 일이 하느님의 마음에 들 것이며, 인류에게 유익할 것이라고 믿는 것이다(그가 뭐라도 믿을 수 있다고 한다면). 그는 돈을 벌기 위해 거짓말을 했을 수도, 사기를 쳤을 수도 있다. 더러운 일로 자신의 삶을 더럽혔을 수도 있다. 또한 온갖 잔인하고 비열한 짓을 저질렀을 수도 있다. 그는 이 모든 것을 자신의 양심에 반하여 저질렀다. 그리고 기회가 있을 때마다 그가 가진 얼마간의 믿음이 이끄는 대로, 여론의 동의를 받을 수 있는 방식으로 그가 저지른 행위들에 대해 속죄하려고 할 것이다.

그의 종교를 엄밀히 정의하면 '자신의 종교심에 대한 뿌리 깊은 믿음'이라고 할 수 있다. 그는 한 사람의 영국인으로서 참된 경건함과 참된 도덕성을 생득권(生得權)으로 지니고 있다. 그가 '잘못된 길로 빠졌다'는 것은 안타깝지만 명백한 사실이다. 그러나 몹시 비아냥거리며 곁눈질을 할 때조차도 그는 자신의 신조를 저버린 적이 없다. 공공 연회장이나 다른 곳에서 교화적인 어조로 이야기할 때도 그는 위선자의 거짓말을 하지 않았다. 그는 '진심에서 우러나온 말'을 했을 뿐이다. 고결한 감정들을 말로 표현할 때는 한 개인으로서가 아니라 영국인으로서 이야기했으며, 자신의 이야기를 듣는 사람들은 마음속 깊이 자신과 똑같은 믿음에 충실할 것이라고 굳게 믿었다.

그를 바리새인이라고 불러도 좋다. 하지만 오해는 하지 말기를. 그의 바리새주의에서는 사사로운 면을 전혀 찾아볼 수 없다. 그는 전혀 다른 유형의 바리새인이라고 봐야 할 것이다. 물론 영국에도 그와 같은 사람들이 있긴 하지만, 국민적 전형으로 존재하는 것은 아니다. 그는 전형적인 바리새인이 아니다. 영국인 중에서 그와 교리를 달리하는 사람들이 보기에 그는 바리새인의 흉내를 내는 인물일 뿐이다. 그러나 외국인들의 눈에 비친 그는 완벽한 바리새인이다. 그리고 그들 앞에서 당당하게 한 제국을 대표하고 있다.

'위선'이라는 말은 아마도 성도덕과 관련된 영국인들의 태도를 묘사할 때 가장 빈번히 사용될 것이다. 그리고 바로 이 점에서 명백히 오용되고 있다. 수많은 영국인들이 국민적인 종교의 교리를 버렸지만, 영국에서 공공연하게 지켜지고 있는 도덕률이 세상에서 가장 훌륭한 도덕률이라는 신념을 저버린 사람은 거의 없다. 영국인들의 사회적 삶이 대부분의 다른 나라들의 사회적 삶보다 순수하지 않다는 것은 누구든 마음만 먹으면 아주 쉽게 입증해 보일 수 있다. 종종 일어나는 특별히 추잡한 스캔들은 우리를 비웃고 싶어 하는 사람들에게 풍부한 비난거리를 제공한다. 영국 대도시의 밤거리는 세상 어디에서도 찾아볼 수 없을 것 같은 광경들을 우리에게 보여준다. 이 모든 사실에도 불구하고 보통의 영국인들은 자기 나라의 도덕적 우월성을 당연한 것으로 여기며, 틈날 때마다 다른 나라 사람들을 깎아내리면서 그 우월성을 떠들어대곤 한다.

이런 영국인을 위선자라고 부르는 것은 단지 그에 대해 잘 알지 못하기 때문이다. 그는 개인적으로는 천박한 심성을 지니고 방종한 생활을 할지도 모른다. 그러나 이런 사실들은 위선과는 아무런 상관이 없다. 중요한 것은 '그가 덕성을 믿는다'는 점이다. 그에게 영국인의 도덕성은 허울뿐인 말에 불과하다고 말해보라. 그는 그 누구에게서도 볼 수 없었을 정직한 분노를 드러낼 것이다. 그는 독선의 기념비적인 인물이지만, 다시 말하거니와 이는 개인적이 아닌 국민적 차원의 문제로 접근해야 할 것이다.

21

나는 지금 현재 시제를 사용하고 있지만, 내가 정말 지금의 영국에 대해 이야기하고 있는 것일까? 지난 30년간 매우 강력한 변화의 요인들이 계속 작용해왔고, 그것들이 지금까지 영국인들의 성격 형성에 얼마만큼 영향을 끼쳤는지 확인하기란 어려울 뿐만 아니라 사실상 불가능하다.

우리는 다음과 같은 명백한 사실을 주목하게 된다. 관습적인 종교의 쇠퇴, 낡은 도덕 기준들에 대한 자유로운 토론, 그리고 모든 무질서한 경향을 부추기는 물질주의의 성장 등이 그것이다. 이런 가운데서 우리는 독선이 진정한 위선이라는 더욱 암울한 악덕으로 전락할지도 모른다고 두려워해야 하는 것일까? 영국인들에게 자신들에 대한 믿음—단지 그들의 잠재적 선뿐만 아니라, 선을 행하는 본보기로서의 우월함에 대한—을 상실한다는 것은 역사에 기록된 그 어떤 것보다 절망적인 국가적 타락을 의미할 것이다.

과거에 영국인들이 아주 높은—물론 최고는 아니더라도—윤리적 이상을 진정으로 숭배했다는 사실을 의심하는 것은 영국에서 태어나고 자란 사람에게는 있을 수 없는 일이다. 우리 가운데서 마땅히 '최고'로 인정받는 사람들과, 출신이나 성별을 막론하고 새로운 시대정신의 병폐에 물들지 않은 사람들이 여전히 진정한 의미의 '정직하고 건전하며 경건한' 삶을 영위하고 있음도 결코 부인할 수 없다. 우리가 알기에는 그런 사람들이 다수였던 적은 한 번도 없었다. 그러나 예전에 그들은 그들로 하여금 영국적 '에토스(ethos)'*를 진정으로 대표하는 사람들이 되게 해주는 어떤 힘을 지니고 있었다. 그들이 스스로를 높이 평가한 경우에는, 드러난 사실이 그런 생각을 정당화했다. 그들이 때로 바리새인처럼 말했다고 해도, 그것은 기질적인 잘못일 뿐 심각하게 비난받을 일은 아니었다.

위선은 모든 형태의 비열함 중에서 그들이 가장 혐오하는 것이었다. 그들의 후손들에게도 그 사실은 변함이 없다. 그 후손들이 우리 가운데서 여전히 권위를 가지고 말하는지는 누구도 단언할 수 없다. 만약 그들이 힘을 상실했고, 영국적 위선에 대해 왈가왈부하는 사람들이 더 이상 그 말을 잘못 사용하지 않는다면, 우리는 그 사실을 곧 알게 될 것이다.

---

* 인간의 습관적인 성격 또는 어느 사회 집단의 특유한 관습을 가리키는 고대 그리스어로, 일시적인 격정이나 열정, 또는 예술에 있어서의 주관적·감정적 요소를 가리키는 '파토스'와 구별된다.

22

청교도주의에 대해 다시 생각해볼 때가 되었다. 그 의미를 잃어버린 다양한 형식들로부터의 해방감을 만끽하는 시대에, 영국 역사의 그 시기를 그 속에서 광신적인 과격함밖에 보지 못하는 눈으로 되돌아보는 것은 자연스러운 일이었다. 우리는 영국의 정신이 감옥에 가고 그 문에 자물쇠를 채우는 광경을 보여주는 생생한 묘사에 박수를 보내곤 했다. 해방에서 야기되는 위험이 속박으로 인한 고난 못지않게 명백해진 지금, 엄격한 청교도의 규율에 포함된 좋은 점들과, 청교도가 어떻게 우리 민족의 정신에 새로운 활력을 불어넣으며 우리 국민의 가장 큰 특전인 시민적 자유를 성취하게 했는지를 돌아보는 게 좋을 듯하다.

지적 영광의 시대는 다음에 오는 시대의 일반적 쇠퇴라는 대가를 치르게 마련이다. 스튜어트 왕조가 통치하던 영국에 종교라고는 튜더 왕조*의 개신교밖에 없다고 생각해보라. 최악의 상황까지 생각할 필요도 없이, 밀

---

* 튜더 왕조는 1485~1603년, 스튜어트 왕조는 1603~1714년까지 영국을 다스렸다.

턴의 이름은 알려지지 않은 채 카울리**가 영국 문학을 대표하고 있다고 생각해보라. 이런 상황에서 청교도가 마치 의사처럼 등장을 한 것이다. 민족적 활력이 최고조에 달한 후 자연스럽게 권태와 무기력이 뒤따라왔을 때 청교도가 일종의 강장제를 가져온 셈이었다. 영국이 자신의 종교를 위해 이스라엘의 경전으로 눈을 돌린 사실을 유감스럽게 생각하는 것은 각자의 자유일 터이다.

이처럼 느닷없이 우리 민족이 동양의 격렬한 신권정치에 공감을 나타낸 것을 설명하기란 그리 어렵지 않을 것이다. 그러나 우리는 그 경건함이 다른 형태를 띠었더라면 좋았을 거라는 생각을 하지 않을 수 없다. 훗날 '하운즈디치에서의 탈출'***이 얼마나 많은 갈등과 불행을 동반해야만 했던가! 하지만 이런 것들은 영혼의 건강을 얻기 위해 치러야 하는 대가였다. 우리는 이 사실을 받아들여야만 하며, 그 속에서 더 나은 의미를 찾는 것에 만족해야만 한다. 물론 인류에 대해 이야기할 때는 건강은 언제나 상대적인 용어다.

우리가 생각할 수 있는 어떤 문명의 관점에서 보자면, 청교도 시대의 영국은 비참하리만큼 깊이 병들어 있었다. 그러나 우리는 언제나 사람들이 얼마나 더 잘살 수 있었을까를 묻기보다는 얼마나 더 못살게 되었을까를 자문해야만 한다. 모든 신학 체계 중에서 가장 설득력 있는 것은 마니교인데, 청교도들도 물론 또 다른 이름으로 그것을 신봉했다. 오늘날 왕정복고기의 도덕성 —사실상 왕과 궁중의 도덕성을 말하는 것이지만

** 에이브러햄 카울리(1618~1667). 영국의 시인, 수필가. 생전에 밀턴보다 더 영예를 누렸다. 밀턴의 《실낙원》은 청교도 문학을 대표하는 작품이다.
*** 하운즈디치는 런던에 있는 유대인 밀집 지역이다. '하운즈디치에서의 탈출'은 칼라일에게서 빌려온 표현으로, 기독교가 구약성경의 교리에서 벗어나는 것을 의미한다.

—이라고 불리는 것은 스튜어트 왕조가 종교개혁을 겪지 않았더라면 온 국민의 도덕성이 되었을 것이다.

청교도주의는 정치에도 헤아릴 수 없을 만큼 많은 기여를 했다. 영국이 또다시 폭정의 위험에 직면하게 되면 그 기여가 좀 더 절실하게 기억될 것이다. 나는 지금 청교도주의가 사회생활에 끼친 영향에 대해 생각하고 있다. 몇몇 다른 나라 사람들이 '영국식 점잔 빼기'라고 부르는 영국인의 특성도 알고 보면 청교도주의에서 비롯된 것이며, 이러한 표현 속에 내포된 비난은 위선에 대한 일반적인 공격의 일부인 셈이다.

우리 가운데 있는 관찰자들에 의하면, 영국인들의 점잔 빼는 습성은 점차 자취를 감추고 있으며, 우리는 이런 현상을 건강한 해방의 징후로 기쁘게 받아들여야한다. 만약 '점잔 빼는 사람(prude)'이 '과도하게 예의를 차리는 척하면서 남몰래 사악한 짓을 하는 사람'을 가리키는 것이라면, 다소 파렴치하다는 비난을 감수하고서라도 그런 사람은 반드시 사라지게 해야 한다.

반면에, '점잔 빼는 사람'이 점잖은 삶을 살면서, 성향이나 원칙 때문에 인간 본성과 연관된 원초적인 사실들에 대해 다소 지나칠 정도로 조심스럽게 생각하고 말하고자 노력하는 사람을 가리키는 것이라면, 나는 이것이야말로 올바른 방향으로 나아가는 결함이라고 힘주어 말하고 싶다. 그리고 이러한 영국적 기질이 널리 확산되지 못한 채 점차 약화되는 것을 원치 않는다.

대체로 일부 외국인들이 영국인들의 점잔 빼는 태도—특히 여성에게서 볼 수 있는—에 대해 이야기할 때 염두에 두는 것은 후자의 의미다. 이는 영국인들의 순결을 문제 삼는다기보다는 자만심에서 비롯된 어리석음을 비난하는 것이다.

전형적인 '숙녀티를 내는(bégueule)' 영국 여성은 눈처럼 순수할지도 모른다. 그러나 눈의 또 다른 특성을 지니고 있으면서, 터무니없고 용납하기 힘든 존재로 여겨지기도 한다. 바로 여기에 차이점이 있다. 우리 문헌이 충분히 입증하는 것처럼, 영국인들이 말을 까다롭게 하는 것은 청교도주의의 직접적인 영향 때문이 아니다. 이는 청교도주의가 가르쳐준 최선의 것들이 국민의 삶 속으로 흡수된 뒤 세련된 문명의 결과로 나타난 것이다. 일생 동안 경험을 통해 영국 여자들을 잘 아는 우리는 이처럼 까다로운 언어 선택이 종종 그들의 섬세한 심성을 반영한다는 것을 잘 알고 있다. 랜더*는 영국인들이 자신의 신체에 관해 얘기할 때 매우 완곡한 표현을 쓰는 습성을 영국인들의 우스꽝스러운 특성으로 여겼다. 드퀸시**는 랜더의 이런 발언을 비난하며, 그가 이탈리아에 오래 체류하는 바람에 감수성이 무뎌져서 그런 말을 한 것이라고 단언했다. 이 문제에 관한 드퀸시의 특별한 해석이 타당하건 아니건 간에 그의 말은 전적으로 옳다. 인간에게 내재된 동물성을 상기시키는 것들을 이야기할 때는 완곡한 표현을 사용하는 것이 바람직하다. 섬세한 언어 사용이 그 자체로 발달된 문명을 입증하지는 않지만, 문명이 발달할수록 그런 방향으로 나아가는 것은 확실하다.

---

* 　월터 랜더(1775~1864). 영국의 시인, 작가.
** 　토머스 드퀸시(1785~1859). 영국의 비평가, 소설가.

23

　오전 내내 대기는 불길한 정적으로 가득 차 있었다. 책을 읽는 동안에
도 그 정적의 무게가 느껴지는 듯했다. 창 쪽을 돌아보니, 광활한 잿빛
하늘이 아무런 특징 없이 차갑고 우울하게 펼쳐져 있는 풍경이 눈에 들
어올 뿐이었다. 얼마 후, 오후 산책을 나가려고 준비하는데 하늘에서 새
하얀 무언가가 가만히 떨어지는 게 보였다. 그리고 몇 분이 지나자 조용
히 내리는 눈의 장막이 모든 것을 덮어버렸다.

　순간 실망감이 느껴졌다. 어제만 해도 나는 겨울이 거의 끝났으려니
생각했던 것이다. 언덕으로부터 전해져 오는 포근한 숨결과, 느릿하게
떠다니는 구름 사이로 청명하게 빛나는 하늘은 봄을 기약하는 듯했다.
어둠이 짙어질 무렵, 난롯가에서 빈둥거리는 동안 환하고 따뜻한 날들에
대한 그리움이 마음속에 솟구쳤다. 이런저런 공상에 잠기다 보니 난 어
느새 여름철의 영국을 꿈꾸면서 아득히 먼 곳을 헤매고 있었다…….

　여기는 블라이스 강 계곡이다. 햇볕으로 더워진 누런색 하상(河床) 위
로 반짝이는 강물이 잔물결을 일으키며 흘러간다. 강둑에서는 초록색 갈

대들이 깃발처럼 바람에 흔들리며 바스락 소리를 내고, 그 주위 풀밭에서는 미나리아재비꽃이 순금빛으로 빛난다. 산사나무 산울타리에서는 한 무더기의 빛나는 꽃들이 미풍에 향기를 실어 퍼뜨리고 있다. 그 위쪽으로는 가시금작화로 노랗게 덮인 황야가 솟아 있다. 그 너머로 한두 시간 정도 걸어가면 서편의 모래 절벽에 이르러 북해를 굽어볼 수 있으리라……

나는 지금 웬슬리데일에 와 있다. 너른 초원 사이로 굽이쳐 흐르는 바위투성이 강으로부터 물결처럼 넘실대는 기복을 이루는 황야를 향해 올라가는 중이다. 히스가 발에 스칠 때까지 계속 올라가니, 눈앞에서 뇌조가 푸드덕 하늘로 날아오른다. 작열하는 여름 하늘 아래에서 느껴지는 이 고지대의 공기는 여전히 어떤 생명력을 지니고 있어서, 자극을 주어 우리를 움직이게 만들고 가슴을 뛰게 한다. 계곡은 가려서 보이지 않는다. 갈색과 자주색으로 물든 황야가 푸른 하늘을 배경으로 넉넉하고 둥그런 어깨를 선명하게 드러낸 모습이 눈에 들어올 뿐이다. 그리고 저 멀리 서쪽으로는 짙은 색 산들이 이루는 지평선이 보인다……

나는 지금 어슬렁거리며 글로스터셔의 한 마을을 지나가는 중이다. 마을은 나른하게 만드는 오후의 열기 속에 방치된 듯 보인다. 회색 돌집들은 오래되고 아름다워서 영국인들이 빈부를 막론하고 좋은 집을 지을 줄 알았던 시대를 대변해주고 있었다. 정원마다 꽃들이 그 화려함을 뽐내고 있고, 공기는 그윽하고 달콤하다.

마을 끝에 이르니 오솔길 하나가 나왔다. 풀이 무성한 경사지 사이로 구불구불 나 있는 그 길을 따라 올라가면, 잔디밭과 고사리밭, 그리고 위풍당당한 너도밤나무 숲에 이르게 된다. 이곳은 코츠월드 언덕의 돌출부인데, 내 앞에는 이브샴 계곡이 드넓게 펼쳐져 있다. 저기서 익어가는 농작물과 과수원의 과일들은 성스러운 에이번 강에서 물을 공급받는다. 그 너머로는 연푸른빛을 띠고 있는 맬번 구릉지대가 보인다. 가까이 있는 나뭇가지에서는 숲에서의 고독을 즐기는 작은 새 한 마리가 지저귀고 있다. 토끼 한 마리가 고사리밭 속으로 뛰어들고, 저쪽 움푹한 곳에 있는 잡목림에서는 딱따구리의 웃음소리가 들려온다…….

어느 여름날 어둠이 내릴 무렵 나는 얼스워터 호숫가를 거닐었다. 하늘은 석양의 잔광으로 여전히 더워 보인다. 시커먼 산 능선 위로 어스름한 진홍색 빛이 타오른다. 발 아래쪽으로는 호수가 길게 뻗어 있는데, 흐릿한 무색의 호안(湖岸) 사이의 물빛은 강철을 연상시키는 회색이다. 깊은 정적으로 인해 호수 건너편을 지나는 말발굽 소리가 신기할 정도로 가깝게 들린다. 그 소리는 자연이 자신의 안식처에서 편안한 휴식을 취하고 있음을 더욱 또렷이 느끼게 해줄 뿐이다. 나는 형언할 수 없는 고독을 느끼지만, 그것은 황량한 느낌과는 전혀 다르다.

내가 사랑하는 대지의 심장이 내 주위에서 점점 짙어지는 고요한 어둠 속에서 뛰고 있는 듯하다. 나는 영원한 것들 가운데서 친숙하고 정다운 대지와 접하고 있는 것이다. 나는 내 발소리가 불경이라도 저지를세라 가만가만 앞으로 나아간다. 길모퉁이를 돌아서자 아련한 내음이 코끝을 간질인다. 메도스위트 꽃향기다. 그때 한 농가의 창문에서 희미하게 반짝이는 빛이 눈에 들어온다. 어둠에 잠긴 커다란 산비탈을 배경으로 한 줄기 불빛이 새어 나오고, 그 아래쪽으로는 호수가 잠들어 있다…….

오솔길을 따라가니 구불구불 흘러가는 우즈 강이 나온다. 멀리 사방으로 아늑한 풍경이 펼쳐져 있다. 경작지, 목초지, 산울타리, 작은 숲 등을 따라가노라면 하늘이 기대어 쉬는 듯한 경사가 완만한 언덕에 이른다. 데이지꽃이 피어 있는 강둑과 회녹색의 고리버들이 자라는 강가 사이로 강물이 서서히 흘러가고 있다. 저 너머에는 세인트니어츠라는 조그만 마을이 있다. 영국 어디에서도 이보다 순박한 시골 풍경을 볼 수는 없으리라. 온 세상을 다 뒤져도 이보다 아름다운 곳을 찾을 수는 없을 것이다. 풍요로운 초원에서 소들이 음매 하고 울고 있다. 이런 곳에서는 완벽한 휴식 속에서 한가로이 거닐면서 꿈을 꿀 수도 있지 않을까. 그러는 동안 그곳을 지나가는 새하얗고 커다란 구름들이 호수에 비치는 것을 볼 수도 있으리라……

나는 지금 사우스다운스 구릉지대*를 거닐고 있다. 골짜기마다 햇볕이 뜨겁게 내리쬐지만, 이곳에는 미풍이 불어오면서 선선하게 이마를 식혀주고 환희로 가슴을 가득 채워준다. 짤막하지만 부드러운 잔디 위를 걷노라니 지칠 줄 모르고 발걸음이 가볍기만 하다. 이렇게 언제까지고 마냥 걸을 수 있을 것만 같다. 새하얀 구름이 부유하는 그림자를 드리우는 저 먼 지평선까지. 발아래 저 먼 곳에는 고요하고 말없는 여름 바다가 보인다. 수시로 빛깔이 변하는 청록색 바닷물은 수평선에 이르러서는 환한 대낮의 박무로 인해 색이 옅어 보인다. 내륙으로는, 양들이 여기저기 흩어져 있는 구릉이 물결치듯 광대하게 펼쳐져 있다. 구릉 너머로는 서식스 월드라는 농경지와 삼림지대가 있는데, 그 위쪽의 청명한 하늘색보다 좀 더 진한 빛을 띠고 있다. 가까이에는, 저쪽에 움푹 들어간 근사한 곳에 오래된 마을 하나가 나무들로 가려져 있고, 집들의 갈색 지붕은 황금빛 이끼로 뒤덮여 있다. 나지막한 교회 종탑과 그 주위에 있는 묘지도 보인다. 그사이 하늘 높은 곳에서는 종달새가 지저귀고 있다. 이제 종달새

---

* 영국 잉글랜드 남부를 동서로 연결하는 낮은 구릉지대로 이스트서식스 주에서 햄프셔 주까지 걸쳐 있으며, 그 길이가 약 100킬로미터에 이른다. 사우스다운종(種) 양의 원산지이다.

가 내려온다. 마치 하늘에서 뚝 떨어지듯 쏜살같이 둥지를 향해 내려온다. 종달새의 환희에 찬 노래에서 느껴지는 행복감의 절반은 영국에 대한 사랑에서 비롯되었을 거라고 나는 감히 믿고 싶다……

어느덧 부쩍 어두워졌다. 나는 15분쯤 전부터 내 책상에 비치는 난로의 불빛에 의지해 글을 쓰고 있었던 게 틀림없다. 내게는 그 불빛이 마치 여름날의 햇빛 같았다. 눈은 아직도 내리고 있다. 점차 어두워지는 하늘을 배경으로 희미한 빛을 발하며 내리는 눈이 조금 으스스하게 느껴진다. 내일이면 우리 집 정원에 두껍게 쌓일 테고, 아마도 며칠 동안은 녹지 않을 것이다. 그러나 눈이 녹으면, 그 눈이 녹으면, 스노드롭이 모습을 드러낼 것이다. 대지를 따뜻하게 감싸주는 외투 같은 새하얀 눈 아래에서 지금쯤 크로커스도 자기 차례를 기다리고 있지 않을까.

24

'시간은 돈이다'라는 말은 어느 시대, 어느 민족에게서나 가장 흔하게 회자되는 격언이다. 이 말을 뒤집어보면 '돈은 시간이다'라는 소중한 진리를 알게 된다. 나는 아침마다 엷은 안개가 끼어 어둑하게 시야를 가리는 요즘, 서재에서 타닥거리며 힘차게 타오르는 근사한 난롯불을 찾아 아래층으로 내려가면서 이 진리를 곱씹곤 한다. 내가 너무나 가난해서 이처럼 기분 좋게 해주는 불을 피울 수 있는 여유가 없다고 가정해보자. 그렇다면 나의 하루는 지금과는 얼마나 다를 것인가! 지난날 내 마음을 조화롭게 해주는 데 필요한 물질적 안락을 갖추지 못해 얼마나 많은 날들을 허비해야 했던가!

돈은 시간이다. 돈이 있다면 나는 시간을 사서 즐겁게 쓸 수 있을 것이다. 돈이 없다면 어떤 의미로든 내 것이 될 수 없을 시간을 말이다. 아니, 더 나아가 나는 그 시간의 처량한 노예가 되고 말 것이다. 돈은 시간이다. 시간을 사는 데 돈이 그리 많이 필요하지 않다는 것은 참으로 다행스러운 일이다. 그런데 돈을 제대로 쓴다는 의미에서 볼 때는, 돈이 지나치게 많은 사람도 돈이 충분히 없는 사람만큼이나 가난한 것 같을 때가 종종 있다. 우리의 일생은 결국 시간을 사거나 사려고 애쓰는 것으로 귀결되는 게 아닐까? 그런데도 대부분의 사람들은 한 손으로는 시간을 움켜쥐고, 다른 한 손으로는 시간을 낭비하고 있다.

25

어두운 날들이 끝나가고 있다. 이제 곧 다시 봄이 찾아올 것이다. 나는 들판으로 나가 최근에 난롯가에서 집요하게 나를 괴롭혔던 낙담과 두려움의 사념들을 훌훌 떨쳐버릴 것이다. 나로서는 자기중심적으로 사는 것이 하나의 미덕이라고 생각한다. 모든 관점에서 볼 때, 세상사를 걱정하기보다는 오로지 나의 만족만을 위해 살아갈 때 시간을 훨씬 더 유용하게 사용하는 셈이다.

세상은 나를 두렵게 한다. 그리고 겁먹은 사람은 아무 데도 쓸모가 없다. 활동적인 시민으로서 칭송받을 만한 역할을 할 수 있는 한 가지 방법을 알고 있긴 하다. 학교 선생이 되어 조그만 시골 마을에서 대여섯 명의 가르칠 만한 아이들에게 학문을 그 자체로서 사랑하도록 가르치는 일이 그것이다. 그런 일이라면 얼마든지 할 수 있었을 거라고 말할 수 있다. 그런데 다시 생각해보면 그렇지도 않다. 나는 분명 젊었을 때에도 나이 든 지금과 같은 마음으로, 부질없는 야심 따위는 멀리하고, 실현 불가능한 이상에 흔들리지 않았을 것이다. 그러니 지금처럼 살아가는 것이 열심히 일하며 살았던 그 어느 때보다 더 나라에 보탬이 되는 것이다. 넘치는 애국심으로 인해 칭송받는 대부분의 사람들보다 이런 내가 더 낫지 않을까 생각하는 것이다.

물론 내 삶이 누구에게나 하나의 본보기가 될 것이라는 말은 아니다. 나는 다만, 나로서는 이렇게 사는 것이 좋으며, 그런 만큼 세상에도 이익이 될 수 있다고 말하는 것뿐이다. 조용히 만족하며 살아가는 것은 분명 훌륭한 시민적 삶의 한 사례가 될 수 있다. 만약 이보다 더 나은 삶을 살 수 있다면 그리해도 좋을 것이다. 그런 그대에게 행운이 함께하기를! 나는 내가 예외적인 인물이라는 것을 잘 알고 있다. 나와는 심성이나 환경이 완전히 다른 사람들이 그들 앞에 놓인 평범한 의무들을 기쁘고 희망차게 완수하는 삶을 상상하는 것은 내 우울한 사념들에 대한 좋은 해독제가 된다고 늘 생각해왔다.

지금 세상의 아주 많은 부분을 차지하고 있는 어리석음과 야비함을 생각하면서 크게 낙담하는 일이 있더라도, 수많은 밝은 영혼의 소유자들이 용기 있게 살아가면서, 선(善)이 발견될 수 있는 곳이면 어디서든 선을 알아보고, 불길한 징조에도 지레 겁먹지 않으면서 자신들이 해야 할 일을 최선을 다해 해내고 있음을 기억하도록 하자. 어느 나라이건 그런 사람들이 적지 않으며, 인종이나 종교와도 상관없이 형제애로 뭉친 하나의 커다란 집단을 이루고 있다. 이들이야말로 인간 종족으로 불리는 게 마땅하며, 그들이 믿는 것은 단 하나, 이성과 정의의 숭배다. 미래의 세상이 말하는 유인원과 그들 중 누구의 것이 될는지는 아무도 예측할 수 없다. 그러나 그들은 신성한 희망의 불길을 수호하며 살아가고 애쓰고 있다.

우리 영국에는 그런 사람들의 수가 예전보다 줄어들었다고 말할 수 있을까? 나는 그런 사람들을 조금 알고 있다. 그들을 보면 가까이 혹은 멀리 그런 이들이 많이 존재한다는 확신을 갖게 된다. 그들은 고귀한 성품과 용기와 관대함을 지녔으며, 머리는 맑고 눈은 예리하다. 그리고 행운이나 악운에 똑같은 정신으로 대처할 줄 안다.

나는 활력과 덕성이 조금도 손상되지 않은 영국의 진정한 아들을 그려본다. 그의 핏속에는 영예로움을 추구하는 본능과 비열함에 대한 경멸이 흐르고 있다. 그는 자신의 말이 의심받는 것을 참지 못하며, 소시민적인 인색함으로 이익을 좇기보다는 자신이 가진 모든 것을 기꺼이 내어줄 것이다. 그가 아끼는 것은 불필요한 말뿐이다. 그는 죽는 날까지 충실한 친구로 남을 것이며, 그의 사랑을 구하는 이들에게는 엄숙함이 깃든 상냥함으로 다정하게 대할 것이다. 자신이 신성시하는 대의명분을 위해서는 금욕주의자처럼 굴어도 그 이면에는 열정을 감추고 있다. 그는 혼란과 부질없는 소음을 몹시도 싫어해서 우매한 군중이 모이는 곳에는 가지 않는다. 그는 자신이 이룬 것을 떠벌리면서 자랑하지 않으며, 앞으로 할 일을 두고 호언장담하지도 않는다. 몰지각한 사람들이 목소리를 높이고, 지혜에서 우러나온 충고가 묵살당하게 되면, 그는 멀찌감치 떨어져서 다른 사람들이 너도나도 파괴하는 동안, 세우고 강화하며 그의 손에 닿는 곳에 있는 평범한 일을 하는 것으로 만족한다. 그는 언제나 희망을 잃지 않으며, 자기 나라에 대해 절망하는 것을 하나의 범죄로 여긴다. "오늘은 상황이 나빠 보이지만, 내일은 이렇지 않을 것이다(Non, si male nunc, et olim sic erit)."*

---

* 호라티우스, 《송시》 2권 '시 10'.

"아무리 불운한 날들이 이어지고 고약한 구설수에 오르더라도"* 그는 어떤 위협 앞에서도 당당하게 자신의 길을 갔던 과거의 영국인을 기억할 것이다. 그리고 그 영국인이 그랬던 것처럼, 필요하다면 "서서 기다리는 일"**을 그의 의무와 소임으로 삼을 수도 있을 것이다.

* 밀턴, 《실낙원》 7권.
** 밀턴, '소네트 16'.

26

봄 햇빛을 간절하게 기다리던 나는 최근에는 블라인드를 걷고 잠자리에 들곤 했다. 아침에 잠에서 깼을 때 곧바로 하늘을 볼 수 있게 하기 위해서였다. 오늘 아침에는 해뜨기 직전에 잠에서 깼다. 대기는 고요했고, 서쪽에 감도는 불그레한 장밋빛은 동녘 하늘이 맑은 하루를 기약하고 있음을 말해주었다. 하늘에는 구름 한 점 보이지 않았고, 앞쪽으로는 희미하게 빛나는 초승달이 지평선으로 떨어지는 게 보였다.

약속은 지켜졌다. 아침을 먹은 후 나는 난롯가에 앉아 있을 수가 없었다. 사실 이제 난롯불은 거의 필요하지 않았다. 태양에 이끌려 밖으로 나온 나는 아침 내내 촉촉하게 젖은 오솔길을 이리저리 돌아다니며 대지의 내음을 만끽했다.

집으로 돌아오는 길에 나는 새로 피어난 애기똥풀꽃을 발견했다.

그러니까, 한 해가 또다시 한 바퀴를 돈 셈이다. 그것도 이렇게나 빨리, 아아, 이렇게나 빠르게! 지난봄 이후로 벌써 열두 달이 지나갔다는 말인가? 내가 지금의 삶에 지극히 만족하며 살고 있어서 이토록 시간이

빨리 흘러가는 것일까? 내가 누리는 행복을 삶이 질투라도 하는 것처럼?
노역과 불안감과 언제나 좌절되고 마는 기다림으로 시간이 마냥 느리게
흘러가는 것처럼 느껴지던 시절도 있었다. 더 멀리 어린 시절에는 시간
이 끝없이 이어질 것만 같았다. 사는 데 익숙해질수록 시간이 더 빨리 가
는 것처럼 느껴지는 법이다. 아이들의 경우처럼 하루하루가 미지의 세계
속으로 내딛는 한 걸음일 때는, 그 속에서 얻는 경험들로 인해 나날들이
길게 느껴진다. 지나간 한 주는, 그동안 배운 것들을 돌아보면 이미 오래
전처럼 아득해 보이고, 다가올 날들은, 특별히 어떤 좋은 일이 예고되어
있을 때는 더더욱 빨리 오기 싫어서 머뭇거리는 것처럼 느껴진다.

중년이 지나면 배우는 것도 적어지고, 기대하는 것도 별로 없게 된다.
오늘은 어제와 비슷하고, 다가올 내일과도 별반 다를 바가 없다. 오직 마
음과 몸이 겪는 고통만이 비슷비슷한 시간들을 길게 느끼게 해줄 뿐이
다. 하루하루를 즐겁게 지내보라. 그러면 놀랍게도 하루가 순식간에 지
나갈 것이다.

할 수만 있다면 나는 앞으로 몇 년 정도는 더 살고 싶다. 하지만 내게
1년이 채 남아 있지 않다고 해도 나는 불평하지 않을 것이다. 세상과 불
화하며 살았을 때는 죽는 것조차 힘들었을 것이다. 나는 아무런 인생의
목표도 없이 살았을 것이고, 그 끝은 갑작스럽고 무의미하게 여겨졌을
터였다. 이제 내 인생은 완성된 셈이다. 내 삶은 어린 시절의 타고난 본
능적인 행복감으로 시작해, 성숙한 정신이 보여주는 차분한 평온함으로
끝을 맺으려 한다.

글을 쓰느라 오랫동안 각고의 노력을 기울인 끝에, 마침내 끝을 맺고
는 감사의 한숨을 내쉬며 펜을 내려놓은 적이 얼마나 많았던가! 그렇게
완성한 작품은 결함투성이였지만, 나는 성심을 다해 글을 썼으며, 내 시

간과 상황 그리고 내 천성이 허락하는 한 최선을 다했다. 나의 마지막 순간도 그럴 수 있기를 바란다. 지난날을 되돌아보면서 내 일생을 제대로 끝맺음한 긴 과업으로 여길 수만 있다면, 비록 결함이 많긴 하지만 최선을 다해 완성한 한 편의 전기로 여길 수만 있다면, 그리고 마침내 "끝"이라고 조용히 말한 뒤 뒤따라올 안식을 기꺼이 맞이하며 만족스럽다는 생각만을 할 수 있다면 무엇을 더 바라겠는가.

성숙한 영혼이 빚어낸 아름다운 삶의 풍경들

> 나는 안식을 찾아 사방을 헤맸지만,
>
> 책을 들고 구석에 앉아 있을 때 말고는
>
> 그 어디에서도 찾을 수 없었다.
>
> ―토마스 아 켐피스

아마도 이 책을 처음 접하는 많은 독자들은 다소 생소한 두 사람의 이름 앞에서 고개를 갸우뚱할지도 모른다. 조지 기싱과 헨리 라이크로프트라. 조지 기싱? 조지 기싱이 누구지? 이런 작가도 있었나? 헨리 라이크로프트? 발음하기도 어려운 이름을 가진 이 사람은 또 누구야? 그리고 조지 기싱이 쓴 서문을 읽으면서 또 다른 의문들이 꼬리를 물게 될 것이다. 헨리 라이크로프트라는 인물이 실존 인물일까 아닐까. 그는 작가 조지 기싱의 분신, 즉 페르소나인 것은 아닐까.

이러한 의문들은 지극히 당연하고도 타당하다. 조지 로버트 기싱은 19세기 중반에 영국에서 태어나 불과 46년의 짧은 생을 살다가 20세기 초반에 세상을 떠날 때까지 20여 년간 전업 작가로 살아가는 동안 스물세 편의 장편소설과 여행기, 에세이, 비평, 단편소설 등의 다양한 글을 남긴 작가지만 우리에게 널리 알려진 인물은 아니기 때문이다. 하지만 그의 생전에 마지막으로 출간된 작품이자 대표작이 된 《헨리 라이크로프트 수상록》을 기억하거나 접해본 사람이라면 조지 기싱이라는 작가가 결코 과소평가되어서는 안 될 인물임을 십분 공감할 것이라 생각한다. 《헨리 라이크로프트 수상록》은 영문학사에서 가장 아름다운 에세이 중 하나로 손꼽히는 글이며, 이 책을 읽어가노라면 그런 평가가 지극히 정당하다는 생각이 들게 될 것이기 때문이다.

수 세기 동안 유럽 여러 나라를 풍미했던 중상주의 정책과, 18세기 중엽부터 시작된 산업혁명 그리고 근대 과학문명의 급격한 발달로 인해 국가의 부가 증가하고 물질주의 풍조가 만연했던 후기 빅토리아 시대를 살았던 조지 기싱은 세상의 풍요로움을 비웃듯 말 그대로 찢어지게 가난한 삶을 살다 간 작가였다.

글쓰기와 책읽기, 자연 속에서의 산책과 꽃을 사랑했던 약제사 아버지의 영향과 격려로 기싱은 어릴 적부터 공부에 남다른 열의와 소질을 보였다. 그는 학구열에 불타며 열두 살 무렵부터 시와 촌극 등을 썼고, 헨리 라이크로프트처럼 자연에 대한 깊은 사랑으로 산책을 즐겨 했으며, 그런 가운데서 만나는 식물들의 이름을 찾아 익히며 그 시간마저도 배움의 시간으로 만들어나갔다. 그러나 그의 나이 열세 살에 찾아온 아버지의 이른 죽음은 그를 다섯 식구의 실질적인 가장이 되게 했고, 그는 생애 첫 번째 좌절을 겪으면서도 아버지의 바람을 저버리지 않기 위해 더욱 치열하게 학업에 매진했다. 그 결과 오언스 대학(지금의 맨체스터 대학)에 장학생으로 입학하여 문학 분야에서 두각을 나타내었고, 모두의 기대를 한 몸에 받으며 장래 고전학자를 꿈꾸었다. 그러나 주위에 아무도 없이 오로지 공부만을 하며 외롭게 지내던 기싱은 우연히 넬 해리슨이라는 창녀를 알게 되었고, 그녀에 대한 연민 때문에 절도죄를 저질러 그로 인해 대학에서 퇴학을 당했다. 그는 복역을 마친 후 학자의 꿈을 접고 미국으로 건너가 새로운 삶의 기회를 모색했다. 그곳에서도 극심한 궁핍에 내몰린 그는 〈시카고트리뷴〉에 몇 편의 단편을 발표하는 등 글로써 생계 방편을 모색했지만 번번이 좌절을 맛보아야 했다. 기싱은 쓰라린 작가 수련 기간을 거친 뒤 좌절감을 안고 영국으로 돌아와야 했는데, 그때 그의 나이는 겨우 스무 살에 불과했다. 밥벌이의 어려움과 삶의 고단함을 너무 일찍 알아버린 것이다.

기싱은 산업 시대의 태동과 더불어 야기된 여러 가지 사회적인 문제들, 더욱 극심해진 빈부 격차, 가난한 도시 노동자로 전락한 농민들의 비참한 삶, 부의 생산에 동원되는 아이들과 여성들을 포함한 값싼 노동력, 물질적 궁핍이 사람을 얼마나 초라하게 만들고 정신적, 도덕적인 해악을 끼칠 수 있는지에 대한 문제들을 천착하는 소설들을 잇달아 발표했다. 그는 1880년에 물려받은 약간의 유산으로 첫 장편소설 《새벽의 노동자 (Workers in the Dawn)》를 자비로 출간했지만 아무런 주목을 받지 못했고, 그 후 잇달아 발표한 작품들도 어둡고 우울한 색깔을 띠었다는 이유로 당시 유행하던 도서 대여점들과 대중에게 외면받기 일쑤였다. 그러나 그는 간간이 개인교수를 하며 힘겹게 생계를 꾸려가면서도 저널리스트의 길을 포기하면서까지 창작에만 전념했다. 그리고 1886년에 발표한 《민중(Demos)》을 기점으로 차츰 소설가로서 인정받다가 1890년대에 이르러서는 영국과 국외에서 커다란 명성을 얻었다. 19세기 말엽의 비평가들은 그를 토머스 하디, 조지 메러디스와 더불어 영국을 선도하는 소설가 중 하나로 손꼽았다. 또한 훗날 기싱의 열렬한 팬이 된 조지 오웰은 그를 "영국이 배출한 최고의 소설가"로 평가하며, 그의 가장 훌륭한 소설로《민중》,《꿈꾸는 문인들의 거리(New Grub Street, 1891)》,《짝 없는 여자들(The Odd Women, 1893)》을 꼽은 바 있다.

　그는 일생 동안 두 번의 결혼을 했는데, 결혼 생활 내내 불행한 삶을 살았다. 그는 1879년, 대학 시절 그를 곤궁에 빠뜨렸던 장본인인 넬 해리슨과 결혼했으나, 과거의 방탕한 삶에서 벗어나지 못하고 방황하던 넬은 1888년 매독과 알코올중독으로 짧은 생을 마감했다. 그 후 유일하게 민중의 삶만을 그린 소설《밑바닥 세상(The Nether World, 1889)》을 펴내 약간의 돈을 마련한 기싱은 오랫동안 동경하던 이탈리아로 떠났고, 그때의 경험을 바탕으로《해방된 사람들(The Emancipated, 1890)》을 출간했으며 그다음 해는 아테네로 여행을 떠났다. 그는 외로움을 이기지 못하고 재혼을 꿈꾸었지만, 좀처럼 나아지지 않는 자신의 처지를 고려할 때 자신과 비슷한 지식수준을 가진 반려자를 찾을 엄두를 내지 못했다. 1890년 석공의 딸인 이디스 언더우드와 결혼한 그는 과격하고 거친 언사와 행동을 서슴지 않는 무지한 아내와 소통할 수 없었고, 부부간에는 불화가 나날이 쌓여갔다. 기싱은 그녀와의 사이에 두 아들을 두었지만, 부부는 끝내 화합하지 못하고 별거에 들어갔다.

　1898년,《꿈꾸는 문인들의 거리》를 프랑스어로 번역하고 싶어 하는 젊은 프랑스 여성 가브리엘 플뢰리를 만난 기싱은 지성과 교양을 갖춘 아름다운 그녀에게 단번에 매료되었다. 그러나 아내는 결코 이혼에 동의해주지 않았고, 두 연인은 자신들만의 소박한 예식을 치른 뒤 1899년부터 함께 살았다. 가브리엘은《꿈꾸는 문인들의 거리》를 비롯한 기싱의 여러 작품들을 번역해 프랑스에 적극 소개했고, 지적으로나 정신적으로나 그의 완벽한 동반자가 되어주었다. 그러나 이미 그 이전부터 나빠지기 시작한 기싱의 허약한 건강은 그가 그토록 소원했던 행복한 삶을 오

래 허락지 않았다. 비평가들과 대중에게 점차 인정을 받으며 정신적인
안정을 찾아가던 그는 점점 쇠약해지는 몸을 돌보기 위해 영국과 프랑
스를 오가며 요양 생활에 들어갔다. 그리고 프랑스 남서부의 휴양지 생
장드뤼즈에서 가까운 시부르라는 조그만 마을에서 1년간 머물면서《윌
워버턴(Will Warburton)》을 집필했는데 이 소설은 1905년에 사후 출간
되었다. 기싱은 바닷가 마을을 떠나 피레네 산맥에 위치한 조그만 마을
이즈푸르로 옮겨 갔고, 1903년 12월 28일에 그곳에서 세상을 떠나 생
장드뤼즈의 영국인 묘지에 묻혔다. 그는 12월 초에 헨리 라이크로프트
처럼 산책에서 돌아온 후 폐렴에 걸렸는데 그의 결정적 사인은 심근염
으로 알려져 있다.《헨리 라이크로프트 수상록》이 출간된 게 그해 1월
말이니, 그는 책의 말미에서 자신의 죽음을 예견이라도 한 것처럼 1년을
채 못 살고 죽은 것이다. "할 수만 있다면 나는 앞으로 몇 년 정도는 더
살고 싶다. 하지만 내게 1년이 채 남아 있지 않다고 해도 나는 불평하지
않을 것이다."(344쪽) 마지막 순간에 그는 자신의 바람대로 머릿속에 "영
국의 어느 초원 위로 햇살이 쏟아지는 광경"(106쪽)을 떠올렸을까? 그래
도 책의 대중적인 성공과 호평으로 비로소 경제적으로도 다소 안정감을
찾아가던 시점에 세상을 떠났으니, 마음만은 평생 그를 괴롭히던 가난의
굴레에서 조금은 벗어날 수 있지 않았을까 싶다.

기싱은 이미 15년쯤 전에 그의 소설 작품들과 전혀 다른 양식의 책,
비평적 에세이와 사회성을 띤 사색들을 한데 모은 책을 처음 구상했으
며, 1887년 5월에 그의 여동생 엘런에게 보낸 편지에서 그러한 소망과
계획을 밝히고 있다. 그 무렵부터 그는 수첩을 늘 지니고 다니면서 생활
속에서 떠오르는 단상들과 독서 감상문 등을 틈틈이 기록해두었고, 이는

훗날《헨리 라이크로프트 수상록》의 중요한 자료가 된다. 그는 '사색과 몽상'이라는 가제목까지 정해두었으나 먹고사는 일의 절대적인 필요성 앞에서 그러한 계획을 선뜻 실행에 옮길 수 없었다. 그러다가 1895년경부터 도서 대여점들에서 장편소설의 인기가 시들해지자 또다시 에세이집을 써야겠다는 생각을 하게 되었고, 그 후 세 권의 소설을 더 출간하고 나서 1900년에야 비로소 오랜 계획을 실행에 옮길 수 있었다. 그는 그해 9월 1일에 집필을 시작해 10월 23일에 끝마쳤으니 7주 만에 책을 완성한 셈이다. 이는 그가 얼마나 오랫동안 이 책을 마음에 품고 있으면서 철저한 준비를 해왔는지를 입증하는 것일 터이다. 이 책을 쓰는 동안 기싱이 평소와는 달리 그의 평생지기인 에드워드 버츠를 비롯한 지인들에게 책의 내용과 의미를 설명하는 편지를 보낸 사실은 그가 책의 가치에 대한 평온한 확신을 갖고 있었음을 보여준다. 그는《헨리 라이크로프트 수상록》이 자신의 작가 경력에서 가장 중요하고 특별한 자리를 차지하게 될 것임을 느끼고 있었다. 평소 많은 사람들과의 교류를 꺼려 했던 기싱은 메러디스를 비롯한 여러 사람들, 심지어 오언스 대학의 옛 은사에게까지 증정본을 보냈는데 이는 그에게는 극히 드문 일이었다.

그는 또다시 1년을 더 기다렸다가 1901년 9월, 수정과 보완 작업을 거친 뒤 원고를 자신의 출판 대리인에게 보냈고, 마침내 그의 글은 '헨리 라이크로프트의 사적인 기록(The Private Papers of Henry Ryecroft)'이라는 제목과 함께 〈포트나이틀리 리뷰〉에 1902년 5월부터 1903년 2월까지 네 번에 걸쳐 연재되었다. 그리고 연재가 채 끝나지도 않은 1903년 1월에 컨스터블 출판사에서 단행본으로 출간되었다. 이미 연재되는 동안 독자들의 호의적인 반응과 궁금증을 이끌어낸 글은 무엇보다 헨리 라이크로프트라는 인물에 대해 다양한 추측들을 낳게 했다. 잡지에 첫 번째 연재가 나간 뒤 기싱에게는 수많은 팬레터가 쇄도했는데, 헨리 라이크로프트가 실존 인물인지, 그가 쓴 작품들은 어떤 것이 있는지를 묻는 편지가 대부분이었다. 작품에 대한 찬사와 독자로서의 순진함을 동시에 드러내는 편지들 중에서 압권은 한 신부(神父)가 보낸 것이었는데, 그는 우표를 붙인 회신용 봉투를 첨부하며 헨리 라이크로프트의 성실한 가정부가 라이크로프트가 죽은 후에 다른 일자리가 필요하지는 않은지 진지하게 물어왔다고 한다! 여러 문예지와 신문도 헨리 라이크로프트가 실존 인물이라는 가정을 배제하지 않고 그의 실제 부고를 찾기 위해 다양한 문예지를 뒤지기도 했다.

《헨리 라이크로프트 수상록》이 불러일으킨 독자들과 비평가들의 호의적인 반응과 호기심은 무엇보다 이 책이 포함한 기싱의 자전적인 측면에 근거하고 있다. 사람들은 20년 넘게 작가로 살아오는 동안 세간의 이목을 끄는 일을 극도로 꺼려 하고 피했던 작가 기싱의 일상적인 모습을 책 속에서 발견하고자 했다. 1880년부터 평균적으로 매년 한 편씩 꾸준히 기싱의 소설을 읽어왔던 비평가들도 자서전도, 고백록도, 일반적인 에세이도 아닌 묘한 성격을 띤 작품에 신선함을 느끼며 이구동성으로 찬사를 보냈다. 이 책은 그 속에 포함된 허구적인 요소 때문에 문학사에서 때로 '소설'로 분류되기도 하지만, 역자 또한 책을 번역하는 내내 헨리 라이크로프트의 모습과 그가 들려주는 회고담에서 기싱의 모습과 삶을 떠올리지 않을 수 없었다. 책 속에서 그려지는 헨리 라이크로프트의 만년의 삶은 기싱 자신이 꿈꾸고 그려보았을 만년의 삶으로 여겨졌으며, 나 또한 그런 삶을 동경하면서 수시로 그 풍경 속으로 스며들곤 했다.

헨리 라이크로프트는 기싱처럼 오랫동안 가난한 문인의 삶을 살아왔으며, 점차 쇠하는 건강과 미래에 대한 불안으로 우울해하던 차에 기적과 같은 행운을 맞이하게 되었다. 한 친구가 유산으로 남겨준 연금 덕분에 밥벌이의 고단함에서 벗어나 생애 마지막 5년간 여유롭고 평온한 삶을 살다가 세상을 떠날 수 있었던 것이다. 사실 만년이라고는 하나 이 글을 쓸 무렵 그의 나이는 요즘으로 치면 아직 젊다고 할 수 있는 쉰세 살에 불과하다. 요즘 같은 시대에 이 나이에 벌써 은퇴하고 유유자적하는 꿈을 꿀 수 있다는 건, 아니 단 며칠만이라도 한가롭게 사색에 잠길 수 있다는 건 그야말로 꿈에 불과하지 않을까. "얼마나 비범한 운명의 은혜를 입어야 어떤 근심이나 집착에도 방해받지 않고 대엿새 동안 간단없이 사색에 잠길 수 있을 것인가!"(94~95쪽)

《수상록》에 실린 103편의 글들이 봄, 여름, 가을, 겨울의 사계로 나뉘어 있긴 하나 모든 글이 반드시 계절과 특별한 관련이 있는 것은 아니다. 책 속에는 헨리 라이크로프트라는 인물의 일생에 대한 회고와 자아 성찰, 물질적 궁핍이 인간의 삶에 미치는 영향, 작가 생활의 지난함과 문필업의 상업화에 대한 우려, 독서의 의미, 인간의 정신을 타락시키는 과학 문명의 발달과 제국주의와 호전적인 사람들에 대한 반감, 영국과 영국인, 영국의 음식에 대한 지극한 애정, 인간의 본질에 대한 분석 등이 고루 실려 있다. 하지만 책 전반을 이루는 것은 무엇보다 영국의 자연과 시골에 대한 각별한 사랑과 예찬, 책과 책읽기에 대한 절절하고 깊은 사랑의 고백이다. 계절에 따라 변화하며 여러 가지 단상을 불러일으키고 고요하고 평온한 사색에 빠져들게 하는 자연을 서정적으로 묘사한 글들을 따라가노라면, 세속을 떠나 귀향하여 전원생활의 즐거움을 읊은 중국 동진·송나라의 시인 도연명의 《귀거래사》가 떠오르면서 어느새 우리 마음속에도 잔잔한 평화가 찾아오는 것을 느끼게 된다. "여기는 블라이스

강 계곡이다. 햇볕으로 더위진 누런색 하상(河床) 위로 반짝이는 강물이 잔물결을 일으키며 흘러간다. 강둑에서는 초록색 갈대들이 깃발처럼 바람에 흔들리며 바스락 소리를 내고, 그 주위 풀밭에서는 미나리아재비꽃이 순금빛으로 빛난다. 산사나무 산울타리에서는 한 무더기의 빛나는 꽃들이 미풍에 향기를 실어 퍼뜨리고 있다. 그 위쪽으로는 가시금작화로 노랗게 덮인 황야가 솟아 있다. 그 너머로 한두 시간 정도 걸어가면 서쪽의 모래 절벽에 이르러 북해를 굽어볼 수 있으리라……."(332~333쪽)

헨리 라이크로프트는 단순히 자연을 감상하고 즐기는 것으로 그치지 않고, 자연 친화적인 마음으로 자연을 친근하게 느끼며 애정 어린 노력으로 다가가고자 한다. 그는 산책길에서 낯선 식물을 발견하면 식물도감에서 그 이름을 찾아 다음번 산책 때 이름(학명이 아닌 향명)을 불러주기를 즐긴다. "꽃들 각자의 개성을 알아봐주면 꽃들도 기뻐할 것 같다는 생각이 든다. 내가 꽃들 모두에게 얼마나 많은 빛을 지고 있는지를 생각한다면, 적어도 각각의 꽃을 구별해서 인사를 해야 하지 않을까."(189~190쪽)

그는 또한 자연과 생활 속에서 고전 작품 속의 구절들을 떠올리며 고전에 대한 해박하고 깊은 지식과 애정을 펼쳐 보인다. 그러나 이 책에서 가장 마음을 끄는 것을 꼽으라면 단연, 젊은 시절부터 지금까지 이어진 책에 대한 그의 지극한 사랑일 것이다. 돈이 없어 수시로 끼니를 거를 정도로 가난했으면서도 "그 시절, 돈은 내겐 아무런 의미가 없었다. 단지 책을 사기 위한 것일 뿐, 곰곰 생각해야 할 다른 어떤 의미도 갖고 있지 않았다"(55쪽)라고 말하고, 죄의식을 느낄 정도로 책에 탐닉했으며, 배고픔의 고통과 맞바꾼 책들이기에 더욱 각별한 애정으로 책을 대하게 되었다는 일화들이 우리에게 깊은 감동을 느끼게 하는 것이다. "나는 각각의 책이 지닌 '냄새'로 내가 가진 모든 책들을 구분할 수 있다. 책장 사이로 코를 들이밀기만 하면 그 책과 관련된 온갖 일들이 떠오르는 것이다."(53쪽) 책들을 냄새로 구분할 수 있을 정도라면 대체 얼마나 많이 그 책들을 읽고 또 읽어야 했을지 나로서는 잘 가늠이 되지 않는다. 이 책 속에는 책을 사랑하는 애서가들이나, 책을 가까이 하고 싶지만 그럴 만한 삶의 여유가 없다고 생각하는 이들에게 들려주고 싶은, 책에 관한 감동적인 일화들이 가득하다. 평생 그를 괴롭혔던 궁핍한 삶 속에서도 책에 대한 열정과 사랑을 잃지 않았던 헨리 라이크로프트의 삶은 지금 이 시대를 사는 우리에게 좋은 본보기가 될 수 있지 않을까.

헨리 라이크로프트(그리고 그를 통해서 본 조지 기싱)는 스스로 반민주적이고 반민중적인 인물이자 철저한 개인주의자로 자처하며, 영국의 군주제와 귀족 계급에 대한 찬양을 서슴지 않는 보수주의자다. 그는 한때 사회주의자나 공산주의자 같은 혁명적인 부류로 자처한 적도 있지만, 세상을 점점 더 어지럽게 만드는 소란스러움보다는 사색하는 정적인 삶을 선호하는 인물이다. 또한 '개인'으로서의 인간은 호의적으로 평가하지만 무리를 이루는 '집단'으로서의 인간을 경계하며, 인류가 발전하기 위해서는 개개인이 개선되어야 한다고 주장한다. 그의 이러한 문명관과 보수적인 성향은 개인적인 기질과 더불어 그가 살았던 시대의 성격에 비추어 이해되어야 할 것이다. 이 책은 지금으로부터 115년여 전에 쓰인 책이다. 그가 살았던 시대는 급변하는 세상 속에서 날로 확산되어가는 물질주의와 자본주의의 풍조와 그로 인한 빈부격차가 심화되던 세기말이었다. 그러한 물질만능주의에 비례하여 성숙해지지 못하는 정신적인 삶과의 괴리 속에서 수많은 사람들이 정신적인 혼란과 동요를 경험하며 사회와 문명에 대한 비관론적 예견과 비판을 쏟아내곤 했다. 이 책에서도 기싱은 인간의 호전성과, 인간의 정신과 마음의 순수성을 파괴하는 과학 문명의 위험성 등을 예고하면서 100년 후쯤에는 세상이 얼마나 변해 있을지를 조심스레 추측해보기도 한다. 그러나 안타깝게도 그로부터 100년이 훌쩍 지난 지금에도 기싱이 희망했던 세상은 아직 오지 않은 듯하다. "어쩌면 앞으로 한 100년쯤 지나야, 문명국가 국민들의 삶에 유익하게 작용했던 법이 국제 관계에서도 준수되어야 한다는 것과, 여러 나라들이 공동의 선을 위해 보다 폭력적인 충동을 억누르고 무혈적 언쟁을 통해 분노를 가라앉히는 것으로 만족해야 함을 인식하게 될 가능성이 약간이라도 생기지 않을까. 하지만 그러한 결과를 타당하게 추측해보기에는 100년은 너무 짧은 시간이 아닌가 생각된다. 요행스레 신문이 없어지기라도 한다면 모를까……."(118~119쪽)

하지만 기싱이 예견한 미래 사회의 모습 속에는 지금의 우리 모습을 너무도 정확하게 그리고 있는 부분들이 있어서 우리의 감탄을 자아낸다. 한 예로 그는 아파트와 호텔에 사는 사람들을 "하늘로부터 버림받았다"고 규정하면서, '아파트'라는 새로운 주거 형태에 대한 우려를 다음과 같이 표명하고 있다. "새로운 형태의 마을들과 도시 노동자 계층 거주 지역, 부촌에서 날로 솟아오르는 '아파트'를 바라보면 누구라도 그런 생각을 하지 않을 수 없을 것이다. 어쩌면 '안락'이라는 단어가 많은 언어들에서 계속 쓰인다 하더라도 이 말이 의미하는 것을 어디에서도 찾아볼 수 없는 날이 머지않아 닥칠지도 모른다."(302쪽)

과거의 좋은 것들이 사라지는 것을 아쉬워하면서 그가 한 말이나, 지금은 건강식으로 적극 권장되는 것들(사과, 렌틸콩, 채식주의 등)이 당시에는 하찮은 것으로 취급받았던 일화들에서는 입가에 미소가 지어지기도 한다. "자연의 이치에 따라 벽난로도 언젠가는 과거의 것이 되고 말 거라는―삶을 가치 있게 해주는 대부분의 것들처럼―이유 때문에 그것을 되도록 오래도록 즐기지 말란 법은 없지 않은가. 어쩌면 머지않아 인간은 알약의 형태로 영양분을 섭취하게 될지도 모른다."(269쪽)

기싱은 이 책 속에서, 계절에 따른 자연의 다양한 풍광과 느낌, 자연처럼 봄, 여름, 가을, 겨울이라는 사계를 거치며 순환하는 인간의 삶을, 마치 한 폭의 풍경화를 펼쳐 보이듯 미려하고 서정적인 문체와 친근함이 느껴지는 어조로 우리에게 조곤조곤 들려주고 있다. 그는 갖고 싶었던 책 한 권을 사기 위해 배고픔의 대가를 치러야 했을 정도로 궁핍한 시절을 보내는 동안에도 책과 글쓰기를 정신적 동반자로 삼는 일을 게을리 하지 않았고, 그 결과 단단하게 벼려진 성숙한 영혼의 깊이를 느끼게 하는 아름다운 삶의 기록을 우리에게 남겨주었다.

"나는 더 이상 외로움을 참지 못하고 밖으로 나가 몇 시간 동안 거리를 쏘다녔다. 집으로 돌아왔을 때 내 손에는 따뜻함과 빛을 살 수 있게 해줄 동전 몇 닢이 들려 있었다. 내가 아끼던 책을 중고 서적상에게 팔고 받은 것이었다. 나는 내 주머니에 든 돈만큼 더 가난해졌다."(275쪽)

일생이라는 사계를 살아가는 동안 인간이 맞닥뜨리게 되는 물질적인 곤궁함, 다양한 시련, 실수와 실패마저도 행복한 삶을 위한 필요조건으로 여길 수 있는 정신적 깊이와 여유야말로 오늘을 사는 우리에게 꼭 필요한 것이 아닐까. 100년도 더 지난 시대, 우리와는 아득하게 멀리 떨어져 있는 것 같은 그 시절, 인간에게 내재된 '좋은 것들'이 오래도록 보존되고 더 활짝 피어날 수 있기를 바라면서 그에 반하는 것들에 대한 통렬한 비판을 서슴지 않았던 한 인문주의자가 남긴 진정 어린 삶의 기록에서 우리는 오늘을 살고 있는 우리 자신의 모습을 발견할 수 있을 것이다.

기싱의 페르소나인 헨리 라이크로프트는 만년에 밥벌이(노역)의 고단함에서 벗어나 유유자적하는 삶을 살 수 있는 '행운'을 누릴 수 있었지만, 기싱 자신은 죽을 때까지 그런 삶을 꿈꾸는 데 그쳤을 뿐이다. 그는 또한 20여 년간의 작가 생활 동안 스스로 걸작이라고 자부할 수 있을 만한 작품을 남기지 못했음을 슬퍼하면서, 헨리 라이크로프트의 입을 빌려 자신의 안타까운 심경을 토로하고 있다. "유년기보다 아득하게 먼 옛날 같지만 내게도 열정을 가지고 펜을 잡던 시절이 있었다. 그때 내 손이 떨렸던 것은 희망 때문이었다. 하지만 그 희망은 나를 저버렸다. 지금까지 내가 쓴 것 중에 오래도록 살아남을 만한 글은 단 한 페이지도 없다."(18쪽)

하지만 이 책이 오늘날까지 우리에게 깊은 감동을 주며 읽히고 있는 사실은 그런 그의 말이 겸손함에서 우러난 우려에 지나지 않았음을 증명하고 있다. 나는 오스카 와일드의 작품을 번역하면서 조지 기싱이라는 작가를 만나게 되었는데, 두 사람 사이에는 단순한 우연으로만 여기기에는 기이한 공통점들이 존재함을 알게 되었다. 두 사람은 말 그대로 '동시대'를 살았던 인물들이다. 조지 기싱은 오스카 와일드보다 3년 늦게 태어나 3년 늦게 사망했으며, 두 사람 모두 46세라는 젊은 나이에 세상을 떠났다. 각각 영국과 아일랜드 출신이었지만 두 사람 모두 말년을 프랑스에서 보냈고, 그곳에서 죽어서 그곳에 묻혔다. 두 사람이 살아온 이력도, 남긴 작품들의 성향도 전혀 다르지만, 나는 이 두 작가의 작품들을 잇달아 번역하면서 묘한 우연의 일치를 발견하고는 사람에도 일에도 운명이란 게 있다는 생각을 다시금 하게 되었다. 나는 번역가로서 조지 기싱의 《헨리 라이크로프트 수상록》을 만나게 된 것을 행운으로 여기며, 이 책이 '내 인생의 책'으로 자리매김하리라는 것을 믿어 의심치 않는다. "기싱, 당신을 알게 되어 기뻐요!"

살면서 행운이라는 말을 할 수 있는 것만큼 진정한 행운이 또 있을까. 행운처럼 내게 다가온 책, 《헨리 라이크로프트 수상록》을 번역하는 동안, 이 책이 많은 이들에게 알려지고 읽혔으면 좋겠다는 바람을 갖게 되었다. 삶과 자연과 문학과 책을 사랑하는 모든 사람들 곁에 이 책을 가만히 놓아주고 싶다는 생각이 들었다. 이 책은 계절에 따라 순서대로 읽으면 더욱 좋겠지만 아무 데나 펼쳐서 읽어도 좋은 책이며, 한번 읽고 말 것이 아니라 눈에 잘 띄는 곳에 놓아두었다가 문득 생각날 때 아무 때나 다시 꺼내 읽어도 좋은 책이다. 따사로운 봄날에 공원 벤치에서, 환한 햇살이 눈부신 여름날 나무 그늘 아래에서, 주변이 온통 불그레하고 노랗게 물드는 가을날 창 넓은 카페나 어딘가로 떠나는 여행길에서, 스산한 기운에 마음마저 추워지는 겨울날 따뜻한 이불 속에서 읽어도 좋은 책이다. 다람쥐 쳇바퀴 돌듯 정신없이 돌아가는 각박한 현대의 삶 속에서 문득 한가롭고 평화로운 시골의 자연과 느릿하고 소박한 삶이 그리워질 때 읽으면 더더욱 좋은 책이다. 인생의 가을쯤에 이르러 지난날을 되돌아보는 이의 말 하나하나는, 인생의 봄이나 여름을 지나는 이들로 하여금 그들보다 앞서간 이가 전해주는 소중한 삶의 열정과 지혜와 통찰로 영혼을 살찌울 수 있게 해줄 것이다. 이 아름다운 책, 《헨리 라이크로프트 수상록》을 많은 이들과 나눌 수 있게 애써주신 은행나무 출판사와 편집부에 깊은 감사의 마음을 전하고 싶다.

2016년 봄을 기다리는 마음으로
박명숙

헨리 라이크로프트 수상록

1판 1쇄 인쇄 2016년 2월 26일
1판 1쇄 발행 2016년 3월 4일

지은이 · 조지 기싱
옮긴이 · 박명숙
펴낸이 · 주연선

책임편집 · 심하은
편집 · 이진희 백다흠 강건모 이경란 오가진 윤이든 강승현
디자인 · 이승욱 김서영 권예진
마케팅 · 장병수 김한밀 정재은 김진영
관리 · 김두만 유효정 신민영

(주)은행나무
04035 서울특별시 마포구 양화로11길 54
전화 · 02)3143-0651~3 | 팩스 · 02)3143-0654
신고번호 · 제 1997-000168호(1997. 12. 12)
www.ehbook.co.kr
ehbook@ehbook.co.kr

잘못된 책은 바꿔드립니다.

ISBN 978-89-5660-988-1 03100